AF154800

Eberhard
Braune

MEIN Sonn und SCHILD

Eine deutsch-afrikanische
Liebesgeschichte

novum ⬣ pro

Dieses Buch ist auch als
e-book
erhältlich.

www.novumverlag.com

Bibliografische Information
der Deutschen Nationalbibliothek:

Die Deutsche Nationalbibliothek
verzeichnet diese Publikation in
der Deutschen Nationalbibliografie.
Detaillierte bibliografische Daten
sind im Internet über
http://www.d-nb.de abrufbar.

Gedruckt in der Europäischen Union
auf umweltfreundlichem, chlor- und
säurefrei gebleichtem Papier.

© 2024 novum Verlag

ISBN 978-3-99146-522-5
Lektorat: Volker Wieckhorst
Umschlagfotos: Eberhard Braune;
Yevgenii Movliev, Tarapong,
Maksym Velishchuk I Dreamstime.com
Umschlaggestaltung, Layout & Satz:
novum Verlag
Innenabbildungen:
siehe Bildquellennachweis S. 319

Die vom Autor zur Verfügung ge-
stellten Abbildungen wurden in der
bestmöglichen Qualität gedruckt.

www.novumverlag.com

An Felicity
in liebevoller Erinnerung
in Freud und Leid in Seinem Schatten
für unsere Kinder und Kindeskinder
für Gottes Kinder überall

Inhaltsverzeichnis

Worte zum Anklingen

Jede Geschichte ist eine Perspektive seiner Zeit und des Erzählers. Deutschland, seine Menschen, seine Geschichte, seine Kultur und seine Landschaft sind für mich eine immerwährende Quelle der Freude und Besinnung. In Deutschland habe ich auch zum ersten Mal Gott erfahren durch Menschen, die ihn lieb gehabt haben. Und als Deutscher in Afrikas Weiten erweitert sich die Perspektive fast ins Unendliche – na, nicht ganz.

> *„Wie oft sind wir geschritten*
> *auf schmalen Negerpfad*
> *wohl durch der Steppen Mitten*
> *wenn früh der Morgen naht.*
> *Wie lauschten wir dem Klange,*
> *dem altvertrauten Sange*
> *der Träger und Askari:*
> *Heia, heia, Safari."*
>
> Hans Anton Aschenborn (1888-1931)

Großvater Karl schrieb seinen Enkeln zur Auswanderung nach Afrika: „Gold habe ich nicht gefunden, auch keine Diamanten, aber von dem inneren Reichtum, den mir das Land (Deutsch-Südwest) schenkte, zehre ich noch heute." Der Becher ist voll, ja, er läuft über und will erzählt werden. Es geht hier nicht um das eigene Ich, sondern um das Schauen einer gewissen Erdenzeit. Aus Worten von Pastorin Sigi Oblander, auch Ostdeutsche, habe ich gelernt, dass manchmal ein ganzes Leben als Vorbereitung nötig ist, um dahin zu gelangen, wo Gott es vorgesehen hat.

Ohne dass meine Mutter, Tilla, nicht die liebevolle Brücke zur Vergangenheit wurde und immer wieder Sachen für uns Kinder aufgeschrieben hätte, wäre ich nie über den Start gekommen.

Sie in diesen Seiten in ihren eigenen Worten zu hören, bringt das Erlebte bestimmt näher. Ohne dass Frauchen, Felicity, nicht immer wieder menschliche Schwächen ausgeglichen hätte, hätte ich heute nicht den Mut, Gedanken und Selbsterlebtes mit anderen zu teilen. Zu der dritten Reise nach Deutschland wäre es ganz bestimmt niemals ohne Gerda, Leon, Yorke, Marita, Surina, Louise, Beke und Judith gekommen. Wir sind Brüder und Schwestern geworden und sind noch immer zusammen im Geist auf Reise. Das Erzählte ist für Deutsche, und so musste es in deutscher Sprache – schwere Sprache – geschrieben werden. Ich hoffe trotzdem, dass es fließt und anspricht. Durch den Novum Verlag für Neuautoren konnte es überhaupt zu einem gedruckten deutschen Buch kommen. Mit seinem Profi-Team zusammen zu arbeiten, wurde ein besonderes Erlebnis.

Tief dankbar bin ich meinem Schöpfer, der mir immer bewusster „Sonne und Schild" auf meiner Reise wurde. Und so will ich erzählen, so soll es anklingen.

Kein schöner Land in dieser Zeit,
als hier das unsere weit und breit.
Gute Reise – Heia Safari.
Gott mag es schenken, Gott mag es lenken,
Er hat die Gnad.

Erste Weihnacht in Südwest

„Wende Dein Gesicht der Sonne zu,
und Du lässt den Schatten hinter dir."
Afrikanisches Sprichwort

1951 – Ein Schicksalsjahr für uns –, Flucht aus der Ostzone, Monate des Wartens in Westdeutschland, endlich die Schiffsreise nach Afrika, und nun die erste Weihnacht in Südwest. Südwest, das ist Südwestafrika. Wir, das ist die Mutter Tilla, der Vater Wolfgang, meine ältere Schwester Runhild, mein jüngerer Bruder Helmut und ich, der Eberhard, im April zehn geworden.

Geboren bin ich in Schwerin/Mecklenburg. Ich bin schon im ersten Jahr auf der Farm ein Südwester geworden. Das Südwesterlied, 1937 von Heinz Anton Klein-Werner geschrieben, muss man kennen, um das zu verstehen. Da heißt es:

„So hart wie Kameldornholz ist unser Land
Und trocken sind seine Riviere.
Die Klippen sind von der Sonne verbrannt
Und scheu sind im Busche die Tiere.
Und sollte man Euch fragen,
was hält Euch denn hier fest, ja fest,
Wir könnten nur sagen wir lieben Südwest."

Wie lieb habe ich die Sonne und das Licht, den Kameldornbaum, eine Schirmakazie und Wahrzeichen des Landes, die „Riviere", das sind die Flüsse, die meine Arbeit wurden, ein Leben lang als Hydrologe. Und den Busch und seine Vogel- und Tierwelt, es gibt nichts Schöneres. Die erste Farm war Ibenstein am Schafrevier, ungefähr 2 Stunden Autofahrt von Windhoek und meinem Schülerheim entfernt.

Als ich nach drei Monaten Schule und Schülerheim zum ersten Mal zu einem langen Wochenende auf die Farm konnte, war die Freude einfach zu groß. Ich war hinten auf dem Lastwagen und trommelte immer wieder aufs Autodach, worauf der Fahrer nicht anders konnte als anzuhalten und nachzusehen, ob alles in Ordnung war. Jeder Moment wurde ein Erlebnis. Im breiten, sandigen Schafrivier lernte ich das Eselreiten zusammen mit den „Pikanins", den kleinen schwarzen Jungs der Farm. Und natürlich lernte ich schnell das Otjiherero als Umgangssprache. „Omonenne" heißt groß und „katiti" ist klein. Der Vorgänger meines Vaters als Farmverwalter hieß überall Katiti Müller, weil es so viele Müllers gab.

Farm Ibenstein war nur eine Übergangsstation bei Freunden gewesen, bis Stiefvater Wolfgang eine eigene Farmverwalter-Stelle finden konnte. Das wurde dann die Farm Okakombo, eine Stunde per Auto von dem kleinen Ort Omaruru entfernt, aber 400 km von Windhoek und Schülerheim. Gefarmt wurde mit Karakulschafen und auch mit Rindern. Aufregend war es, wenn die Schafe abends von der Weide kommen und zur Tränke rennen. Gezählt werden die Schafe jeden Tag, wenn sie durch ein kleines Tor, alle auf einmal, versuchen, in den Kraal, so heißt das Viehgehege um die Tränke, zu kommen. Da ist das Zählen gar nicht leicht, und der Rat für den Anfänger war stets: „Zähl einfach die Beine und teil durch vier." Der Höhepunkt war aber das Brennen der jungen Rinder. Im Kraal werden sie einzeln mit einem Lederriemen am Hinterbein gefangen, von drei Mann umgeworfen und festgehalten, während ein vierter mit dem Brandeisen das Zeichen der Farm auf das Hinterteil anbringt. Die Szene – Staub, Geblök und Männergeschrei – muss man sich vorstellen. Die Hereros sind einfach Könner, was den Umgang mit Rindern anbetrifft. Ich kann mich an den langen Theodor erinnern, der alle übertraf, wenn es zum Brennen kam. Jeremias war der Schafspezialist, wichtig beim regelmäßigen Schlachten der Lämmer. Die Felle müssen abgezogen werden und zum Trocknen auf einen Rahmen gespannt werden, um eines Tages zu einem schicken Karakulpelz oder

Mantel zusammengenäht zu werden. Die Fellchen kommen auf eine Auktion, wo Kenner die Qualität der Locke begutachten und den Preis bestimmen.

Auf der Farm Okakombo

Okakombo ist 5000 Hektar groß, wobei 1 Hektar 100x100 Meter sind. Die Farm ist in verschiedene eingezäunte „Kamps" aufgeteilt, jeder Kamp mit seiner eigenen Wasserstelle. Die braucht man, um das Vieh regelmäßig zwischen den Kamps zu wechseln, um die Weide zu schonen. Zu den Kamps kommt man auf schmalen Sandpads mit dem Lastwagen oder zu Pferd. Ein Mitfahrer ist immer gefragt für das Auf- und Zumachen der vielen Farmtore – am Anfang nicht leicht, denn jedes Tor hat sein eigenes Drahtpatent. Die Fahrt ist jedes Mal ein Abenteuer, denn man weiß nie, was plötzlich aus dem dichten Busch erscheint – ein paar Erdmännchen, aufrecht am Padrand sitzend, zwei Stachelschweine unterwegs oder ein riesiger Kudubulle, der mit einem Satz im Busch verschwindet.

Zur Schule ging es von hier aus nur mit der Bahn, erst mal mit der Schmalspurbahn bis Karibib und dann mit der großen Bahn weiter nach Windhoek. Es gibt ein Foto von mir aus dem Zugfenster auf dem Omaruru-Bahnhof, das heißen könnte: „Auf die Zähne beißen, sonst kommen die Tränen." Zurück ins Schülerheim war nie leicht, aber dafür konnten Runhild und ich zweimal im Jahr in den großen Ferien nach Hause auf die Farm.

Meine Mutter hat uns etwas von dem ersten Weihnachten in Südwest, 1951, aufgeschrieben. „Mitte Dezember waren wir alle fünf zum ersten Mal auf Okakombo vereint! Die Freude, die uns alle erfüllte, ist mir zu beschreiben unmöglich. Die Kinder hatten sechs Wochen Schulferien und sollten nun auf Okakombo ein neues Zuhause finden, nach all den Schrecken, Ängsten und Sorgen, die Flucht und Heimatlosigkeit mit sich brachten. Das war nicht schwer, denn jeden Tag gab es etwas Neues zu erleben: die herrliche Landschaft mit dem Götterberg der Hereros, dem Okonjenje, in der Ferne, die Eingeborenen und ihre ausdrucksvolle Sprache, die Arbeit auf der Farm, das Vieh in den Krälen und das Wild im Feld.

Erst mal gab es viele Vorbereitungen, um überhaupt alle im ‚Haus' unterzubringen. Wolfgang hatte mir schon eine Wasserleitung vom Windmotor zum Haus gelegt, hatte für die Badewanne, die im größten Badezimmer der Welt stand, nämlich in Gottes freier Natur, eine Nische am Haus hergerichtet, hatte das Wellblechdach des Hauses mit weiteren großen Steinen belegen lassen und die große Veranda mit Pfeilern abgestützt."

Die ersten Weihnachtseinkäufe in Omaruru, 60 km Sandstraße entfernt, waren für die Farmangestellten. Jeder Mann bekam ein Hemd und eine Hose und für jede Frau 8-12 m Stoff, Blaudruck, für ein Kleid. Damit wurde die bekannte Herero-Tracht, das lange viktorianische Kleid mit den vielen Unterröcken und dem hohen Kopfschmuck, angefertigt. Für die Weihnachtsbäckerei konnte die Farm Milch, Butter und Eier liefern, und die Plätzchen waren ein großer Erfolg. Verzweifelt hatte ich über Wochen nach roten Äpfeln für die bunten Teller gesucht. Die Sommerweihnachten hatten alles ein bisschen durcheinandergebracht. Aber zwei Tage vor Weihnachten waren auf einmal rote Äpfel da. Dass sie nicht schmeckten, wusste ich da zum Glück noch nicht.

Der 24. Dezember brach an. Die Hitze war nach unseren damaligen Begriffen kaum überbietbar. Gegen Mittag teilte Wolfgang an jeden, der auf der Farm oder im Haus arbeitete, die doppelte Wochenration an Kost aus: Kaffee, Tee, Zucker, Maismehl – ihr Hauptnahrungsmittel –, Petroleum und Streichhölzer.

Milch für „Omeire" (Dickmilch) bekamen sie schon morgens, gleich nachdem Anna gemolken hatte. Aber das Fleisch für die Festtage musste noch verteilt werden. Jeremias, der Vormann, hatte dem neuen „Baas" (Farm-Herr) vorgeschlagen, die „verrückte" Kuh zu schlachten, und so geschah es. Um die Übergabe der „Präsente" (Geschenke) ein wenig festlich zu gestalten, wurden Bretterkisten mit weißen Bettlaken und grünen Zweigen aus dem Feld bedeckt. Zu den Geschenken kamen dann noch Kuchen und „Lekkers" (Bonbons) als Verzierung. Nun hatten wir uns noch festlich anzuziehen, bevor unsere Eingeborenen kamen. Jetzt erst konnten wir die Kerzen aus dem Kühler holen, sonst wären sie uns längst geschmolzen. Bald kam ein langer Zug von der Werft zum Farm-Haus. Wendoline ging voran, nein, sie schritt, wie alle Herero-Frauen. Alle waren sauber gekleidet, und Anna, die alte Melkerin, hatte ihr Kleid, aus dem immer eine Brust herausschaute, mit großen Sicherheitsnadeln geschlossen. Wir waren gespannt, aber Wolfgang hatte uns instruiert, wie sich die Bescherung abspielen würde. Während alle Männer und Frauen sich im Halbkreis vor der Veranda aufbauten, zündete ich die Kerzen an. Und nun begannen sie zu singen. O du fröhliche, O Tannenbaum und auch Stille Nacht. Es bewegte uns sehr, hier mitten im Busch deutsche Weihnachtslieder in einer fremden Sprache, Herero, zu hören.

Wolfgang machte seine Ansprache auf Deutsch, und Jeremias übersetzte. Nach einem Glas Wein für alle teilte Wolfgang die „Präsente" aus, und der Bann war endlich mit vielen „dankie Baas", „dankie Mister" und „dankie Missies" gebrochen. Wir durften nun lachen und reden und jedem „Frohe Weihnachten" wünschen.

Nach dem Abendessen wollten wir Weihnachten in der Familie feiern. Als es soweit war, steckte ich die Kerzen in die Halter, und Wolfgang zündete sie an. Ein Glöckchen hatte sich irgendwo gefunden, und so konnten die Kinder wie zu Hause gerufen werden. Eberhard sprach die Weihnachtsgeschichte, und Runhild sagte ein Gedicht auf. Das singen unserer alten schönen Weihnachtslieder ging gar nicht schlecht, ganz ohne Grammofon oder

Musikinstrumente. Dann durften endlich die Geschenke besehen und ausgepackt werden. Für uns hatten die beiden Großen gebastelt und gehandarbeitet. Strahlende Augen, lachende Gesichter, Weihnachtsfreude!

Die beiden Pakete von meinen Eltern aus Schwerin und von Wolfgangs Schwester Gudrun aus München packten wir gemeinsam beim milden Licht der Petroleumlampe aus. Aus Gudruns Paket schälte sich eine Meissner Kaffeekanne heraus. Meissen! Hier am Ende der Welt! Da stand sie nun inmitten des dürftigen Müllerschen Mobilars und fühlte sich gar nicht wohl. Aber sie brachte uns einen Gruß aus einer uns sehr fern gewordenen Welt, und es war mir, als verkündete sie mir eine besondere Botschaft – ihr werdet euch und euren Kindern eine Atmosphäre schaffen, die eurem Lebensstil gemäß ist. Im Paket meiner Eltern waren mehrere Dosen mit Pfefferkuchen von Haeberlein in Nürnberg. Mein Schrecken war größer als die Freude. Wie viel Schmuck hatte meine Mutter wohl hingeben müssen, für Westgeld, um diese Bestellung bei Haeberlein zu machen? Ach nein, Mutti, dachte ich, das hättest du nicht dürfen! Es dauerte lange, bis ich erkannte, was meine Mutter mit ihnen schickte: Erinnerung, Erinnerung an unser Berliner Zuhause, an unsere Weihnachtsfeste in noch unbeschwerter Zeit, Erinnerung an das, was wir verloren – und so nahm ich ihr Geschenk in tiefer Dankbarkeit an. Es war Heiligabend im Familienkreis mit vielen Gedanken an all das Schöne in unserer deutschen Heimat.

Spätabends, als sich schon alle zurückgezogen hatten, trat ich noch mal mit Runhild in die sternenübersäte Nacht hinaus. Stille, Unendlichkeit und Erhabenheit umgab uns, fast zu viel für ein menschliches Herz. Ein Südwester Weihnachtsgedicht, das der afrikanischen Weihnachtsstimmung entspricht, gehörte von da an zu jedem unserer Weihnachtsfeste in Afrika.

Die Heil'ge Nacht ist da,
so selten schön, wie ich sie niemals sah!
Es fällt kein Schnee, die Luft streicht lau und warm,
wie deutscher Frühling um die Farm.

So fern, so fern liegt alles Menschentreiben.
Kein Laut wird wach, nur dass im fernen Kraal
das Vieh sich regt, wie träumend noch einmal.
Rings dehnt der Busch sich unabsehbar weit
In seiner ernsten, großen Einsamkeit.
Und immer leuchtender schickt durch das Dunkel
des Südens Kreuz sein fremdartig Gefunkel.

Wie schwer muss es wohl für jeden Einzelnen von uns gewesen sein, als Okakombo, die neue Heimat, drei Jahre später verkauft wurde. Der Vater war plötzlich ohne Aufgabe und ohne Einkommen. Tilla fand eine Anstellung als Lehrerin in Omaruru, und Wolfgang fand nach langem Suchen eine Lagerverwalterstellung in Swakopmund, 300 km von allen entfernt. Es dauerte noch weitere drei Jahre, bis beide Eltern eine Stellung in Windhoek finden und eine gemeinsame Wohnung mieten konnten. Eberhard, der Schülerheimer, zog in ein neues Zuhause.

Die wenigen Farmjahre wurden bestimmend für mein ganzes Leben. Gottes freie Natur wollte ich nicht mehr missen, sie ständig zu sehen, zu hören, zu tasten und tief zu empfinden, das sollte zum normalen Leben gehören. Mein Beruf als Hydrologe und die lebenslange Teilnahme an der Wasserentwicklung im südlichen Afrika waren wie ein Geschenk. In den ersten Arbeitsjahren in Südwest hab ich das Land kreuz und quer durchreist, mein „Bett" stand meist unter freiem Sternenhimmel. Jede Stimmung der Natur konnte ich erleben, den weiten Horizont, die gelben Gräserwogen, die blauen Berge in der Ferne, die weißen Wolkenberge, die sich in der Regenzeit täglich auftürmen, bis es endlich regnet, und den unglaublichen Schein ringsherum nach dem ersten Regen.

Aber im Laufe der Lebensjahre wuchs auch noch eine zweite Heimat. Deutschland steckte schon irgendwie in mir, durch Muttersprache, durch Sehnsucht der Eltern, durch das viele Schöne in Bildern, Worten und Gedanken, die mich als junger Mensch ständig umgaben und die ich bald selber bewusst mehr und mehr suchte. Bei meiner Schwester Runhild geschah es noch bewusster. Sie hatte die Schule schon frühzeitig verlassen müssen, um mitzuverdienen. Bald heiratete sie einen jungen Kaufmann aus Hessen, mit dem sie sich eine deutsche Heimat in Afrika schaffte. Und dann ein kleines Wunder. Noch zu Runhilds Lebzeiten heiratete ihre Tochter den Farmer der Farm Mecklenburg. Kaum zu glauben, für uns Mecklenburger! Dort liegt Runhild nun schon einige Jahre unter einem wunderschönen Dornenbaum begraben.

Herkunft

„Erst die Fremde lehrt uns,
was wir an der Heimat besitzen."
Theodor Fontane

In mir ist etwas Deutsches, Schönes, Starkes, das Jahrhunderte, ja, Jahrtausende zurückreicht. Ich fühle mich Deutschland, seinen Menschen und seiner Geschichte tief verbunden. Irgendwie ist es mehr als meine unmittelbare Familie, es sind ganze Landschaften, verschiedene Mundarten und Gewohnheiten und natürlich Schrifttum und Musik, aus der all dies anklingt.

Alles, was ich über meinen Vater Eberhard Braune (geboren 1911 Schwäbisch-Gmünd, gefallen 1942 Woronesh, Russland) weiß, habe ich aus Erzählungen und Niederschriften meiner Mutter und aus einer Mappe mit Dokumenten von ihm. Sie waren im kleinen Rollschrank in unserer Schweriner Wohnung, wahrscheinlich vom Vater dort hineingelegt, während seines letzten Fronturlaubes, 1942. Meine Mutter weiß nur, dass sie vor der Flucht, 1950, einige Sachen aus dem Rollschrank herausgenommen hatte, die mit nach Westdeutschland und dann nach Afrika kamen. Diese Mappe hatte sie nach vielen Jahren zum ersten Mal geöffnet und mit einem Schreiben an mich weitergegeben.

„Aus der Ahnentafel kannst Du ersehen, dass Du ein Nachkomme von Carl-Christian Braune bist, der 1807 in Anhalt geboren wurde. Anhalt liegt in Mitteldeutschland. Die Hauptstadt ist die Universitätsstadt Halle. Anhalt ist ein flaches, fruchtbares Land und hat, soweit das Auge sehen kann, Weizen- und Zuckerrübenfelder. Dieser Teil Deutschlands wird von der Saale durchflossen, einem Fluss, der im deutschen Volkslied verherrlicht wird:

An der Saale hellem Strande stehen Burgen stolz und kühn,
ihre Dächer sind verfallen und
der Wind streicht durch die Hallen.
Wolken ziehen drüber hin."

Carl-Christian Braune war Landwirt und Besitzer eines großen Gutes. Er war ein sehr intelligenter Bauer, eisern streng und von früh bis abends fleißig. Sein Sohn, Friedrich-Carl Braune, geb. 1834, vergrößerte den Besitz um ein Vielfaches. Seine Tochter Therese schrieb meiner Mutter aus ihren Erinnerungen: „Mein Vater hatte nur die Dorfschule besucht, war aber ein aufgeweckter Mensch und ein „selfmade man" im besten Sinne des Wortes. In der 2. Hälfte des vorigen Jahrhunderts, als in England die ersten Versuche der Industrialisierung begannen, in Deutschland aber von solcher Entwicklung noch nichts zu spüren war, kam er auf den Gedanken, aus seinen Gütern Saatzuchtbetriebe zu machen und Zuckerrübensaatgut zu verkaufen.

10. V. 1926.

Stammtafel der Familie
Carl Christian
BRAUNE

❖

Carl Christian Braune,
Gutsbesitzer zu Reinsdorf bei Artern und später
Rentier in Sangerhausen
geb. 13. 11. 1807 zu Reinsdorf bei Artern
gest. 18. 3. 1890 zu Sangerhausen; liegt beerdigt
in Sangerhausen
verm. 10. 2. 1834 zu Reinsdorf
    mit Friederike Luise Pfersdorf
geb. 25. 10. 1811 zu Reinsdorf
gest. 13. 9 1873 zu Reinsdorf; liegt beerdigt in
Reinsdorf.

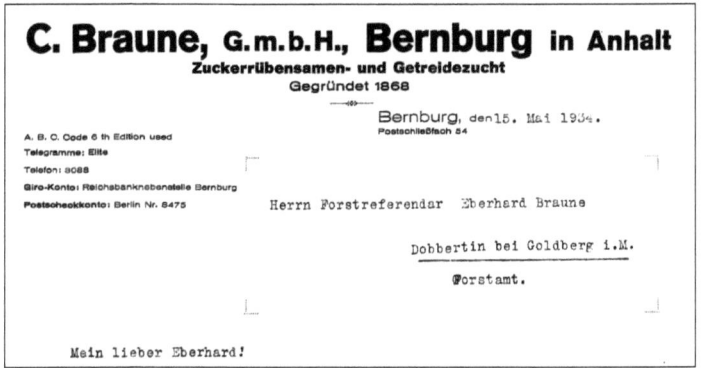

Die Braunes sind aus Anhalt

Die sorgfältige Auslese der Mutterrüben geschah in einem großen Laboratorium, in dem bis zu 14 Chemiker tätig waren. In Versuchsgärten mit Erwärmung des Bodens wurden verschiedene Düngearten ausprobiert und die besten Samen gezogen. Stecklinge aus diesen Gärten gingen an verschiedene Plantatoren, die daraus Zuckerrüben für die Fabriken zogen. Seine geschäftlichen Beziehungen und Aktivitäten weiteten sich über Deutschlands Grenzen aus nach Amerika. Unermüdlich fleißig saß er schon früh um 4 Uhr morgens am Schreibtisch, um seinen Beamten Dispositionen für die Arbeit zu geben. Punkt 5 Uhr musste ich den Kaffee bringen, dann ging der Vater durch die Wirtschaft, ritt ins Feld, und später erledigte er die umfangreiche Post. Bei aller Herzensgüte war er doch streng und verlangte viel von uns: ‚Ich kann nicht von meinen Leuten verlangen, dass sie da sind, wenn meine Kinder noch in den Betten liegen.'"

Mein Großvater Alfred, der Benjamin der Familie, und seine Schwester Therese lösten sich aus der Firma und wurden von ihrem Vater Friedrich-Carl ausgezahlt, sie durch Heirat und Alfred, weil er aktiver Offizier im deutschen Kaiserreich wurde. Sein Einsatz als Truppenführer war mit dem Eisernen Kreuz II. und I. Klasse ausgezeichnet worden. Immer wieder war auch der liebe und stets hilfsbereite Mensch im Soldaten und Vorgesetzten zu erkennen. Seine Schwester erzählte ein treffendes Geschehen aus der Kriegszeit:

Die Großeltern Braune und Schmidt

„Alfred Braune, der Kompaniechef, nahm seinen Urlaub vor Weihnachten. Obwohl er selbst zwei kleine Söhne hatte, war es für ihn selbstverständlich, die für Soldaten im Krieg so schweren Weihnachtstage mit seinen Männern zusammen zu verbringen. Er fuhr Anfang Dezember von irgendwo in Frankreich in Richtung Heimat. Beim Abschied von seiner Truppe sagte er, alle könnten ihren Frauen seine Anschrift mitteilen, damit sie kleine Liebesgaben an seine Adresse schicken und er sie ihnen zum Heiligen Abend mitbringen könne. Im Laufe seines dreiwöchigen Urlaubs häuften sich die Liebespakete derart, dass er nicht wusste, wie er ihrer Herr werden sollte. Und immer mehr und immer größere Pakete, und nicht nur von den Frauen seiner Leute, kamen. Er hatte versprochen, alles mitzubringen, aber wie? Da kam ihm der rettende Gedanke: einen Eisenbahnwagen zu organisieren. Und so geschah es. Auf seine Kosten übernahm ein Waggon der Eisenbahn alle Pakete, sie kamen rechtzeitig an und brachten seinen Männern die größte nur mögliche Freude."

1910 heiratete er Hanna, Tochter des Papierfabrikbesitzers Heinrich Lange, auch in Bernburg. Alfred Braune ließ sich später mit Hanna in Schwerin/Mecklenburg nieder, nachdem er den Ersten Weltkrieg als Hauptmann und Major überstanden hatte. Er erwarb das große, schöne Haus in der Schlossgartenallee, das in schweren späteren Jahren vielen ein Zufluchtsort werden sollte. Zu den drei Jungs, Eberhard, Wilfried und Karl-Heinz, kam nach dem Krieg noch Axel hinzu. Alfred konnte ein großes Haus führen mit viel Personal und konnte sich Grundbesitz und Jagden in anderen Teilen Mecklenburgs kaufen. Alfred stand zeit seines Lebens auf der Sonnenseite. Er liebte das Leben, die Menschen, die Tiere, Blumen und Bäume. Er war sehr musikalisch und hatte eine wunderbare Stimme. Aber schon 1925 starb Alfred nach kurzer schwerer Krankheit (Leukämie). Zu meiner Mutter sagte seine verbliebene Frau Hanna einmal später: „Lebte Alfred noch, so würde er dir jeden Morgen eine Rose zum Frühstück bringen."

Der Älteste, Eberhard, war gerade 14 Jahre alt, als der Vater starb. Eberhard wurde der Helfer der Mutter in Erziehungsfragen und auch in Geldangelegenheiten. Alle vier besuchten das humanistische Gymnasium in Schwerin. Eberhard bestimmte, dass sich alle der Bündischen Jugend anschlossen. Dadurch gab es keine Erziehungsprobleme. Auf ein paar Schwarzweiß-Fotos kann man eine harmonische Jugend ersehen. Die Jungen zusammen im Schlossgarten, auf Lager mit Musikinstrumenten oder im Paddelboot. Aus Dokumenten, die zehn Jahre einschließen, wird klar, was für eine formende Rolle die Großdeutsche Jugend für diese Jungen und heranwachsenden Männer gespielt hat. Die Bündische Jugend war im 1. Weltkrieg aus der Wandervogelbewegung entstanden.

Ein Fahrtbericht von Eberhard lässt Mecklenburg lebendig werden: „ein Sturm Tag an der Küste, goldgelben die Getreidefelder, breitbeinig der Bauer und hochbeladen der letzte Erntewagen. Abend ist es geworden. Als wir mit festem Tritt Schwerin zuziehen, sinkt flammend die Sonne im Westen. Die Türme Schwerins, von der Abendsonne vergoldet, tauchen auf. Hoch strebt der Dom, die Stadt beherrschend, zum Himmel empor. Turm an Turm, eine wuchtige Masse, unser Schloss. Dort weiche Linien, die Schelfkirche, ein Edelstein aus der Zeit des Barock, ein Schmuckstück der Stadt, unseres Schwerin. Unser Schwerin, unser Mecklenburg jubelt es in unseren Herzen, als wir mit strammem Schritt und zackigem Lied in die Stadt einziehen."

„Mecklenburg Fahrt" in Nationale Jugend, 15. Mai 1925

Nach dem Abitur (1929) diente Eberhard bei der Schwarzen Reichswehr und begann danach mit dem Studium der Forstwissenschaft – in München, Hannoversch-Münden und dann an der Forstakademie in Eberswalde. Von viel Schweiß sprechen die langen, auf der Maschine geschriebenen Berichte zur Ablösung der Försterzeit. Von Forstämtern Hinrichshagen, Dargun, Neustrelitz, Rowa und Moidentin bei Neukloster ist die Rede. Zum Abschluss seines Neuklosterberichtes aus dem Jahre 1936 steht dann:

„Damit ist die schönste Zeit, die ich in meiner Referendarzeit bisher gehabt habe, leider beendet. Es war die Zeit, in der ich ein eigenes Revier hatte, in der ich Verantwortung hatte und in der ich Arbeit in Hülle und Fülle hatte, und darum hat mich diese Zeit so restlos befriedigt. Ich konnte viel draußen sein im Wald, aber doch nicht so viel, wie ich erwartet hatte. Die Schreibarbeit, die ein Reviermeister zu leisten hat, hatte ich mir jedenfalls erheblich geringer vorgestellt. Und trotzdem, das Leben eines Revierbeamten ist herrlich in einem so schönen Revier wie Moidentin."

Ich, der Sohn Eberhards, weiß, daß ich ohne Krieg auch Förster irgendwo in Mecklenburg geworden wäre. Bei meinem Vater war es der Vater, der in ihm auf den vielen Pirschgängen in den schönsten Gegenden Mecklenburgs die Liebe zur Natur geweckt hat. Welch Wunder, dass ich in Afrika so schnell zu dem Hydrologenberuf gefunden hab. Der moderne Hydrologe sieht sich immer mehr als Ökologe und Naturschützer. Und kein Wunder, dass ich auf meinem zweiten Deutschlandbesuch, nach 60 Jahren, mehr Kilometer auf Wald- und Landwegen abgelegt habe als auf der Autobahn. In meinen Tagebüchern ist von den Kranichen am Schaalsee die Rede, von den verschiedenen Singvögeln im Thüringer Wald, von einem Habicht, der vor meinen Augen eine Taube reißt, und überall zwischen dem Text gibt es gepresste Feldblumen (die Küchenzelle, das Gemeine Waldveilchen, Löwenzahn, ein Himmelsschlüssel und ein Märzbecher).

Zu dem eigenen Forstamt, von dem Eberhard immer geträumt hat, kam es nicht mehr. Der Krieg wurde leider der bestimmende Teil seines erwachsenen Lebens. Seine Einstellung zum Wehrdienst fand 1934, mit 23 Jahren, statt, und am 1. September 1939 begann der Krieg, der Zweite Weltkrieg. Eberhard gehörte der Panzerabwehrabteilung 12 Schwerin, später die schwere Panzerjäger-Abteilung 611, als Leutnant an und war Adjutant des Kommandeurs, Prinz zu Waldeck und Pymont. Stationen in Russland waren der Durchbruch durch die Grenzstellungen, die Schlacht bei Smolensk und Durchbruch durch die Dnjepr-Stellung, Abwehrkämpfe im Jelnjabogen, Schlacht bei Kiew, Einnahme von Kursk und Abwehrschlachten dort und dann das Halten des Brückenkopfes Woronesh. Dort fiel mein Vater, der Oberleutnant Eberhard Braune. Hiernach nahm die Abteilung als Teil der Panzertruppen am geplanten Entsatz der 6. Armee im Kessel von Stalingrad teil und wurde dabei im Januar 1943 total vernichtet. Das und den Marsch in die Gefangenschaft im tiefsten russischen Winter brauchte der Vater nicht mehr mitzumachen.

Auch Karl Schmidt, Großvater mütterlicherseits, stammt aus Anhalt. Wirschleben war das Stammgut der Schmidts, wo Karl und seine sechs Geschwister groß geworden sind. Aber sein Vater Friedrich, der Linden-Schmidt, verkaufte später das Gut und die ihm auch gehörende Mühle, weil keiner seiner fünf Söhne das Gut übernehmen wollte. Karl wurde preußischer Offizier und meldete sich zur Schutztruppe nach Südwestafrika. 1912, zurück in Deutschland, heiratete er Mathilde Lücke. Er war Soldat in beiden Weltkriegen, zuletzt, schon 67, Oberstleutnant.

Die Jahre in Deutsch-Südwest als Offizier der Kaiserlichen Schutztruppe wurden für ihn die Erfüllung seines Lebens. Dass er nach vier Jahren wegen einer schweren Malaria nach Deutschland zurück musste, war fast tragisch. Durch die Folgen der Malaria verlor er das Licht des einen Auges. Bis in sein hohes Alter wurde er immer wieder von Malariaanfällen und entsetzlichen Augenschmerzen gequält. Nach längerem Krankenlager in Deutschland erhielt er verschiedene Kommandos in Berlin und in Ostpreußen. Er gehörte dem Regiment 147, dem Hindenburgregiment, an. Im 1. Weltkrieg wurde er beim Sturmangriff in der Schlacht bei Ypern schwer verwundet.

Nach dem Krieg brachte ihm seine lebensbejahende Art eine neue Aufgabe. Mit General Kempe zusammen übernahm er den „Reichsverband für Kriegspatenschaften", dessen Aufgabe es war, Paten für verwaiste Offizierskinder zu finden. In Deutschland war das zu der Zeit so gut wie unmöglich. Die Großindustrie war zerschlagen und die reichen Fürstenhäuser verarmt. Der Großvater suchte neue Wege und fand Paten und Geldgeber im Ausland, vor allem in Holland und den nordischen Ländern, und da im Besonderen in den Königs- und Fürstenhäusern. Bald nahm das Büro an der Weidendammer Brücke ein ganzes Stockwerk ein. Neben den Büroräumen gab es nun auch Lagerräume für die vielen eingehenden Spenden wie Betten, Matratzen, Wäsche, Kleidung und Nahrungsmittel. 1935, im Rahmen der Gleichschaltung, liquidierte der neue nationalsozialistische Staat alle privaten sozialen Einrichtungen, und so auch den Reichsverband für Kriegspatenschaften. Alle Angestellten wurden entlassen, Gehalt und Pension entfielen. Das Ehrenzeichen des Deutschen Roten Kreuzes erinnert uns noch heute an diese segensreiche Zeit des Großvaters.

Ein besonderes Erbe kam durch Karls Gattin, meine Großmutter, Henriette Ulrike Mathilde Lücke, in die Familie. Zur Verlobung 1935 schenkte ein Großonkel, Willi Wollank, meiner Mutter eine schlichte weiße Empire-Vase aus der Königlich Preußischen Porzellan-Manufaktur mit den Worten: „Halte sie in Ehren, sie ist ein altes Familienerbstück." Diese Vase schenkte ursprünglich die berühmte Gräfin Voß (1729–1814), Hofdame der Königin Luise, dem Hugenottenprediger Mulnier am königlichen Sommerhof in Paretz. Er wurde ausgezeichnet für seine Verdienste am preußischen Königshof.

Die Verbindung sah ich viele Jahre später zum ersten Mal bewusst, als ich ein großes Pergamentpapier mit dem Stammbaum der Lückes, auch in den Papieren meiner Mutter, auffaltete.

- Johann Friedrich Ferdinand Mulnier – Prediger (1768–1842)
- Louise Auguste Mulnier (1803–?) & Daniel Liba (Prediger)
- Ulrike Marie Wilhelmine Liba (1826–1892) & August Friedrich Ferdinand Lücke (Prediger)
- Friedrich Wilhelm Otto Lücke (Kaufmann, 1851–1911) & Clara Maria Auguste Wollank
- Henriette Ulrike Mathilde Lücke (1885–1980)

Die Weltgeschichte, die dazu gehört, ist die Flucht Tausender Hugenotten aus Frankreich nach der Aufhebung des Edikts von Nante 1685. Etwa 20 000 ließen sich in Brandenburg-Preußen nieder, wo Kurfürst Friedrich Wilhelm ihnen besondere Privilegien gewährte. Überdurchschnittlich zahlreich waren Fachkräfte aus dem Textilgewerbe: Tuchmacher, Woll-Spinner, Mützen-, Handschuh- und Strumpfweber, Färber, Gobelin- und Seidenweber, Leinendrucker, Hutmacher und andere. Die größte Kolonie entstand in Berlin selbst, und dort gehörte um 1700 etwa jeder fünfte zu den geflüchteten Franzosen, die hauptsächlich in den neu entstandenen Städten Dorotheenstadt und Friedrichstadt sesshaft wurden. Laut meiner Mutter sprach die Oma Mathilde noch regelmäßig, wenn sie allein waren, mit ihrer Mutter Clara Französisch. Auch ging sie jedes Jahr in der Heiligen Nacht nach der Bescherung zu Hause ganz allein zum Gottesdienst in den französischen Dom in Berlin. Meine Mutter Mathilde (Tilla) wurde 1914 und ihre Schwester Wiltrud 1917 in Berlin-Steglitz geboren. Sie schreibt: „Wir wohnten in der Lauenburger Straße. Die Linden wuchsen uns ins Fenster hinein. Ich liebte den Duft der Linden und das Glockengeläut der nahen Kirche. Unsere Berliner Wohnung war eine ganz besondere Wohnung, groß, weiträumig und sonnendurchflutet, mit Stil und Gepräge, das ihr mein Vater gegeben hatte. Gemälde und Trophäen erzählten von seinen vier unvergesslichen Jahren als Schutztruppler in Südwestafrika."

Als Tilla als Einundzwanzigjährige ihren Eltern eine Verlobung mit Eberhard Braune aus Schwerin und Student der Forstwissenschaften ankündigte, waren diese hocherfreut. Schon am nächsten Tag fuhr ihr Vater zur Direktorin des Pestalozzi-Fröbelhauses, wo Tilla gerade vor drei Monaten ihre Ausbildung zur Fürsorgerin begonnen hatte, und meldet sie ab. Die jeweilige Reaktion der Eltern ist ein Bild ihrer Zeit, aber auch der absolute Gegensatz dessen, was das Leben ihr noch bereithielt. Der Vater: „Du bist nun bis an dein Lebensende versorgt. Du heiratest in eine der wohlhabendsten Familien Mecklenburgs ein. Du brauchst keinen Beruf." Die Mutter: „Du wirst jetzt etwas anderes lernen, als arme Leute zu betreuen und dich dabei kaputt zu machen. Du musst nun lernen, wie man einen großen Forst und Gutshaushalt führt."

Die Eltern – Eberhard und Tilla Braune

1938, nach einer langen Verlobungszeit, konnte endlich geheiratet werden. Eberhard war nun mecklenburgischer Forstassessor und sollte schon in einem Jahr ein eigenes Forstamt bekommen.

Aber das Glück war bald zu Ende. 1939 brach der Krieg aus, und 1942 musste Tillas Vater ihr die traurige Nachricht übermitteln, dass ihr Mann bei Woronesh auf dem Feld der Ehre gefallen war. Bruder Wilfried war schon 1941, auch in Russland, gefallen. Ein Jahr später erschütterte die Familie ein neuer Schicksalsschlag. Das schmidtsche Haus in der Lauenburgerstraße in Berlin wurde in einer schrecklichen Bombennacht zerstört. Aller Besitz, alle Erinnerungsstücke gingen in Flammen auf. Mit einem Köfferchen standen Karl und Mathilde am nächsten Tag an der Tür des Brauneschen Hauses in Schwerin. „Wir haben kein Zuhause mehr."

In dieser Zeit wächst etwas Neues in der 28-jährigen Tilla: „Ich erkannte meine mir vom Schicksal aufgebürdete Aufgabe. Diese Aufgabe wart ihr, die Kinder, Euch zu bewahren und zu schützen und in das Leben zu führen. So wuchsen mir im Laufe der Zeit Kräfte zu, die mit dem Verstand nicht zu erklären sind." Bald meldete sich Tilla zur Schwesternausbildung beim Deutschen Roten Kreuz und wurde nach bestandenem Examen Schwesternhelferin. Von nun an tat sie täglich Dienst in Lazaretten und auf dem Bahnhof, wenn Verwundetentransporte ankamen. Später ließ sie sich auch in den Lagern für Ausgebombte einsetzen und betreute die jungen Frauen mit ihren kleinen Kindern.

An den Fronten, besonders an der Ostfront, sah es erschütternd aus. Im Februar 1944 fiel auch der jüngste Bruder, Axel, in Russland. 1945 wurde es auch an der Heimfront immer schwerer. Viele deutsche Städte waren durch Bombenangriffe in Trümmerhaufen verwandelt. Wieder war die ganze Familie in die Schlossgartenallee zusammengezogen. Im großen, vornehmen Herrenzimmer wurden nun Matratzenlager aufgeschlagen. Großmutter Hanna hatte außer Tillas Eltern auch noch die Familie Schlabitz, die aus Riga geflohen war, aufgenommen. Im Garten lagerten Flüchtlingstrecks aus dem Osten. Die Frauen kochten und wuschen in Hannas großer Küche.

In den Lazaretten waren die Verhältnisse inzwischen erschütternd geworden. Alle Schulen waren in Aufnahmestationen für verwundete und kranke Soldaten verwandelt worden. Und trotzdem reichten weder Betten noch Räume aus. Die schwer verwundeten Männer lagen auf der Erde und schon auf allen Gängen. Es gab weder Verbandszeug noch Medikamente, nur noch zu essen und zu trinken.

Im Mai kam es zur Kapitulation des Deutschen Reiches und einer neuen schweren Zeit unter den jeweiligen Besatzungsmächten. Zum ersten Mal gab es wirklich Hunger, denn die Versorgung über Lebensmittelkarten funktionierte nicht mehr. Nach kurzer amerikanischer und englischer Besatzung bekam man die Schreckensherrschaft unter der russischen Besatzung zu spüren, die zum Grauen der Zivilbevölkerung wurde und für viele, sehr viele den Tod bedeutete.

Das Prachthaus in der Schlossgartenallee musste von einem Tag zum anderen für die russische Besatzung geräumt werden.

Zu der Familie in Westdeutschland gab es keine Verbindung mehr, denn es gab keinen Postverkehr mehr über die Zonengrenze. Tilla schreibt: „Es waren nicht nur Lebensmittelsorgen allein, die mich fast verzweifeln ließen. Die neue Verwaltung ließ mir einen Brief zugehen, wohl der erste Brief nach dem Zusammenbruch, der mich erreichte, welcher mich erstarren ließ. Auf einem grauen Stück Papier mit vielen Stempeln wurde mir mitgeteilt, dass ab sofort meine und meiner Kinder Pension nicht mehr gezahlt wird, weil mein Mann als deutscher Offizier gegen die ruhmreiche und siegreiche russische Armee gekämpft hat. Es war keine Zeit, über diese uns vernichtende Mitteilung zu brüten. Die Dinge überschlugen sich. Diesmal betraf die Nachricht, die in allen neuen Zeitungen abgedruckt war, nicht nur mich und die Familie. Jeder Deutsche war betroffen. Ab sofort wurden alle Konten, alle Sparguthaben, alle Aktien gesperrt. Das neue Wort hieß ‚eingefroren‘. Nun waren wir alle völlig mittellos. Dunkel und im Tiefsten erschüttert ging für uns das Schreckensjahr 1945 zu Ende."

Trotzdem kam es für Tilla zu einem neuen Lebensabschnitt. Die russische Besatzung ließ die Schulen wieder öffnen. Wegen des großen Lehrermangels gab es Aufrufe zu einer Lehrerausbildung. Männer waren entweder noch in Gefangenschaft oder tot oder in der Partei gewesen. Tilla bewarb sich. Im November 1946 bestand sie das Endexamen. Auch ihr Wunsch an der Gerhard-Hauptmann-Schule, ganz in ihrer Nähe, zu unterrichten, wurde erfüllt. „Ich hatte es geschafft. Ich hatte Freude an meiner Arbeit, liebte die Kinder, und sie hingen an mir. Die Hälfte waren Flüchtlingskinder, ganz arm, immer hungrig und immer müde. Das Unterrichten war schwer. Wir Lehrer hatten weder Lehrplan, Anschauungsmaterial noch Bücher. Für Kinder gab es zuerst kein einziges Buch. Hefte und Schreibhefte auch nicht. Papier gab es nicht. Runhild schrieb auf abgeschnittenen Zeitungsrändern. Wir Lehrer durften uns auf den Höfen der Ministerien Seiten aus den Akten holen, die die Russen nach ihrem Einmarsch aus den Fenstern geworfen hatten – zwei Jahre nach Kriegsende das einzige Papier in den Schulen."

Das Leben in dieser Zeit als Frau allein mit der Verantwortung für zwei vaterlose Kinder blieb stets eine große Herausforderung. Im April 1947 heiratete Tilla wieder. Wolfgang Sydow war Landwirtschaftslehrer in Güstrow, an einer wiedereröffneten Landwirtschaftsschule außerhalb der Stadt. Er kannte Schwester Wiltrud und hatte schon oft in Schwerin bei der Familie Besuch gemacht und hatte immer etwas Besonderes vom Lande mit, sogar richtige Butter und ein Bauernbrot. Dass dies wirklich besonders war, merkten wir erst, als wir alle mit Wolfgang in unsere erste Wohnung neben der Mühle in Mühlrosin bei Güstrow einzogen. Auch auf dem Lande hatte die Bevölkerung weder Mehl noch Kartoffeln, von Fleisch und Fett ganz zu schweigen. Der Russe hatte auf Gespanne und Saatgut Beschlag gelegt, und 1946 und selbst 1947 wurde noch kaum geerntet. Aber trotzdem war es ein Paradies. Im Wald gab es Beeren und Pilze, die wir sammeln konnten. Auch Holz gab es.

Stiefvater Wolfgangs Lebensgang ist eine Geschichte für sich. Hier muss reichen, dass er aus der Neumark stammte und nach einer Landwirtschaftslehre 1937 vor einem Studium erst mal Welt-Luft schnappen wollte – wie sein Vater, der in jungen Jahren als Schiffsarzt die Welt gesehen hatte. Als ihn keiner, wie vereinbart, in Angola vom Schiff abholte, machte Wolfgang die Reise einfach weiter nach Südwestafrika. In zwei Jahren lernte er hier so manches über die Farmerei in Afrika – Rind- und Schafzucht. Es waren glückliche Jahre mit Freundschaften, die ein Leben lang hielten. Aber dann brach 1939 der 2. Weltkrieg aus, und Wolfgang wurde mit den meisten Deutschen des Landes interniert in Lagern in Südafrika, tausende Kilometer entfernt. In seinem Lager, Andalusia, war es ihm beschieden, mit deutschen Akademikern aus Pretoria interniert zu sein. In der provisorischen Lageruniversität lernte er Landwirtschaft und Vorgeschichte. Letzteres wurde später sein Hobby und eigentliche Lebensaufgabe. Und mit der Landwirtschaftsausbildung wurde er, oh Wunder, nach seiner Repatriierung 1945 als Lehrer in Deutschland angestellt.

Nach ein paar Monaten, zusammengedrängt in der Mühle, bekamen wir den Grundflur der „Villa Ulex", ein wunderschönes

Haus im Wald und am Inselsee gelegen. Es war schrecklich verwahrlost, aber Wolfgangs Improvisationstalent bewährte sich, und wir bekamen ein komfortables Heim. Wolfgang schaffte es, auch Frau Ulex und ihre Schwester in ihr Haus zurückzuholen. Als dann General Ulex ein paar Monate später aus russischer Kriegsgefangenschaft heimkehrte, hatte sich schon wieder eine Schicksalsgemeinschaft gebildet.

„Im Januar 1948 wurde Helmut geboren. Alles ging glatt, obwohl ich ein ausgemergeltes Etwas war. Aber der Junge war groß und kräftig. Fast unbegreiflich, wie das möglich war. Ernährung war nur durch die Afrikapakete möglich. Welch ein Glück. Zu kaufen gab es nichts, außer im HO-Laden, den ich nie betreten habe, für sehr viel Geld. Das Einzige, was Mutter und Kind zugebilligt wurde, war für jeden ein ¼ l. Milch, den der kleine Eberhard auf seinem Schulweg aus dem Dorf mitbrachte."

Ja die Afrikapakete – von Wolfgangs Freunden aus Südwestafrika – kamen auf einmal ab Ende 1947 bei uns in der Ostzone an. Sie verbesserten nicht nur unsere Ernährung wesentlich, sondern erleichterten auch unser Leben. Mit Kaffee und Zigaretten konnten wir vieles eintauschen, z. B. einen Ofen, die Fahrräder und Schuhe. Ich, der Eberhard, kann mich nur an die herrliche, braune Peanutbutter in jedem Paket erinnern.

Aber was ist aus den Braunes geworden? Großmutter Hanna war in Schwerin geblieben, um auf ihren letzten Sohn Karl-Heinz zu warten. Von Großmutter Hanna habe ich Bilder aus der Vorkriegszeit, im Sessel sitzend, im parkartigen Garten mit ständigen Hausgästen aus Theater und Orchester. Als wir schon in Afrika waren, gaben die Russen den Schlossgarten und die Villen frei, und Hanna durfte wieder in ihr Haus ziehen. Nachdem sie und einige Helfer Haus und Garten wieder in einen annähernd menschenwürdigen Zustand gebracht hatten, wurden alle Häuser wieder beschlagnahmt. Am Schluss durfte sie ein Zimmer in ihrem eigenen Haus bewohnen. Ihr Glück war, dass Karl-Heinz wirklich irgendwann aus sibirischer Gefangenschaft zurückkam und es ihr gelang, ihm mit Schwiegersohn ein zweites

Haus auf dem Grundstück zu bauen. Als Karl-Heinz dann viel zu früh starb, brach die Verbindung meiner Mutter zu Braunes Nachkommen in Schwerin leider ab.

Die vier Braune-Jungs

Zu den Anhalter-Braunes besteht auch keine Verbindung mehr. Aus Korrespondenz mit Großvater Alfreds Schwester Therese (*1871) konnte meine Mutter erfahren, dass die Russen sofort die brauneschen Güter konfiszierten und viele Männer verschleppten. Ihre eigenen drei Söhne waren schon alle im 1. Weltkrieg gefallen. Sie meinte, dass es in Anhalt keine Braunes mehr gibt und dass die Nachkommen in der ganzen Welt zerstreut leben. Meine Mutter schreibt: „Wenn auch aller Besitz und Reichtum verloren ist und die Wunden, die der Krieg durch den Soldatentod so vieler junger Braunes riss, niemals heilen werden, so lebt doch in den Nachkommen der Geist der Vorfahren, lebt ihre Tüchtigkeit, ihre Einsatzbereitschaft, leben ihre Begabungen und Talente und ihr Durchsetzungsvermögen. Aus den Hochs und Tiefs innerhalb der Brauneschen Familie kannst Du erkennen, dass nicht Geld und Gut ausschlaggebend für die Gestaltung des Lebens sind, sondern der Geist und der Wille."

Meine Mutter hat sehr in der Vergangenheit gelebt, in der ihre Wurzeln waren, aber sie hat gleichzeitig neu aufgebaut und viele aus ihrem reichen Erbe weiter bereichert. Ohne daß meine Mutter nicht die liebevolle Brücke zur Vergangenheit wurde und immer wieder Sachen für uns Kinder aufgeschrieben hätte, wäre ich selber wahrscheinlich nie zum Schreiben gekommen. Zum 80. Geburtstag schrieben wir Kinder der Mutter in einem Glückwunsch: „‚Sie kamen mit hoffenden Herzen' heißt es im Schutztruppenlied. So kamt auch Ihr, Mutti und Vati, 1951 in dies Land, und wie die Schutztruppler musstet Ihr Euch das Erhoffte erst erleiden und erkämpfen. Eure Stationen, kreuz und quer durch Südwest, bis die ganze Familie nach Jahren in Windhoek vereint war, würden für unsere Generation schon fast undenkbar sein. Wie wunderbar, dass man das Schwere vergessen kann, sogar Kraft daraus schöpfen kann und selbst im Schwersten immer wieder Lichtblicke, Schönes und Erbauliches finden kann. Das Schwere und das Schöne liegen bei Dir nie weit voneinander, Mutti. Es liegt in Deiner Natur, Dein Leben immer wieder neu auszurichten und gestalten zu müssen, ob im Krieg in Schwerin, ob auf der Farm, dann als der Alleinverdiener als Lehrerin in Omaruru und endlich im Hinterhofzimmer bei Menzels in Windhoek. Wie passend sind heute wieder die Worte von Großvater Karl Schmidt, damals, als Du mit uns nach Südwest ausreistest: ‚Gold habe ich nicht gefunden, auch keine Diamanten, aber von dem inneren Reichtum, den mir das Land schenkte, zehre ich noch heute.'"

Die Flucht

„Nur durch die Hoffnung bleibt alles bereit,
immer wieder neu zu beginnen.“

Charles Péguy

Von der Flucht hat meine Mutter nie geredet, aber in ihren Niederschriften ist dieses Ereignis zentral. Sie schreibt: „Nun, da sich mein Leben zu Ende neigt, will ich versuchen, über die Flucht, die unser Leben erschütterte und bis in die Grundfesten veränderte, zu schreiben. Es ist unsagbar schwer, aber unsere Nachfahren sollen einmal nachlesen können, wie wir lebten und litten, wie wir planten und dann den Absprung wagten und dadurch für uns, unsere Kinder und Enkel ein Leben in Freiheit errangen. Mein Herzenswunsch ist, dass keiner meiner Nachkommen das durchleben muss, was damals deutsche Menschen, zu denen auch wir gehörten, durchlitten.“

Meine Mutter soll erzählen: „Unser Neuanfang als Familie mit Wolfgang in Güstrow war bestimmt nicht leicht, aber es war wieder Hoffnung da nach der Hoffnungslosigkeit des Zusammenbruchs. Auch an der Landwirtschaftsschule ging es voran, zusätzliche Lehrer, viele Schüler und ein gutes Verhältnis zwischen allen. Wir meinten, die schlimmste Zeit hätten wir überwunden. Da traf uns ein neuer Schlag. Wolfgang wurde abgeholt. Wohin, wieso, warum? Darauf gab es keine Antworten. Die russische Kommandantur ließ ihn aber wieder frei, denn er konnte mit seinen Ausweisen belegen, dass er während des ganzen Krieges im Camp in Andalusia, in Südafrika, als Internierter gewesen war und nicht als Offizier im Afrikakorps unter Rommel. Dies hatte ein Spitzel gegen Wolfgang vorgebracht. Als Mitbeweis hatte er Wolfgangs hohe schwarze Lederstiefel angeführt.

Für uns war dies eine Warnung. Auch in Güstrow und hier am Inselsee gab es Spitzel. Sie gehörten zum System.

Drei Jahre waren schon vergangen, seit meine Schwester Wiltrud es noch gerade geschafft hatte, mit ihrem Mann in den Westen zu gelangen. Wir Schwestern, die wir davor zwei Jahre ganz eng miteinander in meiner Wohnung gelebt und alle Leiden zusammen durchlebt hatten, wussten nun kaum etwas voneinander. Natürlich wussten wir von Menschen, die es geschafft hatten, mit ihrer Familie im Westen Verbindung aufzunehmen. Man hörte von möglichen Übergängen da und dort, erfuhr auch von Gefahren, den strengen Grenzkontrollen, von Polizeihunden und selbst von der Möglichkeit, erschossen zu werden. Die Sehnsucht nach Wiltrud und das Wissenwollen um sie und die Kinder wuchs immer mehr, und eines Tages, als unser Baby, Helmut, ein halbes Jahr alt war, beschloss ich, über die Grenze zu Wiltrud zu gehen. Ich wollte es wagen, war jung, erst 33, zwar unterernährt, aber sonst gesund, und kein anderer kam für die Aufgabe infrage. Meine Mutter bot an, nach Güstrow zu kommen, um die Familie zu versorgen, was ich natürlich im Stillen gehofft hatte.

Es fing mit einer Bahnfahrt nach Hamersleben an, wo meine Tante Rieckchen als Berlin-Evakuierte hängen geblieben war. Dort sollte ein guter Übergang nach Westen sein. Viel wusste die Tante auch nicht, und eine Karte gab es nicht. Ein Bekannter konnte uns wenigstens die allgemeine Richtung und die Namen der nächsten Dörfer geben. Schwierig wurde es, als die Tante erklärte: ‚Ich komme mit.' Oh mein Gott, dachte ich nur, mit Tantchen bei Nacht und Nebel, wo sie schon auf ebener Straße dauernd umknickt. Sie hielt sich tapfer durch zwei Dörfer, aber als es dann querfeldein ging, saß die Tante plötzlich in einem Wassertümpel – ausgerutscht. Schuhe, Strümpfe, Rock und Mantel, alles war nass. Sie musste eiligst zurück, mit nur noch zwei Stunden zum Sonnenuntergang. Es gab Tränen, als ich allein in Richtung Westen weiterzog.

Nun ging es auf jeden Fall schneller, und ich erreichte das letzte Dorf wie geplant im Dunklen. Unheimlich wurde es. Die

Straßen waren leer, aber alle Hunde fingen an zu bellen. Danach gab es keine Dörfer mehr, aber auch keine Wegezeichen. Es war eine sternenklare Nacht, und ich versuchte, mich am Nordhimmel zu orientieren. Über ein weites flaches Gelände ging es nach Westen – wenn meine Richtung stimmte. Plötzlich hörte ich so etwas wie einen leisen Pfiff. Was war das? Da, noch einmal! Ich rührte mich nicht weiter. Es war nichts zu sehen. Es stürzte sich auch kein Hund auf mich. Geflüsterte Worte hörte ich, ganz nah. Da erkannte ich die Umrisse eines Mannes in Uniform, der zwei Koffer trug. Ich wartete. Ein Eisenbahner kam aus dem Dunkel auf mich zu. Ganz leise stellte ich die völlig überflüssige Frage: ‚Wollen Sie auch über die Grenze? Suchen Sie auch den Baumstamm?‘ Aber dadurch löste sich die ungeheure Spannung, in der ich mich befand. Ja, er wollte auch nach Westen und kannte den Weg gut, da er jeden Monat zu Frau und Kindern rüberging. Er war Eisenbahner in Berlin, und auch für ihn gab es keinen anderen Weg in das andere Deutschland.

Nun gingen wir zusammen. Welche Erleichterung! Gegen Mitternacht waren wir endlich am Baumstamm. Nur noch hinüber, und du bist frei! Welch überwältigendes und unbekanntes Gefühl. Der Baumstamm überbrückte einen sehr tiefen steilen Graben. Unten rauschte Wasser. Der Mann machte sich sofort mit einem Koffer auf den Weg, kam zurück, und nun war ich an der Reihe. Ich hatte nur einen leichten Rucksack und war wie in einer Trance. Trotzdem machte ich es ihm nach, langsam seitlich über den Stamm zu gehen. Und plötzlich war ich im Westen. Der zweite Koffer schaffte es auch, und ohne ein Wort und ohne eine Verschnaufpause setzten wir unseren Weg zum Bahnhof Helmstedt fort. Als es dämmerte, erreichten wir ihn. Auf dem Bahnhof und im Wartesaal saßen und lagen viele schlafende Menschen, wohl alles Grenzgänger, die von verschiedenen Übergängen gekommen waren.

Um 6 Uhr ging der erste Zug nach Hannover. Ein richtiger Zug so wie früher vor dem Krieg – die Abteile und die Sitze waren heil, richtige Glasfenster, die man öffnen und schließen konnte. Vom Hannover Hauptbahnhof ging es weiter mit der

Straßenbahn die Hildesheimer Straße entlang. Trümmer und Leere auf beiden Seiten, die Schrecken des Krieges. Bei Wiltrud und Rudolf war ich dann in einer anderen Welt, angefangen mit dem Willkommenskaffee und einem weißen, herrlich duftenden Brötchen mit richtiger Butter. In den nächsten Tagen ging ich auf die Straße und in die Geschäfte und sprach mit Menschen. Man konnte Brot und Lebensmittel ohne Karten einkaufen – und so viel, man haben wollte. Nur Geld brauchte man. Wer es nicht hatte, und das war ein großer Teil der Bevölkerung, führte ein ärmliches Leben. Es gab weder Renten noch Pensionen, nur so eine Art Fürsorgeunterstützung, die knapp zum Fristen des Lebens reichte. Wer aber arbeiten konnte, kam schnell zu Dingen, von denen man bei uns nicht einmal träumen konnte.

Ich sah an vielen Stellen Wiederaufbau, aber es gab noch keine frohen, unbeschwerten Menschen. Trotzdem. Warum ging bei uns in Mecklenburg nichts voran? Wir hatten nicht einmal zerstörte Städte, aber fruchtbares Land, und die Menschen hungerten noch immer. Es war der Russe, der jegliche Initiative tötete, und das mühsam, dennoch Erschaffene und Geerntete verschwand in Richtung Russland.

Für die Rückkehr, fünf Tage später, hatte Rudolf mir amerikanische Zigaretten besorgt. In schwierigen Situationen sollten die Wunder tun. Ich wollte sie nicht, weil mir das Talent zum Bestechen fehlt, aber Rudolf ließ nicht locker. Wiltrud beschenkte mich mit einer Cervelat–Wurst, und Rudolf packte mir Medikamente ein. Am Spätnachmittag war ich wieder am Grenzbahnhof Helmstedt angelangt. Ich gesellte mich zu einer Gruppe Menschen außerhalb des Bahnhofgeländes. Sie wollten in der Nacht mit einem ortskundigen Führer über die Grenze. Man merkte ihnen die Angst an. Den Führer konnte ich mir nicht leisten, und in so einer großen Gruppe schien es mir auch zu riskant. Ich fand jemand anderen, der mir den Weg in großen Zügen beschreiben konnte.

Bei untergehender Sonne ging es los. Es wurde dunkel, und wieder zogen die Sterne in aller Herrlichkeit auf. Welch Glück ich hatte! Immer weiter, nach meiner Zeitrechnung musste ich mich schon auf der Ostseite befinden. Einen Einschnitt oder Markierungspunkt gab es auf diesem Weg nicht. Ich wurde unsicher, meinte, die allgemeine Richtung in dem flachen Gelände verloren zu haben, glaubte sogar, im Kreis gegangen zu sein. Alles erschien mir auf einmal unheimlich. Kein anderer Mensch unterwegs? Plötzlich lösten sich aus der Dunkelheit zwei Gestalten mit Hunden. Polizei! Sie kamen auf mich zu und fragten leise, was ich hier wolle. Ich flüsterte zurück: ‚Ich will zum Bahnhof und nach Güstrow fahren. Dort wohne ich.' Rudolf, nun müssen deine amerikanischen Zigaretten ihre Wunder tun! Zwei Päckchen, für jeden eins, taten es, ich bekam sogar noch die Richtung zum Bahnhof.

Müde und wie ausgepumpt kam ich zum Mittag nach dem letzten Fußmarsch vom Güstrower Bahnhof zu Hause an. Der Weg nach Westen war gewagt und geschafft worden. Obwohl unser Leben hier in seiner Trost- und Hoffnungslosigkeit weiterging, war etwas anders geworden. Wir hatten ein neues Wissen, einen neuen Gedanken gewonnen: Es gibt noch eine andere Art von Leben, ein Leben ohne Druck, ein Leben in Freiheit. Der Gedanke wuchs immer mehr zum festen Plan – wir müssen fliehen: nicht nur in den Westen, sondern weiter nach Afrika.

Aber wie sollten wir nach Afrika kommen? Wir hatten gar kein Geld. Seit Mitte 1948, kurz nachdem ich aus Hannover zurückgekehrt war, trat die Währungsreform ein. Mit unserem Ostgeld würden wir im Westen nicht weit kommen – 4:1 war der Kurs. Für uns noch viel bedeutungsvoller war die Lösung der Frage: Wie sollten wir aus Güstrow fortkommen? Flucht mit drei Kindern unter Zurücklassung all unseres Besitzes war unvorstellbar. Zu einem festen Plan kam es somit erst 1950, zwei Jahre später. Aber schon bald mussten wir lernen, auch mit Gedanken sehr viel vorsichtiger zu sein. Als eines Vormittags die Blockwartin bei uns erschien und die Frage stellte, ob wir nach Afrika auswandern wollten, die Kinder erzählten das in der Schule, war das wie ein Warnschuss.

Der Schock kam, als Wolfgang zum zweiten Mal abgeholt wurde. Es ging noch einmal gut. Er hatte im Unterricht den

Bauernkrieg 1524/25 behandelt und ließ einen Volksliederdichter sprechen, was er mit eigenen Worten nicht sagen konnte. „Die Bauern wollten Freie sein." Das hatten Spitzelohren mitbekommen, und die Anklage hieß „Aufhetzung der Bauernsöhne", denn das waren alle Schüler. Eine kommunistische deutsche Studienrätin wurde hinzugezogen und, oh Wunder, sie erklärte, dass dieses vor Hunderten von Jahren geschriebene Gedicht über ein geschichtliches Ereignis in Deutschland vor 400 Jahren nichts mit der heutigen Zeit zu tun habe. Wolfgang war noch einmal frei.

Aber es wurde nicht leichter. Wolfgangs Freund, der Schulleiter Hünges, war in den Westen gegangen, um eine Erbschaft anzutreten, und Wolfgang wurde kommissarischer Leiter der Schule. Bald darauf wurden mehrere seiner Schüler verhaftet. Ein Schrecken erfasste die Umgebung. In der Kreisstadt Güstrow konnte Wolfgang nichts in Erfahrung bringen. Er fuhr nach Schwerin zur russischen Kommandantur. Als Leiter der Schule und der Verantwortungstragende gegenüber den Eltern der verschwundenen Schüler stellte er sich dem zuständigen Offizier vor. Auf seine Fragen ‚Wo sind unsere Jungs, was haben sie getan, warum wurden sie verhaftet?‘ bekam er nur ausweichende Antworten, wie z. B. sie befinden sich in der Obhut der russischen Armee. Wolfgangs Fragen wurden aufgeregter, dringender. Statt einer Antwort aber musste er hören, er solle sein Fragen unterlassen oder die Konsequenzen ziehen. Der Fall wurde niemals aufgeklärt. Eine Gerichtsbarkeit gab es nicht. Die Schüler kamen niemals zurück.

Wir lernten, dass noch wichtiger als persönliche Freiheit die Freiheit und Zukunft unserer Kinder ist. Im Grunde nicht lebenswichtige Dinge brachten bei uns die endgültige Entscheidung – wir müssen weg! Unter dem besonderen Zeugnis unserer Ältesten, Runhild, stand als Schlussbemerkung: „Obwohl Runhild eine sehr gute Schülerin und immer einsatzbereit ist, kann sie nicht die Oberschule besuchen, weil ihr Vater Akademiker war." So ging Runhild weiter in die Dorfschule und bewährte sich als kleine Lehrerin. Der einzige Lehrer für alle Klassen überließ ihr die beiden Untersten zum Rechnen üben.

Der Zweitälteste, Eberhard, kam stolz mit dem blauen Halstuch der Jungen Pioniere nach Hause. Es war ihm schon vor seinem zehnten Geburtstag verliehen worden, nachdem er ein ganzes Jahr als „Zeitungsredakteur" für die kleine Schule gearbeitet hatte. Es ging darum, wichtige Meldungen aus der Zeitung (es gab nur eine) auszuschneiden und an das Schwarze Brett zu heften, um somit alle Schulkinder zu informieren. Dass er den ersten Schritt in die kommunistische Hierarchie getan hatte, wusste der Neunjährige natürlich nicht.

Die Würfel des Schicksals waren für uns gefallen. Es musste gehen, und es musste schnell, aber doch überlegt vor sich gehen. Aus dem Familien- und Freundeskreise konnten wir nur meinen Vater, schon 76, ins Vertrauen nehmen. Er bereitete die Flucht mit vor, kam öfter von Schwerin zu Besuch, zur großen Freude der Kinder, die den Opa liebten und natürlich nichts von den Hintergründen ahnten. Mehrere Male fuhr er nach Berlin, um dort Briefe nach Südwest aufzugeben oder Post von dort abzuholen. Jede dieser Reisen war für ihn nicht nur mit Strapazen, sondern auch mit Gefahr verbunden. Sogar ganze Kofferladungen mit Wäsche und Wertsachen brachte er nach Berlin. Es gelang ihm sogar, noch nach der Flucht einen schweren Eichenschrank aus dem verlassenen Haus nach Schwerin transportieren zu lassen – wie, wissen wir nicht.

Auch Wolfgang und ich fuhren zweimal zusammen nach Berlin. Wir wagten es nicht, alles Geld von unseren Konten abzuheben. Am Kurfürstendamm reihte sich ein Antiquitätengeschäft ans andere, und wir konnten dort Meissner Porzellan und auch Silber gegen Westgeld verkaufen. Die Amerikaner waren die besten Kunden und zahlten unglaubliche Preise für Porzellan aus Meissen.

Runhild wurde gleich am Anfang auf Besuch zu meiner Schwester nach Hannover geschickt. Das ging noch. Sie ahnte nicht, dass sie nicht mehr nach Güstrow zurückkehren würde. Für die beiden Jungs brachte Tante Cläre, die Schwester meiner Mutter, bei einem der Berlinbesuche die Lösung. Sie war durch jahrelange ehrenamtliche Tätigkeit im Deutschen Roten Kreuz mit einer Ärztin befreundet, die jetzt Kindertransporte von Berlin in den Westen leitete. Da könnten Eberhard und Helmut mitfahren, wenn es soweit war.

Und so kam der 15. Oktober 1950. Die Landwirtschaftsschule feierte ein Fest in der Grenzburg. In dieser Nacht wollten wir fliehen. Am Tage waren die Großeltern aus Schwerin gekommen, und die Großmutter erfuhr zum ersten Mal, worum es ging. Es gab auch gleich eine Aufgabe, die Jungs, neun und fast drei, zur Tante nach Berlin zu bringen. Bis kurz vor Mitternacht tanzten wir auf dem Fest, die Jungen und Mädchen in Mecklenburger Tracht. Ein wunderhübsches Bild! Aber sonderbar, einer der jungen Lehrer sagte beim Tanz zu mir: ‚Mir ist so, als trügen hier heute Abend alle Masken.‘

Zu Hause verabschiedeten wir uns von meinem Vater und bestiegen mit unserm Hab und Gut, das wir tragen konnten, die Taxe, die Wolfgang für kurz nach Mitternacht bestellt hatte. Unser Haus war hell erleuchtet, und aus der Grenzburg erklang immer noch Tanzmusik, aber ein Zurück gab es nicht mehr.

In Güstrow auf dem Marktplatz stand schon der Bus, der uns nach Berlin bringen sollte. Alles ging schnell und reibungslos. Jahre später erfuhr ich von Wolfgang, dass wir mit einem Schieberbus gefahren waren. Schieber, zwischen Ost und West, die durch hohe Bestechungsgelder unkontrolliert und schnell hin- und herfuhren. Wolfgang hatte die Möglichkeit, als regulärer Passagier mitfahren zu können, falls Plätze frei waren, ausgekundschaftet. Es war schon taghell, als der Bus in Berlin „Unter den Linden" hielt. Beim Umsehen waren all die Mitfahrenden verschwunden. Nur wir mit unseren vielen Koffern standen noch herum. Aber wir mussten so schnell wie möglich weg, denn die Prachtstraße Berlins gehörte zum sowjetischen Hoheitsgebiet. Also schleppten wir unsere Koffer zur S-Bahn hinunter. Der Zug kam, und ich war drinnen mit 5 oder 6 Koffern, als die Türen automatisch schlossen. Wolfgang stand draußen mit dem übrigen Gepäck.

Der Zug fuhr ab. Es war eine schreckliche Situation. Soweit ich mich erinnern konnte, hatten wir nur über den Vorort, Steglitz, gesprochen, in dem Wiltruds Schwiegereltern wohnten, nie aber die Straße genannt. Nach Stunden des schweigenden Wartens klingelte es, und Wolfgang stand vor der Tür. Nach einem falschen Zug und Umsteigen hatte er in seinem Notizbuch die Adresse gefunden.

Mit vielen Schwierigkeiten bekamen wir 2 Plätze für einen Flug nach Hannover. Reisebüros gab es noch nicht, und jede Besatzungszone hatte ihre eigenen Regelungen. Als wir endlich bei meiner Schwester Wiltrud in ihrer Hannover Wohnung saßen, war es uns wie ein neu geschenktes Leben. Aber noch war es nicht ganz überstanden. Der Rote-Kreuz-Transport, in dem die beiden Jungs mit dem Zug kommen sollten, war erst für den übernächsten Tag angesetzt. Als es dann endlich so weit war und wir uns beeilten, um den Zug zu erwarten, fanden wir Eberhard, mit seinem kleinen Bruder fest an der Hand, schon auf dem Bahnsteig. Irgendwo hatte es einen Zeitfehler gegeben. Aber nun war alles gut. Wir fünf waren vereint, waren im freien Westen und waren geborgen bei Schwester Wiltrud."

Von hier kann ich, der Eberhard, selber weitererzählen, denn dies ist die Zeit, wo bei mir eigene Erinnerungen anfangen – vor allem von der Zeit in Kranenburg, wo ich, der Neunjährige, zum ersten Mal von der Familie getrennt war. Das kam so. Anfangs wohnten wir alle fünf bei Tante Wiltrud in Hannover, oberhalb der Arztpraxis von Onkel Rudolf. Wir drei Kinder hausten mit Barbara und Burkhart in ihrem Kinderzimmer im 3. Stock. Als es mit den Ausreisepapieren viel länger als erwartet ging, musste etwas geschehen. Mein Vater bekam Arbeit bei Freunden in einer Tuchfabrik in Wuppertal. Mich lud er bei seinem Freund, dem ehemaligen Schulleiter aus Güstrow, Ernst Hünges, in Kranenburg am Niederrhein ab. Das Tolle war, dass Hünges auf ihrem geerbten Bauernhof, dem Elsenhof, lebten. Das muss für mich sehr viel wichtiger als die Schule gewesen sein, wie aus einem Brief an meine Schwester hervorgeht (Vorschrift im Tagebuch, Eberhard 4. Klasse):

Liebe Runhild!

Ich hab mich sehr gefreut über Deinen lieben Brief. In der Schule haben wir eine sehr nette Lehrerin. Denke mal, bei uns sind vier kleine Schäfchen angekommen. Die müssen aus der Flasche trinken. Ein Kälbchen ist auch da. Es war ein Mutterkalb. Die Sau hat auch sieben Schweinchen gehabt, die aber leider alle eingegangen sind. War bei Euch auch so schlechtes Wetter? Hier regnet es fast jeden Tag. Hier ist es oft kalt und sehr windig. Ich hab mein Zeugnis auch schon bekommen. Im Zeichnen habe ich wieder eine 1 bekommen. Im Lesen und Rechnen eine 2. Wir haben jetzt sehr viel Heimatkunde und lernen viele Gedichte und schreiben auch viele Arbeiten.

Ich freue mich schon sehr, wenn wir alle wieder zusammen sind.

Dein Bruder Eberhard

Ende April 1951 konnte dann endlich die große Reise in einen anderen Erdteil beginnen. Die dreiwöchige Seereise von Southampton in England mit der Bloemfontein Castle war ein Riesenerlebnis. Die Eltern hatten wohl noch manche andere Gedanken. Für uns Kinder war das Wichtigste bestimmt, dass es zweimal am Tag Eiscreme gab. Und dann landeten wir eines Tages in Afrika – in Walvisbay in Südwestafrika, dem heutigen Namibia. Von dort ging es mit der Bahn nach Windhoek, der Landeshauptstadt, und von dort per Auto zu unserer ersten Station, der Farm Ibenstein. Zur Endstation kamen wir dann am 23. Oktober 1951. Wolfgang erhielt eine bezahlte Stellung als Farmverwalter der Farm Okakombo. Hier sollte für mich Afrika beginnen.

Mit Eberhards Traumschiff nach Afrika

Ein paar Gedanken im Rückblick.

Einmal das Wunder! Wie kamen wir Ostflüchtlinge zu dieser großen Reise nach Afrika? Vater Wolfgang hatte sich in seinen Farmlehrlingsjahren in Afrika, 1937/38, ein paar Schafe zugelegt, und die waren während seiner sechs Jahre Internierungshaft und der Nachkriegsjahre dank seiner Farmerfreunde zu einer kleinen Herde herangewachsen. Ihr Verkauf finanzierte die Reise. Diese Freunde hatten uns auch nach dem Krieg die herrlichen Pakete mit Peanutbutter geschickt und uns den Neuanfang in Afrika in vielem leichter gemacht.

Dann der Schmerz! Wie schwer muss es für meine Mutter gewesen sein, ihre Eltern in Schwerin zurückzulassen. Schwester Wiltrud, mit zwei Kindern, war ja noch im letzten Moment mit ihrem von der Front zurückgekehrten Mann vor den Russen in den Westen geflohen. Und nun wanderten Tochter Tilla mit Mann und Kindern in eine ungewisse Zukunft aus. Das einzig Versöhnliche für den Opa war, dass es nach Südwest ging, dort wo er gelebt, gelitten und gekämpft hatte, dort sollten seine Enkel eine neue Heimat finden. Erst kurz vor seinem Tode durfte Karl mit Mathilde nach Hannover ausreisen, wo Tochter Wiltrud ihnen eine kleine Wohnung besorgt hatte. Bis zuletzt hatte er auf Tillas Kommen, auf einen ersten Besuch aus Afrika gehofft.

Aber Afrika war sehr weit fort. Eine Lehrerkollegin von Tilla, die in den Weihnachtsferien nach Hannover flog, war gebeten worden, die Eltern zu besuchen. Sie sprach von seiner straffen militärischen Haltung, seinen wunderschönen blauen Augen und von seinem gütigen Lächeln. Beim Verabschieden habe er ihre Hand in seine beiden Hände genommen und gesagt: „Grüßen Sie mir meine Tilla."

Und zuletzt etwas, das mein Leben mitbestimmt hat! Vier Jahre nach der Flucht wurde ich in der Christuskirche in Windhoek konfirmiert, ein paar Wochen vorher schnell noch getauft. Aber wer lässt sich denn auch taufen, wenn er unter dem Nationalsozialismus geboren ist und unter dem Kommunismus seine ersten kleinen Sporen verdient hat? Das ist die Frage, die eigentlich durch diese ganze Geschichte geht. Eine aktuelle Frage, auch damals. Auf der Rückseite des Artikels in der Windhoeker Allgemeinen Zeitung, in der alle Konfirmanden namentlich aufgeführt waren, erscheint die Nachricht einer Kinderparade in Dresden. Über drei Stunden lang zogen 50 000 Junge Pioniere an der Ehrentribüne vorüber. Das wäre, ohne Frage, meine Zukunft in der Ostzone gewesen.

Deutsch-Südwestafrika

„Namibia – ein eigenartiges Land – es ruft Liebe hervor,
die mit aller Logik nicht zu erklären ist.“
Olga Levinson, Südwester Schriftstellerin

Der Teil Afrikas, in den wir kommen sollten, hatte etwas Besonderes für einen Deutschen. Er hieß einmal Deutsch-Südwestafrika. Nur 32 Jahre gab es dies Deutsch-Südwestafrika (1884-1915). Aber bis es 1990 zur Unabhängigkeit Namibias kam, hieß die Hauptstraße der Landeshauptstadt Windhoek „Kaiserstraße“ (heute Independence Avenue), das Namibia-Parlament hat nach wie vor seinen Sitz im alten „Tintenpalast“. Leider ist das Symbol Deutsch-Südwestafrikas, das Reiter-Denkmal in Windhoek, 2013 von der heutigen Regierung entfernt worden, um einer in Nord-Korea angefertigten Statue Platz zu machen, die an den Kolonialkrieg erinnern soll. Mitten in diesen Kolonialjahren liegt die Zeit meines Großvaters Karl Schmidt als Schutztruppler in Deutsch-Südwestafrika (1904-1908). Ohne diese Verbindung hätte das Land bestimmt nie dieselbe Bedeutung für mich bekommen.

„Wir verlangen auch unseren Platz an der Sonne!“ Mit diesem berühmt gewordenen Satz umschrieb der spätere Reichskanzler von Bülow im Jahr 1897 Deutschlands Sehnsucht nach kolonialer Weltgeltung. Das 1871 gegründete Deutsche Reich galt als Nachzügler im Wettstreit um den Erwerb von überseeischen Kolonialgebieten. Entscheidende Punkte für das Desinteresse staatlicherseits an Kolonien war die Begrenzung des deutschen politischen Denkens zu der Zeit auf die Belange in Deutschland und Europa und das Fehlen einer deutschen Seemacht, die für den Erwerb überseeischer Kolonien erst den machtpolitischen Rückhalt bieten konnte. Mit dem Aufbau der österreichischen Flotte und der preußischen Flotte ab 1848 wurden solche Machtmittel geschaffen.

Das Jahr 1884 markiert den eigentlichen Beginn der deutschen Kolonialerwerbungen. Bismarck stellte nach englischem Vorbild mehrere Besitzungen deutscher Kaufleute unter den Schutz des Deutschen Reichs. Das „Mitziehen" im Wettlauf um Afrika wurde eine Verlängerung des Konzepts des europäischen Gleichgewichts, in globaler Perspektive gesehen. In Südwestafrika war es der Bremer Kaufmann Adolf Lüderitz, der ab 1882 versucht hatte, in Groß-Namaland Handelsniederlassungen zu gründen und sich dabei der Zusicherung des Deutschen Reiches versichern wollte. Noch 1884 schrieb Lüderitz an den Redakteur der Kolonialzeitung über seinen Besitz in Südwestafrika:

„Ich denke, dass in diesem Jahr alles geordnet ist, und dass ich dann eine sogenannte Charter bekomme, um endlich mal Geld herauszuholen. Bis jetzt habe ich über 500 000 Mark in Angra Pequena stecken, da alles, was einkam, sofort wieder hineingesteckt wurde. Die Expeditionen verschlingen zu große Summen, und kein Mensch unterstützt mich dabei. Bankiers haben sich noch nicht gefunden, welche mir auf Sicherheit auf das Gebiet hin, auch nur einen Pfennig geliehen hätten. Und da die jetzige Ladung der ‚Tilly' wieder gegen bar gekauft wurde, so sind vorläufig meine Mittel erschöpft, und kann ich nur das Allernotwendigste beschaffen."

Bismarck reagierte positiv, und nach einem Telegrammwechsel gab England sein Interesse an diesem Wüstengebiet auf und erkannte im Juni 1884 die deutsche Oberhoheit und Schutzherrschaft über Angra Pequena, die Südwestküste und das Hinterland an, mit Ausnahme der Walfisch Bai (Bucht), die es 1878 in Besitz genommen hatte. Im August trafen sich das deutsche Seekadettenschulschiff Fregatte „Leipzig" und die Korvette „Elisabeth" in der Bucht von Angra Pequena. Als äußeres Zeichen der Besitzergreifung und der Inschutznahme durch das Deutsche Reich wurde unter dreifachem Hurra, den Klängen der deutschen Nationalhymne und dem Salutschießen der beiden Schiffe die deutsche Flagge gehisst. Dem Hafen von Angra Pequena wurde amtlich der Name Lüderitzbucht gegeben.

Als dies in Südwestafrika passierte, hatte Deutschland auch schon in anderen Teilen Afrikas Fuß gefasst, im Juli 1884 an der Togoküste (Westafrika), und im selben Monat mit einem Schutzvertrag in Kamerun. Als letztes deutsches Schutzgebiet in Afrika kam Deutsch-Ostafrika im Februar 1885 dazu. Die Mehrheit jener, die sich am „Scramble for Africa" beteiligten, hatte zunächst nicht viel mehr im Sinn, als territoriale Ansprüche anzumelden. Das geschah dann offiziell auf der Berliner Afrika-Konferenz 1884/85, zu der Bismarck die führenden europäischen Mächte sowie die USA und das Osmanische Reich eingeladen hatte. In monatelangen Verhandlungen teilte man dort die letzten weißen Flecken des afrikanischen Kontinents unter sich auf – ohne Rücksicht auf den Willen der dortigen Bevölkerung. Damit kamen über 100 Millionen Afrikaner in etwa zwei Jahrzehnten, mit Ausnahme Liberias und Äthiopiens, unter europäische Herrschaft.

Südwestafrika liegt am Atlantischen Ozean. Über 1400 km bildet die Namibwüste mit ihren gewaltigen Sanddünen einen 150 km breiten Küstenstreifen. Die östliche Naturgrenze bildet die Kalahari-Wüste, und der Nachbar hier ist das englische Betschuanaland-Protektorat. Die Südgrenze zur englischen Kapkolonie macht der Lauf des wasserreichen Oranje aus und die Nordgrenze zur portugiesischen Kolonie Angola die stets wasserführenden Ströme Kunene und Okawango. Zwischen den beiden Wüsten liegt der bewohnte Teil des Landes, eine Halbwüste im Süden und Grassteppe im Norden. Die Mitte dieses bewohnten Streifens bildet das Windhoeker Hochland.

Die Vorgeschichte des Landes hat der deutsche Missionar Heinrich Vedder schon 1934 besonders anschaulich zusammengestellt. Er schrieb in der Einleitung: *„Dies Buch sollte nur lesen, wer Südwestafrika lieb hat, denn es stehen viele Dinge darin, die im Blick auf das große Weltgeschehen von untergeordneter Bedeutung sind, und die nur dem wertvoll sein können, der mit unserem Sonnenland irgendwie verwachsen ist."*

Die Ambo-Völker weit oben im Norden gehören der großen Familie der Bantu an. Sie sind aufgrund des relativ hohen Regenfalls im Norden Ackerbauer und Viehhalter. Die ältesten Einwohner des Mittellandes und des Südens sind die Buschleute, Nama und Bergdama. Später hinzugezogen in die Landesmitte ist das Hirtenvolk der Herero. Die Buschleute leben noch heute als Jäger, mit Pfeil und Bogen, und als Sammler, wie ihre Vorfahren vor Jahrtausenden. Sie sind mit allen anderen Völkern verfeindet und werden immer mehr in die Wüstengebiete des Landes verdrängt. Die Herero sind meistens hochgewachsen, haben eine schokoladenbraune Hautfarbe und ein imponierendes Auftreten. Ihre ganze Wirtschaft ist von der Rinderhaltung bestimmt. Die Nama gehören zu dem Volk der Hottentotten, das in längst vergangenen Tagen den ganzen afrikanischen Süden bewohnte. Sie sind von mittlerer Körpergröße und haben eine strohgelbe Hautfarbe. Ihre Sprache, mit verschiedenen Schnalzlauten, unterscheidet sie auch von anderen afrikanischen Völkern. Die Bergdama sind als Volk eines der Rätsel Afrikas. Sie haben eine schwarze Hautfarbe, waren früher einmal Diener der Nama und haben deren Schnalzsprache angenommen. Sie sind weit verbreitet und leben mit den anderen Völkern in Frieden.

Ein einsames, hoch ragendes steinernes Kreuz am Südwester Strand erinnert noch heute an den ersten Europäer, der hier das Land betreten hat. König Johann II von Portugal hatte Diego Cǎo 1484 gesandt, die Westküste von Afrika zu erforschen. Auf dem Seewege wurde aber kein Weg in das Innere des Landes erschlossen. Das geschah erst wesentlich später auf dem Landwege von der holländischen und später englischen Kolonie am Kap. Erzählungen von Wildreichtum und von Kupferlagern brachten kühne Jäger, Forscher, Händler und Abenteurer manchmal bis über den Oranje-Fluss und in das südliche Namaland. Um 1800 kamen auch die ersten Missionare in das Land. Sie hatten es nicht leicht. Das Land war noch unbekannt. Die Völker des Landes befanden sich in ständigen Kriegswirren. Ihre Sprachen waren noch unerforscht. Aber bald waren es deutsche Missionare, erst von der Londoner Missionsgesellschaft und später von der 1829 gegründeten Rheinischen Missionsgesellschaft gesandt, denen auch die Hauptrolle in der Landeserforschung zufiel.

Es war eine Zeit, in der sich Nama und Herero jahrzehnte-
lang ständig bekriegten. Oft waren die Missionare in Friedens-
verhandlungen verwickelt, aber immer wieder gab es Friedens-
brüche. Unter neuen Führerpersönlichkeiten, Maharero bei den
Herero und Jan Jonker bei den Nama, war ganz Südwest in der
Zeit von 1863-1870 wieder in einen Kriegsschauplatz verwandelt. Es war Missionar Hugo Hahn, der es endlich schaffte, die
streitenden Parteien zusammenzubringen und als Vermittler
aufzutreten. Es kam zum zehnjährigen Frieden, aber den nächsten zehnjährigen Krieg (1880-1890) hatten verschiedene der
Verhandlungsteilnehmer schon vorausgesehen.

Die Anfangsjahre der neuen Kolonie waren ungeheuer schwierig. Sie lagen mitten in dem zehnjährigen Krieg, in dem der
größte Teil des Landes und seiner Bevölkerung verwickelt war.
Eine Kolonialpolitik gab es noch nicht. Um den Staat nicht zu
belasten und der deutschen Industrie eine führende Rolle in
der Landesentwicklung zu geben, ließ Bismarck die Deutsche
Kolonial-Gesellschaft für Deutsch-Südwestafrika gründen. Die
kam aber nicht voran, weil der erwartete Handel aufgrund des
Kriegszustands still lag und die erhofften Goldfunde eine Illu-
sion waren. Auch war es bald klar, dass man keine Schutzver-
träge mit willigen Stämmen schließen konnte, ohne eine eigene
militärische Macht zu haben. Erst nach fünf Jahren bewillig-
te Reichskanzler Bismarck, die Schutztruppe in DSWA auf 50
Mann zu vergrößern.

In der Chronik von Deutsch-Südwestafrika, von H. E. Lens-
sen zusammengestellt, kann man manches Interessante aus
dieser Zeit nachlesen:

1890: Hauptmann Curt von Francois legt den Grundstein
Windhuks, der zukünftigen Landeshauptstadt. Gegenwärtig waren
41 deutsche Männer. 1896 betrug die Einwohnerzahl 180 Kopf.

1890: Das Augustineum, eine Erziehungsanstalt der Rheinischen Mission für eingeborene Kinder, wird in Okahandja eingeweiht.

1891: Die ersten Ansiedler, vom Deutschen Siedlungssyndi-
kat ausgesandt, treffen in Klein-Windhoek ein.

1891: Eine landwirtschaftliche Station für Wollschafzucht wird in Kubub (Süden) von dem von der Kolonial-Gesellschaft beauftragten Landwirt Ernst Hermann errichtet. Die erste Stammherde von 1472 Wollschafen aus der Kapkolonie trifft bald danach in Lüderitzbucht ein. Zwei Jahre später wurde die Farm total zerstört und alles dort befindliche Vieh geraubt.

1894: Die erste deutsche Schule, gegründet in Klein-Windhoek von Frl. Helene Nitze (nachmalige Frau von Falkenhausen).

1894: Der rheinische Missionar Dannert richtet in Omaruru ein Postamt ein, von dem aus eine zweiwöchige Verbindung mit der Küste unterhalten wird durch einen 240 Kilometer zu Fuß marschierenden Eingeborenenboten.

1895: Die ersten Landverkäufe seitens der Ovaherero an deutsche Farmer wurden mit Landeshauptmann Major Leutwein abgeschlossen, nach vorher eingeholter Zustimmung der Deutschen Reichsregierung. Im Windhoeker Bezirk erhielt Ernst Rusch die Farm Lichtenstein, Josef Sichel bekam Haris, und August Schmerenbeck konnte Claratal erwerben.

1896: Ein Wasserbau-Sachverständiger wird von der Kaiserlichen Landeshauptmannschaft in ihren Dienst genommen, um die schwierige Wassererschließung in Südwest zu fördern.

1896: Der Frachtwagenverkehr von der Küste auf dem Baywege betrug in diesem Jahr 880 Frachtwagen mit Bespannung und Begleitantrieb von rund 12 000 Ochsen. Die Fahrtdauer betrug durchschnittlich 14 Tage.

1897: Trotz aller Vorsorgemaßnahmen hatte eine verheerende Rinderpest in Südafrika sich auch in Südwest ausgebreitet. Soweit es die Mannschaftsbestände der Schutztruppe zuließen, wurden die Grenzen nach allen Richtungen streng abgesperrt. Die Viehverluste waren so schwer, dass sich der Mangel an Zugochsen empfindlich bemerkbar machte und den Frachtverkehr von der Küste ins Innere behinderte.

1897: Landeshauptmann Major Leutwein reist nach Deutschland und trat persönlich vor den Reichstag, um die dringende Notwendigkeit eines Bahnbaus zu erklären. Eine Schmalspurbahn mit 60 cm Spurweite wurde genehmigt, und schon drei

Monate später landete das erste Eisenbahnbau-Kommando in Swakopmund. Unter großen Schwierigkeiten wurden nach 1½ Jahren die ersten 100 km fertiggestellt und sofort in Betrieb genommen. In dem zerklüfteten Hochland wurde es noch viel schwieriger. Der allerhöchste Punkt dieses Geländes wurde von den schwarzen Arbeitern treffend benannt: „kapena ouzéu", das heißt: „Es gibt keine Schwierigkeit bei dieser schweren Arbeit, die der Deutsche nicht überwinden kann."

1899: Eine Telegrafenleitung von der Küste bis zur Landeshauptstadt wird in Angriff genommen und ist schon im nächsten Jahr in Betrieb.

1899: Der in Otavifontein stationierte Schutztruppenarzt Dr. Kuhn befasst sich mit dem Studium der Malaria und ihrer Behandlungs- und Heilungsmöglichkeiten, nachdem dort an den Quellen viele Soldaten schwer erkrankt, einige sogar am Sumpffieber gestorben waren.

1900: Die Stärke der Schutztruppe beträgt nun 33 Offiziere, 8 Ärzte, 7 Zahlmeister, 710 Unteroffiziere und Reiter. Die Anzahl der Zivilbevölkerung ist 3643, dabei 1420 Ausländer.

Durch andauernde Unruhen und Gefechte gegen Aufsässige kommt die Schutztruppe nicht zur Ruhe. Zur Befriedung des Landes richtet sie in entlegenen Gebieten Außenposten auf und unternimmt unter ständiger Lebensgefahr Erkundungsritte in bisher unbekannte Gebiete im Norden und Osten, in die Wüste und in die Schluchten des Hochlandes.

1901: Die neu errichtete Helographen-Verbindung zwischen der Hauptstadt Windhoek und dem bedeutendsten Verkehrsort im Süden, Keetmanshoop, wird dem Verkehr übergeben. Im nächsten Jahr wurde auch die Verbindung nach dem Norden hergestellt. Die auf den Hügeln oder Bergen eingerichteten Stationen wurden mit je drei Soldaten besetzt, die in der Handhabung der neuartigen Spiegelapparate und dem Gebrauch der Morsezeichen ausgebildet waren.

1902: Am 17. Juni konnte die Eröffnung der Gesamtstrecke der Staatsbahn von der Küste bis zur Landeshauptstadt feierlich begangen werden. Gleichzeitig mit der Eröffnung der

Landesausstellung lief der erste Personenzug in den Bahnhof der reich geschmückten und von Besuchern gefüllten Stadt ein.

Das Jahr 1904 stand von Anfang bis Ende unter dem Zeichen der blutigen Ereignisse des Aufstandes fast aller Eingeborenen der Kolonie. Das Konfliktpotenzial mit einer Kolonialverwaltung war immer da. Die Herero sind ein stolzes Nomaden- und Hirtenvolk. Ihre Rinder sind ihnen heilig, und Weide und Wasser bestimmen ihre Existenz. In den immer wiederkehrenden Trockenjahren geht es um freizügige Beweglichkeit, um den Viehbestand zu erhalten. Bei zunehmender Einwanderung kam es zu immer größeren Landverkäufen in den Stammesgebieten. Die ersten Verhandlungen mit den Herero im Jahre 1903 schienen eher Misstrauen gegen den weißen Eindringling verursacht zu haben und waren bestimmt mit ein Anlass zum offenen Widerstand.

1904 eskalierte die Situation schließlich bis zum Aufstand der Herero und Nama, dem die personalschwache Schutztruppe der Kolonie nicht gewachsen war. Die Reichsregierung entsandte daraufhin ein Marineexpeditionskorps und später Verstärkungen der Schutztruppe. Mit insgesamt etwa 15 000 Mann unter Generalleutnant Lothar von Trotha wurde der Aufstand der Herero im August 1904 in der Schlacht am Waterberg niedergeschlagen. Hiervon soll an anderer Stelle noch berichtet werden. Der Kampf gegen die aufständischen Nama im Süden des Landes zog sich noch drei weitere Jahre als Guerillakrieg hin.

In seinem Ausblick zwei Jahre nach dem Aufstand erklärte Gouverneur Leutwein klar, dass die durch die Ereignisse gezwungene Gewaltpolitik den wirtschaftlichen Werten der Kolonie schwer geschadet habe. Durch die langen Kriege untereinander und dann durch den Aufstand war fast jegliche staatliche Organisation in den Stämmen verloren. Um unter diesen Verhältnissen Ordnung zu schaffen, kam es zu den Anfängen einer Reservatpolitik, in der einzelne Teile des Landes als unveräußerliches Stammesgebiet erklärt wurden. In Deutschland kam es zu einem Umbau der Kolonialverwaltung, indem eine wissenschaftliche Herangehensweise an die Nutzung der Kolonien und eine Verbesserung der Lebensbedingungen der Völker in den deutschen Kolonien als notwendig erachtet wurde. Staatssekretär des Reichskolonialamtes Bernhard Dernburg im Januar 1909: „Das Ziel müssen mit dem Vaterland eng verbundene, administrativ unabhängige, wirtschaftlich selbstständige, gesunde Kolonien sein."

Der Ausbruch des 1. Weltkriegs setzte dieser positiven Entwicklungsperiode ein Ende. Bereits im August 1914 beschlossen Deutschlands Gegner, den Krieg auszudehnen und alle deutschen Kolonien anzugreifen. Ein Jahr später, nach verlustreichen Rückzugsgefechten, ergibt sich die deutsche Schutztruppe von gut 3000 Mann der Armee der Südafrikanischen Union, die als Dominion des Britischen Empires am Krieg teilnimmt. Das formelle Ende der Kolonie markiert der 1919 geschlossene Vertrag von Versailles. Zu diesem Zeitpunkt leben etwa 14 000 europäische Siedler in Deutsch-Südwestafrika, davon 12 500 Deutsche. Vierzig Jahre später, nach einem weiteren Weltkrieg, hatten es die anderen Kolonialmächte in Afrika, insbesondere Belgien, Großbritannien und Frankreich, auf einmal sehr eilig, auch ihre Kolonien zu räumen.

Wie soll man das deutsche koloniale Erbe einschätzen? Der letzte Gouverneur des Schutzgebietes, Dr. Theodor Seitz, entwirft etwas mehr als 10 Jahre nach dem Verlust der Kolonien ein klares Bild. „Anfangs war es eine negative Bilanz. Über fünfhundert Millionen waren deutscherseits in unseren Kolonien investiert. Diese Werte sind fast restlos verloren, denn, mit Ausnahme von Südwestafrika, wurden die Deutschen aus allen Kolonien vertrieben und ihres Eigentums beraubt. ... Aber, wie der Wert von Kolonialbesitz steigt, das beweist allein die Tatsache, dass allein im Vergleich mit 1913 heute (1926) der Anteil Europas an der Weltproduktion um neun Prozent gesunken, der Afrikas aber um zwanzig Prozent gestiegen ist. Dementsprechend hat sich die Aufnahmefähigkeit Afrikas vermehrt."

Diamanten wurden erst 1908 entdeckt. 1911 betrugen die Einnahmen aus Diamanten schon 65 % der veranschlagten

Einnahmen des Etats der Kolonie von 21,7 Millionen Mark. Ein voller Erfolg war der Abbau der Kupferlager bei Tsumeb. Durch die 1906 eröffnete Otawi-Bahn ist nun auch die Bahnverbindung nach Norden hergestellt. Es waren 567 Kilometer und 110 Reviere (Trockenflüsse) zu überbrücken, jahrelang durch den Aufstand verzögert. Im Jahr 1912 war auch die Bahn von Windhuk nach Keetmanshoop im Süden betriebsfähig und von dort zu dem südlichen Hafen Lüderitzbucht. Hiermit war ein einheitliches Eisenbahnnetz von über 2000 km Länge geschaffen.

Das ursprüngliche Ziel einer landwirtschaftlichen Entwicklung der Kolonie war aus verschiedenen Gründen nur langsam vorangeschritten. Erst nachdem in der Heimat die Überzeugung durchgedrungen war, dass die Befriedung des Landes endgültig durchgeführt sei, stieg die Einwanderung mehr und mehr an. Es musste erst einmal Erfahrung gesammelt werden, was überhaupt geht in diesem Land und was nicht. Drei landwirtschaftliche Versuchsfarmen und ein Versuchsgarten waren zu diesem Zweck entwickelt worden. Die Stammherde Karakulschafe, von der Regierung aufgebaut durch Einfuhr aus Südrussland und Usbekistan und durch weitere Aufkreuzung mit heimischen Schafarten, sollte Jahre später ein wichtiger Faktor in der Wirtschaft Südwests werden.

Es ging wohl immer um deutsche Interessen, die aber auch eine bleibende Infrastruktur in allen Entwicklungssektoren geschaffen haben. Auch in der Eingeborenen-Politik ging es zentral um die deutschen Interessen, nämlich um die Landessicherheit, um überhaupt ein wirtschaftliches Unternehmen betreiben zu können – und um die Arbeitskräfte der Eingeborenen im Bergbau und der Viehzucht.

Das sind Perspektiven, die heute bei unabhängigen Afrika-Staaten und in der Welt wenig gelten. Als Namibia 1990 seine Unabhängigkeit feierte, feierte Bremen, das durch den Kaufmann Adolf Lüderitz eine enge Verbindung zu Deutsch-Südwestafrika gehabt hatte, mit. In diesem Sinn wurde das 1931 geschaffene Deutsche Kolonial-Ehrenmal in Bremen in ein

Antikolonialdenkmal umgewidmet. Klaus Wedemeier, der damalige Bürgermeister der Freien Hansestadt Bremen, erklärte es so: „Kein Kontinent unserer Erde ist durch den europäischen Kolonialismus derart zerstückelt, ökonomisch und ökologisch zerstört und in seiner Identität verletzt worden wie Afrika."

Trotzdem kann man das deutsche Erbe nicht verneinen. Aufgrund vieler Afrikareisen weiß ich, dass Namibia anders ist als alle Afrikaländer, die ich kenne – eine weit bessere Infrastruktur, eine größere Ordnung, viele erhaltene Kulturstätten, ein Hauch des alten Europas in Afrika. Aufgrund seines Klimas war Südwestafrika die Einzige der vier deutschen Kolonien in Afrika, die für Besiedlungszwecke geeignet war. Das war von Anfang an ein Zweck, und die Besiedelung aus Deutschland nahm stark zu, nachdem das Land nach dem Aufstand zur Ruhe kam. Verkehrs-, Telegrafen-, Postverbindungen usw. – alles drehte sich um den Siedler, der sich hier festigen sollte und dadurch dem Heimatland Nutzen bringen sollte. Die Nachkommen der deutschen Siedler haben noch heute eine tragende Rolle in den Farmbetrieben und in allen anderen Branchen der Wirtschaft des Landes.

Brief des Afrika-Opas an den Windhoeker Schüler

Diesen Menschen fühle ich mich noch heute eng verbunden. Mehr noch. In dem weiten Land mit so vielen Möglichkeiten konnte ich, mit dem Deutschen in mir, mit Tüchtigkeit, Wissbegierde und Liebe zur Scholle, selbst an der Landesentwicklung teilnehmen. Es wurden die schönsten Arbeitsjahre. Es sollte auch der Anfang einer eigenen Familie und einer tieferen persönlichen Entwicklung werden.

Wasser ist Leben

„Denn es werden Wasser in der Wüste hervorbrechen
Und Ströme im dürren Lande.

✳ ✳ ✳

Die Wüste und Einöde wird frohlocken,
und die Steppe wird jubeln und
wird blühen wie die Lilien."

Jesaja 35: 1; 6

Das Land Namibia bezieht seinen Namen und seinen Charakter von der Namibwüste. Wer in Namibia leben will, muss mit der Wasserfrage fertig werden. Das ist auch heute noch so. Nicht umsonst heißt es im Südwesterlied: „... und trocken sind seine Riviere" (die Flüsse).

Obwohl ich nur etwas mehr als zehn Jahre in Südwest (Namibia) arbeiten konnte, wurden die Trockenflüsse Südwests so etwas wie eine Lebensaufgabe. Die ganze Atlantikküste des Landes, über 2000 km lang, ist Wüste. An der Küste liegt ein Großteil des Entwicklungspotenzials des Landes, unter anderem Tiefseefischerei, Ferientourismus und neuerdings Uranbergbau. Aber Wüste heißt „kein Wasser", auf jeden Fall kein Frischwasser. So kommt den Südwester Trockenflüssen eine große Bedeutung zu. Sie haben alle ihren Ursprung im Inland, auf einem gebirgigen Hochland mit einem Regenfall, der eine Landwirtschaft möglich macht. Bei stärkerem Regenfall führt der sogenannte Trockenfluss für ein paar Stunden bis zu ein paar Tagen Wasser. Das wird eine Flut genannt. Auf dem Weg hinab zur Küste verliert die Flut ihr Wasser in den Flusssanden, und so ist es jedes Mal ein Wunder, wenn einer der Trockenflüsse wieder mal das Meer erreicht. Das passiert sehr unregelmäßig, aber im Durchschnitt alle 10 Jahre in einer besonders guten Regensaison.

Der Hafen, Walvisbay, und der Ferienort am Meer, Swakopmund, bekommen ihren Wasservorrat von dem Kuisebrivier, das in der Walfischbucht mündet. Als später die Rössing-Uranmine in der Nähe von Swakopmund in Betrieb kam, musste ein weiterer Wasservorrat gefunden werden. Wie viel mehr Wasser konnte man noch dem Sandbett des Kuisebriviers entnehmen? Wie groß war der Sandspeicher, wie regelmäßig wurde er durch Fluten angereichert, wie tief und wie lange konnte man den Grundwasserspiegel im Flussbett absenken, ohne das der umweltwichtige Uferwald Schaden trug? Das waren Fragen für den jungen Hydrologen, der ich inzwischen, nach weiterem Studium in England, geworden war.

Noch aufregender wurde es durch meine Arbeit an einem anderen Trockenfluss, dem Hoarusib, der weit oben im Norden, an der Skelettküste, mündet. Das Gebiet war noch ganz wild und unerschlossen. Riesensanddünen reichen bis an das Meer. Hier galt es, die Frischwasserversorgung für einen möglichen dritten Hafen im Norden des Landes zur weiteren Entwicklung der Fischerei und für den Export von geringhaltigem Eisenerz sicherzustellen. Wir fanden herrliches Frischwasser in den bis zu 30 Meter tiefen Sanden des Hoarusib, aber zum Glück brauchte es nie entwickelt werden. Der Hafen wurde nie gebaut, und das Gebiet ist weiterhin Wildnis. Die Rettung der letzten Wüstenelefanten und Nashörner ist heute die Hauptentwicklungsaufgabe hier im sogenannten Kaokoveld.

Die Arbeit im Kaokoveld hatte noch einen anderen, ganz besonderen Reiz für mich. Bei Sesfontein hatte mein Großvater Karl in der Deutschen Kolonialzeit eine Festung zu errichten. Sesfontein bedeutet die sechs Quellen, die den Ursprung des Hoarusibs ausmachen. Hier also hatte mein Großvater Afrika erlebt, und ich durfte sozusagen in seinen Spuren gehen. Ich hatte sogar eine Landkarte mit im „Veld" (Busch), die von deutschen Reitern zusammengestellt war und später gedruckt wurde. Jedes Wasserloch, wichtiger als Gold und Silber in einem trocknen Land, war verzeichnet.

Angefangen aber hatte meine Laufbahn als frischgebackener Chemiker im Ovamboland. Dieser nördlichste Teil von

Südwestafrika ist total eben und dicht besiedelt. Jedes Jahr werden große Teile des Gebietes überflutet, wenn es im Nachbarland Angola regnet. Die Fluten dauern ein bis zwei Monate, und für den Rest des Jahres musste Wasser irgendwie gespeichert werden. Staudämme waren in dem flachen Gebiet nicht möglich. Die Lösung, die hier schon über Jahrhunderte praktiziert wurde, waren sogenannte Ausgrabungsdämme. Überall in Depressionen in der Landschaft machten die Einwohner Ausgrabungen, die während einer Flut gefüllt wurden. In der Wassererschließung des Gebietes ging die Landesregierung noch einen Schritt weiter und baute mit dem Ausgrabungsmaterial einen bis zu drei Meter hohen Wall um das Erdloch. So konnte doppelt so viel Wasser gestaut werden, musste aber während der Flut in den Staudamm gepumpt werden. Die Aufgabe des Chemikers war es, einmal im Jahr all diese Kleinstwasserwerke zu besuchen, die Wassergüte zu testen, die Chemikalienzutaten neu zu beurteilen und die Bevölkerung dementsprechend zu unterweisen.

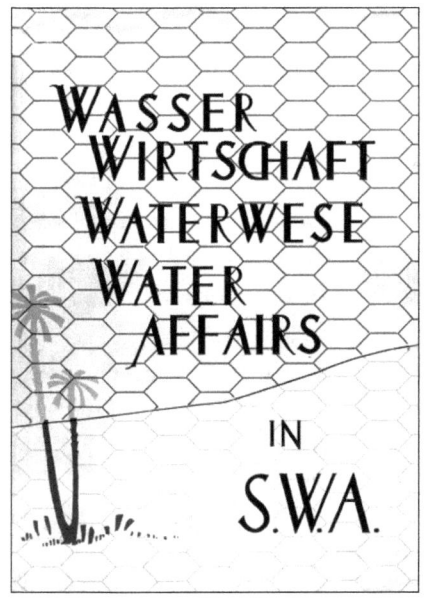

Eine Lebensaufgabe – Wasserwirtschaft in Afrika

Es war eine Lehrzeit sondergleichen. An der Spitze des Wasserbauamtes und der Kleinstwasserversorgung in Südwestafrika stand ein einmaliges Gespann, in dem Leiter und Ingenieur Otto Wipplinger und dem Praktiker Heinz Stengel. Ich lernte gutes Planen, genaues Entwerfen, selbstloses Arbeiten, die Bevölkerung in jede Entwicklung mit einbeziehen, das tägliche Tagebuchführen und das regelmäßige Zusammenfassen von Erfahrungen. Kein Wunder, dass das Werk von Stengel und Wipplinger weltweit bekannt wurde im Buch „Die Wasserwirtschaft von Südwestafrika, 1975". Wie wichtig diese Kleinstwasserversorgung für ganz Afrika ist, lernte ich dann im Laufe der Jahre auf Reisen, Arbeitsbesuchen und Konferenzen. Aber ich lernte auch, wie leicht und wie schnell dieses Wissen und diese Praxis vergessen werden kann unter einer neuen Leitung, der es um Prestige und Großprojekte geht, unter anderem Mehrzweckstaudämme für Wasser- und Elektrizitätsversorgung und Fernleitungen und Kanäle über Hunderte von Kilometern. Sie sind für die Landesentwicklung nötig, aber tragen wenig zur Erleichterung der weitreichenden Armut bei.

Trotz großer Vielfalt der Aufgaben war das Wassererlebnis nach einer Beförderung zum Hauptquartier in Südafrika nie mehr dasselbe wie die aufregenden und entwicklungsnahen Feldjahre in Südwest. In Pretoria war mein Büro in einem Hochhaus mitten in der Stadt. Erst als ich zu einer längeren Aufgabe in der Karoo war, in Südafrikas großer, binnenländischer Halbwüste, empfand ich zum ersten Mal: „Hier kann ich leben." Nach vier Jahren kam die erste selbstständige Stellung. Ich wurde Direktor des Hydrologischen Forschungsinstituts des südafrikanischen Departments of Water Affairs. Für mich, jung und unerfahren, vor allem in der Menschenführung, war es fast zu viel Freiheit.

Eine Sternstunde kam 1990, als ich aus der Forschung in die Grundwasserabteilung des Departments versetzt wurde und hier einen sichtbaren Beitrag zu der neuen Entwicklung im Lande machen konnte. Es hätte eine Nebengleisstellung werden können, denn Ingenieure, leitend in allen höheren Stellen im Amt, wollten gerne große Staudämme bauen und Fernleitungen legen, während die Kleinstwasserversorgung, vor allem mit Bohrbrunnen in den Untergrund in Hunderten kleiner Dörfern und ländlichen Gemeinschaften, für sie uninteressant war. Das passte auch nicht in die Politik der weißen Regierung, der es um Wasser für Städte, die Industrie, den Bergbau und die weiße kommerzielle Landwirtschaft ging. Und deshalb war Grundwasser im Landeswassergesetz als „Privatwasser" klassifiziert, an dem der Staat kein Interesse hatte und deshalb dem Privatlandeigentümer das Gesamtrecht zusprach.

Das alles endete 1994 auf einen Schlag, als Nelson Mandela an die Regierung kam. Wasser war für die neue Regierung ein wichtiges Instrument ihres „Reconstruction and Development Progamme" (Wiederaufbau und Entwicklung). Als seinen Minister im „Wasser und Forst"- Department stellte Präsident Mandela den Menschenrechtler Kader Asmal ein. Er war, nach dem aufgehobenen Verbot des ANC und der Freilassung Mandelas nach fast 30 Jahren im Exil, zurück nach Südafrika gekommen. Er hatte es als Lebensaufgabe angesehen, durch das internationale Recht nicht nur die Befreiung von Menschen zu bewirken, sondern auch ihre Menschenrechte zu festigen und zu verankern. Zurück in Südafrika, wurde er sofort vom ANC mit der Erarbeitung von Grundgesetzvorschlägen für eine zukünftige Regierung der Nationalen Einheit beauftragt.

Nun war er Minister im ersten Mandela-Kabinett. Man muss sich seinen Arbeitsantritt vorstellen: der erste nicht-weiße Minister, Kader Asmal war Inder, hatte eine radikal neue Regierungsrichtung durchzuführen, mit einem Personal und einem Management, das noch zu hundert Prozent weiß war. Es stammte aus einer Zeit, in der es 40 Jahre lang keinen Regierungswechsel mehr gegeben hatte – wie ein Schrank, der seit Jahren nicht mehr abgestaubt worden war. Nach der ersten Sitzung des Managements kündigte der neue Minister an: Wenn nicht bei der nächsten Sitzung wenigstens eine Frau dabei ist, könnt ihr das Management allein weitermachen, während ich allein die Entscheidungen treffen werde. Innerhalb von Tagen hatte das Departmment seine erste weibliche Managerin – die Praxis zeigte bald, welch weiser Schritt dies gewesen war.

Hier lag auch die Verbindung zu meinem Verantwortungs-bereich, Grundwasser. In ganz Afrika sind es die Frauen, die die Verantwortung für das Erstellen des täglichen Wasservorrats tragen. Ja, es muss oft über viele Kilometer getragen werden von dem nächsten Bach oder der nächsten Quelle, und das jeden Tag. Auch sind es die Frauen, die einen Mangel an frischem Wasser und sanitären Einrichtungen in ihrem Haushalt am meisten empfinden – durch das ständige Kranksein der Kinder und das weit verbreitete Sterben von Säuglingen. Um in dieser Situation einen sicheren und leicht zugänglichen Wasservorrat zu schaffen, ist es deshalb mehr als das Beseitigen einer Unbequemlichkeit, es ist ein Akt der Befreiung des Menschen. Bald sprach Minister Asmal von Wasser in Flüssen als der männlichen Vorratsquelle, die erschlossen wird mit Stauseen, Fernleitungen und Ingeni-euren. Dagegen sah er Grundwasser, das überall, wenn auch oft nur in geringen Mengen, vorkam, als die weibliche Vorratsquel-le, um die sich Frauen in Tausenden von Haushalten bemühten.

Diese Einsicht fehlte unserem Management ganz und gar. Als ich ein paar Jahre zuvor mit dem Vorschlag kam, um drin-gend die Grundwasservorräte des Landes zu kartieren, bekam ich die Erlaubnis, aber kein Extra–Budget, um das Projekt zu unternehmen. Wir schafften es auch so – nur dauerte es etwas länger, 10 Jahre. Mit dem Konzept und der Planung des Projekts hatte uns die Bundesanstalt für Geowissenschaften und Roh-stoffe in Hannover großzügig geholfen – angefangen mit einer freundschaftlichen Verbindung, die auch heute noch, vor allem mit Namibia, besteht. Als nun Minister Asmal dringend Grund-wasservorräte für fast 15 000 Dörfer erschließen wollte, wa-ren die ersten Karten schon soweit. Und die Zeiten hatten sich geändert – für die Bekanntmachung der gerade fertiggestell-ten Karte eines armen ländlichen Gebietes im Ostkap wurden auf einmal Politiker, Bürgermeister und natürlich Frauen und Schulklassen aus den umliegenden Dörfern eingeladen. Es gab Ansprachen, Schulchöre, dazwischen ein kurzer Lichtbildervor-trag des Hydrologen und am Schluss die Nationalhymne. Und das alles für eine einfache Grundwasserkarte.

Ganz unvorbereitet kam diese Veränderung nicht für mich. Schon in der Forschung war ich immer mehr aus der Wasserwissenschaft in die sozialen Wissenschaften abgerutscht, bis mir klar wurde, dass mir dazu aber die Grundlage fehlte. So fing ich mit fünfundvierzig ein Fernstudium an der UNISA, der Universität von Südafrika, an. In dieser tollen Einrichtung waren Schwarze schon immer zugelassen, und die Leseräume der Bibliothek waren immer stark besucht. 1992, nach sechs Jahren, hatte ich es endlich geschafft und machte meine Abschlussarbeit zu dem Thema der nachhaltigen Wasserentwicklung in Südafrika.

Nachhaltige Entwicklung war gerade das Schlagwort und Hauptthema der großen internationalen Umweltkonferenz in Rio de Janeiro gewesen. Meine Lehrer waren mit der Arbeit zufrieden und schlugen vor, sie in einem Artikel für die Uni-Fachzeitschrift zu überarbeiten, mit einem Extra-Auftrag – anstatt im Allgemeinen zu schreiben, sollte ich eine Prognose anstellen, wie sich die zukünftigen Regierungsträger des ANC zu dem Konzept einer nachhaltigen Entwicklung für unser Land verhalten würden. Hinweise dazu gab es höchstens in Zeitungsartikeln, Niederschriften von Ansprachen und in ANC-internen Dokumenten, die noch in keinen Bibliotheken zu finden waren. Zum Glück hatte meine Frau Felicity einen Schwager, der für die Öffentlichkeitsarbeit einer der großen Finanzbanken verantwortlich war. Er hatte laufend Ansprachen für den Geschäftsführer zu schreiben und musste politisch auf dem Laufenden sein. So bekam ich durch ihn die Chance, einen realistischen Blick in meine eigene Zukunft zu tun, und ich lernte, dass es im ANC äußerst begabte und fortschrittliche Menschen gab, die unter anderem über nachhaltige Entwicklung sehr gut Bescheid wussten.

Das wurde dann bald Wirklichkeit. Innerhalb der ersten vier Jahre der neuen Regierung erhielt Südafrika eines der fortschrittlichsten Wassergesetze der Welt, den „National Water Act, 1998". Und ich konnte vom ersten Moment an mit dabei sein – konnte die Begeisterung erleben bei den Befragungen zu einem neuen Gesetz, die überall im Land abgehalten wurden. Das Schlagwort

„Wasser ist Leben" bekam eine ganz neue Bedeutung. Die besten Umweltwissenschaftler des Landes wurden hinzugezogen, um die nachhaltige Entwicklung und vor allem den Wasserschutz gesetzlich zu verankern. Ich bekam einen jungen Umweltrechtler an die Seite, der half, das lang vernachlässigte Grundwasser in dem neuen Wassergesetz als ein Allgemeingut zu beschreiben und für die Entwicklung frei zu machen.

Es gab noch eine weitere direkte Verbindung zu Minister Asmal. Es ging ihm darum, seinen ganzen Beambtenstab, und nicht nur sein Management, für die neue Aufgabe der menschlichen Entwicklung, weit mehr als technischer Wasserbau, vorzubereiten. Über ein Jahr lang arbeiteten Ratgeber mit uns, das heißt mit dem ganzen weißen und frisch angestellten schwarzen Personal in Pretoria und in neun Regionalbüros, um sich gegenseitig verstehen zu lernen, um ein neues gemeinsames Südafrika im Geiste zu sehen und daraus das gemeinsame Arbeitsziel in unserem besonderen Arbeitsbereich, Wasser, zu erarbeiten. „Transformation" wurde das Ganze genannt. Es waren tolle Menschen, die uns vorangingen und ein Vorbild wurden. Mit der Gesamtleitung hatte Minister Asmal den jungen, energischen Trevor Fowler von unserer Provinz-Legislative beauftragt. In seiner Autobiografie schreibt Prof. Asmal (meine Übersetzung): „Langsam, wie ein Öltanker mitten im Ozean, veränderte das Department seine Richtung. Es dauerte zwei Jahre, bis die neue Richtung stimmte. Aus einem 100 % Ingenieurstechnischen Senior Management waren nun schon die Hälfte Wirtschaftler, Umweltwissenschaftler, Geologen, Stadtplaner und selbst ehemalige Diplomaten, und ganz bestimmt war es nicht mehr eine ganz-weiß und ganz-männliche Angelegenheit."

Weil ich begeistert dabei war und das Ganze schon einmal, wenigstens zum Teil, in Südwestafrika mitgemacht hatte, meldete ich mich freiwillig, an dem Umbau des Departments mitzuhelfen, nachdem die Ratgeber ihre Rollen gespielt hatten. Es wurde ein bisschen mehr, als ich mir vorgestellt hatte. Als einziger Direktor unter den Freiwilligen wurde ich von meinen Kollegen, nach dem alten Autoritätsprinzip, zum Vorsitzenden der Head Office Transformation Structure (HOTS) vorgeschlagen.

Zwei Jahre habe ich, neben meiner Grundwasseraufgabe, HOTS gelebt und auch geträumt. In meinem Komitee hatte ich jede Branche des Departments vertreten, selbst den einfachsten Arbeiter. Es ging darum um Kundendienst, auch für die Ärmsten, Erreichung von Arbeitszielen sowie Gleichheit bei der Arbeit in die Praxis umzusetzen, auch um die Benutzung der elf einheimischen Sprachen und vieles andere.

Dann kam nach eineinhalb Jahren der Höhepunkt, auf dem das neue Department of Water Affairs seinen Beschlag bekam. HOTS traf sich zum ersten Mal mit allen neun Regionen und mit dem Senior Management zu einem verlängerten Wochenende in Grasdak, einem einfachen Arbeitslager tief im Busch und weit entfernt von unseren Büros. Zum festlichen Mahl am ersten Abend marschierten die verschiedenen Regionen mit ihren Bannern, Schlagsprüchen und Symbolen ein und führten kleine Sketches auf, die ihre Transformation darstellten. Wie heute ist mir die Mpumalanga-Region in Erinnerung – sie kamen hereingetanzt (Schwarze lieben den Tanz), voran der weiße Direktor. Dann sangen sie den Mpumalanga-Song von Pula (dem Regen), von Modimo (unserem Gott) und von den Menschen, die nicht ohne Gott und ohne Regen leben können. Es blieb kein Auge trocken, und unser Minister wusste, dass er es geschafft hatte.

Es war eine Zeit, in der es kein Stillstehen gab. Ein Brennpunkt ging über in den Nächsten. Aber es war eine gesegnete Zeit. Zur Verleihung eines Ehrendoktors der University of the Western Cape, zehn Jahre später, konnte ich sagen, dass die Ehrung nicht Verdienst für eine eigene Arbeit war, sondern für das Zusammenwirken von vielen für ein gemeinsames Ziel – Wasser für die Entwicklung der Menschen Afrikas. Es war eine Arbeit, bei der wir die Gesegneten waren.

„Dort wo Gott dich ruft, dort ist der Platz wo sich deine tiefste Freude und der Welt tiefste Not treffen."

Frederick Buechner

Unterwegs mit der Erde

„Jeder dumme Junge kann einen Käfer zertreten.
Aber alle Professoren der Welt
können keinen herstellen."

Arthur Schopenhauer

„Der Mensch beherrscht die Natur,
bevor er gelernt hat, sich selbst zu beherrschen."

Albert Schweizer

Das Buch will nicht von mir erzählen. Es will nur Gedanken für diese Zeit teilen – Gedanken über Kontinente hinweg.

Die Natur habe ich immer geliebt. Mit 10 Jahren als Stadtjunge auf eine Farm in Afrika zu kommen, hat natürlich dazu beigetragen. Aber ich sage mir oft, wenn es keinen Krieg gegeben hätte, wäre ich auch in Deutschland, wie mein Vater, Förster geworden, Hüter von Wald und See irgendwo in Mecklenburg. Dass aus dieser Liebe ein lebenslanger Beruf wurde, kann ich nur als einen unbeschreiblichen Segen beschreiben.

Genau in der Mitte meiner Berufsjahre kam die weltweite Bewegung der nachhaltigen Entwicklung. 1992 schloss ich ein zweites Studium, diesmal in Entwicklungsadministration, ab mit einer Arbeit und Prognose, ob eine nachhaltige Entwicklung unter der erwarteten neuen Regierung in Südafrika möglich sein würde. Eine meiner Hauptinformationsquellen war der Brundtland-Bericht mit dem Titel „Unsere gemeinsame Zukunft", den die Weltkommission für Umwelt und Entwicklung der Vereinten Nationen 1987 veröffentlichte. Ich war begeistert von diesem Buch. Erst später erfuhr ich, dass der Vorsitzende dieser Kommission, Gro Harlem Brundtland, eine Frau und ehemalige norwegische Ministerpräsidentin war.

Das Erscheinen des Brundtland-Berichts gilt als der Beginn des weltweiten Diskurses über Nachhaltigkeit bzw. nachhaltige Entwicklung. Auf seine Veröffentlichung folgte 1989 die Einberufung der Konferenz der Vereinten Nationen über Umwelt und Entwicklung (als Rio-Konferenz oder Erdgipfel bekannt), die im Jahr 1992 in Rio de Janeiro stattfand. Der Brundtland-Bericht sollte in internationales Handeln umgesetzt werden, hierfür wurde die Agenda 21 beschlossen.

Durch meine Arbeit am Hydrologischen Forschungsinstitut hatte ich einige der globalen Probleme kennengelernt – Bodenerosion, Versalzung von Landwirtschaftsböden, Verschmutzung von Gewässern. Im Suchen nach Lösungen lernte ich die Weltliteratur zum Thema „integrierte Bewirtschaftung von Flusseinzugsgebieten" kennen. In Australien und Neuseeland gab es schon gute Ansätze zum Thema, Wasser und Land integriert zu verwalten. So versuchte ich, unser Institut von Detailforschung umzuschalten auf Erfassung von großflächiger Information, z.B. die Erosion in einem ganzen Einzugsgebiet, und führte die Satellitenfernerkundung für diesen Zweck bei uns ein – bzw junge Menschen mit diesen Fähigkeiten taten es.

Im Studium der Entwicklungsadministration lernte ich dann, dass die Ursachen und die Folgen der meisten Umweltprobleme auf der sozialen Ebene liegen, wo auch die Lösungen gesucht werden müssen. Bald arbeitete unser Institut, zwar nur auf der technischen Seite, an so einem Problem. Das Industrie- und Wirtschaftszentrum Südafrikas im Umkreis von Johannesburg brauchte einen neuen, langfristigen Wasservorrat. Mittels Kanälen und Stauseen sollte das Wasser des 500 km entfernten Tugela-Flusses gefasst werden und dann über einen Bergrücken in den benachbarten Vaal-Fluss gepumpt werden, in dem es unter natürlichem Gefälle bis an sein Ziel kommen konnte. Ein tolles Projekt, aber schon nach kurzer Zeit hatte es nur noch die halbe Leistung. Kanäle und Stauwerke waren versandet, und die großen Pumpen versagten, weil das Wasser stark sedimenthaltig war.

Unsere Aufgabe war, nach dem Ursprung des Problems zu suchen. Nachdem wir bald festgestellt hatten, dass nur einer der Nebenflüsse des Tugelas dunkelbraunes, sedimenthaltiges Wasser führte, war es nicht mehr weit bis zu der „Upper Tugela Location" an den Hängen der Drakensberge, in denen der Tugela entspringt. Vor vielen Jahren war ein Stamm, ungefähr 5000 Menschen, hier angesiedelt worden und wieder total vergessen. Sie sind arm, ihr einziges Gut sind ihre Rinder- und Ziegenherden, die bei einem hohen Zuwachs an Mensch und Tier das Gebiet total überweidet haben. Auch gibt es keinen Baum oder Strauch mehr in der Umgebung, der den Boden festhalten kann, denn Brennholz ist ihre einzige Energiequelle. So ist die empfindliche, aber lebenswichtige Pflanzendecke schon fast vernichtet, und der dünne Mutterboden ist nicht mehr geschützt. Tiefe Wasserrinnen, hier „Dongas" genannt, sind in den Boden gegraben, und die Sturzregen reißen sie immer weiter auf. Ein weltweites Problem: Die ärmsten Menschen leben in den gebirgigen, empfindlichen Randgebieten, die gleichzeitig die Wasserquellen für unsere großen Flüsse sind. Die Natur ist krank, weil der Mensch krank ist.

Wer ist verantwortlich? Von den Menschen der Upper Tugela Location kann man nicht erwarten, dass sie die Natur schützen und selbst wieder reparieren. Bei ihnen geht es nur um eines – um das Überleben. Solange diese Menschen nicht in ihrer Entwicklung gefördert werden, bleibt und wächst das Problem – ein Problem, unter anderem, für die Wohlhabendsten des Landes in und um Johannesburg. Wir sind eine globale Gemeinschaft geworden. Wenn einer krank ist, leiden alle. Auf welcher Ebene das Problem angepackt werden muss, wird klar aus dem neuen Konzept zum Schutz der Natur – PES: „Payment for Environmental Services", Zahlung für Ökosystemdienstleistung. Wer Nutzer einer heilen Natur sein will, dem muss es auch etwas kosten. Mit einem Einkommen für solche Zwecke können zum Beispiel die Bewohner der Upper Tugela Location angeleitet werden, die Erosion mit verschiedenen Maßnahmen einzudämmen und selbst ihren Viehbestand zu regulieren. Genau das fängt langsam hier an. Der Rand Water Board, dem das Riesenwasserprojekt untersteht, hat einen Trust gegründet, aus dem

Landwiedergewinnung, bessere Landnutzung, Erziehung und Arbeitsplätze in der Gegend finanziert werden. Wenn dies sich langfristig entwickeln kann, dann sind ein paar Cent mehr im Wasserpreis es bestimmt wert.

Wie ernst ist es wirklich um unsere Natur bestellt? In Südafrika ist die Bevölkerung endlich einmal aufgewacht. Aber das Objekt könnte auch gar nicht größer sein. Wir sehen hier in den letzten Jahren einen wahren Kriegseinsatz, um die letzten Nashörner vor den Wilderern zu retten. Eintausendundzwanzig dieser Ungeheuer sind allein im Jahre 2014 getötet worden, davon 672 im Krüger Nationalpark, dem größten Naturpark in Afrika. Die schrecklichen Bilder von verendeten und enthornten Steppenriesen schockieren. Wie ist das nur möglich? Mit Dollars! Es geht alles um das Horn des Nashorns, das als Puder, vor allem in Asien, für medizinische Zwecke hoch gefragt ist. Hinter den Wilderern, oft den Ärmsten der Region, stecken internationale Schmuggelsyndikate in einer Multibillionen-Industrie. Wo früher Wildwarte des Parks genügten, ist seit ein paar Jahren die Armee an der 400 km langen Ostgrenze zum Nachbarland Mosambik und im Park selbst eingesetzt, mit Satellitenbeobachtung, mit Flugzeugen, Hubschraubern und Spürhunden. Auch werden Nashörner in Großaktionen eingefangen und zur Sicherheit in andere Länder gebracht. Woanders geht es oft noch schlechter. In Kenia gelten die weißen Nashörner schon ab 2011 offiziell als ausgestorben.

Dieses Drama spielt sich vor der Weltöffentlichkeit ab und gibt klar zu erkennen, dass es um viel mehr als eine intakte Umwelt geht. Infolge der raschen Globalisierung befindet sich unsere Welt zunehmend in einer schwierigen, unhaltbaren Lage – sowohl in Bezug auf die Umweltsituation, auf Armut und Verteilungsfragen sowie bezüglich des Ausgleichs zwischen den Kulturen. Arbeitslosigkeit, sinkendes Realeinkommen und oft genug physische Lebensangst sind hierbei keine guten Gehilfen bei einer ökologischen Reform.

Aber meist erkennen wir das Problem noch nicht mal, denn es geht ja nicht nur um die großen und bekannten Tierarten.

In unserer Familie sind alle begeisterte Vogelgucker. In Südafrika gibt es über tausend Vogelarten. Wie besonders jede Einzelne ist, sieht man erst durch sein Fernglas, merkt man erst, wenn Kenner uns auf ihr Verhalten in der Natur aufmerksam machen, und man kann sich viel besser an eine bestimmte Art erinnern, wenn man ihre Singstimme kennengelernt hat. Bei uns sind die Kronenkraniche fast ausgestorben. Alle zwei bis drei Jahre zieht es Felicity und mich zurück in das 400 km entfernte Wakkerstroom, wo diese Kraniche noch vorkommen, geschützt von den Farmern der Umgebung. Es gibt nichts Graziöseres als den Tanz dieser Vögel zur Paarungszeit. Auf meinem Deutschlandbesuch vor ein paar Jahren las ich in meinem Reiseführer von den Kranichen am Schaalsee. Da musste ich einfach einen Tag Halt machen. Der Abend auf einem Ansitz am See war wunderschön, nur keine Kraniche. Einen Adler bekam ich nur für einen Moment im Vorbeirauschen zu Gesicht. Aber am nächsten Morgen, noch im Nebel auf einem Acker, überraschten mich dann die Kraniche. Sie hüpften genau wie unsere Kraniche in Afrika. Es war noch kein Tanzen, aber sie waren unverkennbar in ihrer Art.

Noch ein schönes Erlebnis aus dieser Zeit. Am Tag zuvor kam ich durch Hitzacker an der Elbe und ging ein bisschen am Elbufer spazieren. Ein freundlicher Passant riet mir, doch mal in die Stadtmitte zur Kirche zu gehen. Ein Storchenpaar wäre gerade vom Überwintern aus Afrika zurückgekehrt. Die Begeisterung der Einwohner zu erleben war fast genauso schön wie das Storchenpaar selbst, das oben auf dem Kirchturm sein Nest wieder zurechtzupfte.

Aber ich musste erfahren, dass es auch in Deutschland nicht rosig mit der Natur aussieht. Aufmerksam wurde ich darauf durch einen Bericht, dass in Mecklenburg-Vorpommern etwa 80 Schreiadlerpaare brüten – der größte Teil des gesamten Schreiadlerbestands in Deutschland. Im Land der tausend Seen nur noch achtzig Paare! Die anderen rund 20 Paare leben im Nordosten Brandenburgs. In Bayern sind Schreiadler schon seit Jahrzehnten ausgestorben. Intensive Land- und Forstwirtschaft sowie die Entwässerung von Feuchtgebieten haben diesen seltenen Greifvögeln zunehmend die Lebensgrundlagen entzogen.

Laut der „Roten Liste der Brutvögel Deutschlands" (2008) ist der Schreiadler und 29 andere Vogelarten in Deutschland vom Aussterben bedroht – die höchste Zahl seit 1991. Am meisten Sorge bereiten die Vögel der Agrarlandschaft, und hier besonders solche, die das Grünland besiedeln – beispielsweise der Große Brachvogel, der Kiebitz, das Braunkehlchen und der Wiesenpieper. Ohne die Einrichtung ökologischer Vorrangflächen in den Betriebsablauf und ohne einen Stopp beim Grünlandumbruch sind die Ziele für die Artenvielfalt in der Kulturlandschaft nicht zu erreichen.

Im Artenschutz-Report 2015 des Bundesamts für Naturschutz ist der Ton noch ernster: „Der Zustand der Artenvielfalt in Deutschland ist alarmierend, denn ein Drittel der auf Roten Listen erfassten Arten ist im Bestand gefährdet und weitere Arten sind sogar schon ausgestorben. Damit wird bislang auch das nationale Ziel verfehlt, den Verlust der biologischen Vielfalt aufzuhalten", fasste BfN-Präsidentin Prof. Beate Jessel den Artenschutz-Report zusammen. „Wir müssen dringend unsere Anstrengungen verstärken, um den Artenrückgang zu stoppen", so Jessel.

Auf die große Bedeutung der biologischen Vielfalt für den Erhalt der volkswirtschaftlich bedeutenden Ökosystemdienstleistungen, vor allem auf die des artenreichen Grünlands, wies die BfN-Präsidentin Prof. Beate Jessel schon 2014 beim Agrobiodiversitätsgipfel in Bruchsal hin. Nach Ansicht von Jessel gibt es in Bezug auf die Ertragswerte der landwirtschaftlichen Produktion einen Widerspruch zwischen kurzfristigen und langfristigen Notwendigkeiten. „Betrachtet man den Gesamtwert der verschiedenen Ökosystemleistungen, dann liegt zwar die landwirtschaftliche Produktionskapazität bei extensivem Grünland deutlich niedriger als bei intensivem Grünland oder gar Ackerland. Rechnet man allerdings die Bedeutung des Grünlands für Kohlenstoffspeicherung und Klimaschutz, für den Rückhalt von Nährstoffen und die Grundwasserqualität sowie die Erholung mit ein, dann gleichen diese übrigen bewerteten Ökosystemleistungen das auf lange Sicht mehr als aus. Gerade diese Leistungen, die positiv in die Bilanz eingehen, müssen von der Gesellschaft gegenüber der Landwirtschaft entsprechend honoriert werden", forderte Jessel.

Klarer kann die Bilanz für die nachhaltige Entwicklung nicht gestellt werden, und genauso sieht sie für den Tugela-Fluss in Südafrika oder die Regenwälder im Amazonas aus. Es geht um ganze Ökosysteme, in denen Tiere und Pflanzen leben, die geschützt werden müssten. Aber praktische Schritte fehlen noch weitgehend. Evolutionsbiologen urteilen sogar, dass die Zerstörung der biologischen Vielfalt der verhängnisvollste Fehler ist, den die Menschheit zurzeit macht.

Die grünsten, artenreichsten Flecken auf dem Raumschiff Erde sind die Urwälder. Jeder Quadratkilometer des Regenwaldes beherbergt mehr Vogelarten, als in ganz Nordamerika vorkommen. Aber Hektar um Hektar des Amazonas-Gebietes wird brandgerodet, eine bequeme und kostengünstige Art, um mehr und mehr Weide zu bekommen für die Rinder, auf die schon in den Schnellrestaurants der modernen Konsumgesellschaft gewartet wird. Heute existieren nur noch halb so viele Urwälder, wie die Erde sie einmal hatte. In Asien ist der Anteil schon auf ein Viertel der ursprünglichen Fläche geschrumpft.

Aber auch um die Trockengebiete muss die Welt sich Sorgen machen. In Afrika machen sie 25 % der Landmasse aus, ein fragiles Ökosystem, in dem Erträge der Ackerböden und Weideflächen stetig zurückgehen und die einst sporadischen Trockenperioden nun in immer kürzeren Abständen auftreten. Von Natur aus sollten hier nur widerstandsfähige Gräser und dornige Büsche gedeihen. Aber durch den Bevölkerungsdruck und Überbenutzung werden Böden ausgelaugt, und die Folge ist Landverödung im großen Stil.

Am schwierigsten ist es, die Riesengebiete der Erde, die niemandem gehören, zu verwalten, und es bleibt stets fast unmöglich, sie nachhaltig zu nutzen. Ozeane machen siebzig Prozent der Erdoberfläche aus. Schon vor fünfzig Jahren wurde der Begriff von der „Tragödie der Allgemeingüter" geprägt. Noch sind wir nicht viel weiter. Unsere Ozeane werden ausgeraubt. Über drei Viertel aller Fischbestände gelten nach FAO-Zahlen als vollständig ausgebeutet, übermäßig befischt oder schon erschöpft. Dieses Problem kenne ich aus Namibia mit seinem Fischreichtum in dem kalten Benguela-Strom. Den eigenen Fischfabriken und ihren Booten mussten strenge Quoten aufgelegt werden, um den Fischnachwuchs zu fördern, aber außerhalb der Drei-Meilen-Hoheitszone waren fremde, riesige Fabrikschiffe dabei, ihren vollen Bedarf zu decken.

Zu dieser Überbelastung der Ozeane gehört auch die Verschmutzung mit immer mehr problematischen Substanzen. Schon 1969/1970 auf seiner Schiffsfahrt mit dem Papyrus-Boot Ra berichtete Thor Heyerdahl schockiert der Welt, dass er auf fast zwei Drittel seiner fünfundsiebzigtägigen Atlantiküberfahrt von schwarzen Ölresten umgeben war. Während die Menschheit bis vor wenigen Jahrzehnten ganz bewusst Abfälle in den Meeren entsorgte, gelangt heute der größte Teil der Abfall- und Schadstoffe auf vielen verschiedenen Wegen indirekt ins Meer. Am sichtbarsten sind die Plastikreste, deren Masse stets zunimmt, weil sie besonders haltbar sind – mit oft tödlichen Folgen für eine Vielzahl von Meerestieren. Noch zu fassen mit Kläranlagen wären die Düngemittel in der Landwirtschaft, die über die Flüsse in die Meere gelangen. Substanzen, die sich über die Luft in die Umwelt verbreiten, sind dagegen ungleich schwerer zu fassen.

Und noch etwas gehört zu unserer Erde – die gasförmige Hülle, die wir Atmosphäre nennen. Bestandteile der Lufthülle sind zu 99,9 % die drei Komponenten Stickstoff, Sauerstoff und Argon und ein winziger Anteil Kohlendioxid. Weiterhin lebenswichtig, neben der Rolle der einzelnen Gase, ist, dass die Atmosphäre als Schutzschild gegen die lebensfeindlichen Anteile der Sonneneinstrahlung und als natürliches Treibhaus wirkt und Temperaturen auf der Erdoberfläche relativ stabil hält. Auf dem Mond, der keine Atmosphäre hat, schwankt die Temperatur beispielsweise jeden Tag zwischen – 160 Grad und + 130 Grad Celsius.

Versteht man die Erde als einen Gesamtorganismus, dessen einzelne Komponenten in einem perfekten Zusammenspiel stehen, drängt sich das Bild der Erdoberfläche als einer Haut geradezu auf. Die Oberfläche ist nicht lediglich eine Hülle, die das Ganze abdeckt, sondern sie lässt sich als ein eigener Wirkungsorganismus verstehen, der – ähnlich der menschlichen Haut – eine unabdingbare Rolle im Gesamtsystem spielt. Aber dieses feine Zusammenspielen von einzelnen Körperteilen bringen wir seit dem Beginn des Industriezeitalters immer mehr aus dem Gleichgewicht durch Emission von verschiedenen Treibhausgasen wie Kohlendioxid. Die Menschheit hat sich bisher noch auf keine Begrenzung der resultierenden globalen Erderwärmung einigen können. Eine neue Einsicht hätten die atemberaubenden Bilder der Apollo-Mission bringen sollen. Die Erde, wie sie wirklich ist – nicht in Bildern von Ländern und menschlichen Errungenschaften, sondern unsere Erde so schön und so zerbrechlich, in zarten Mustern und Tönen von Weiß und Blau, Grün und Braun – Wolken, Meer, Land und biologische Vielfalt, wo sie noch vorkommt. Das Unvermögen des Menschen, mit all seinem Tun in diese Vernetzung hineinzupassen, bringt unsere Erde immer stärker aus ihrem Gleichgewicht. Wir haben es tatsächlich in der Hand, die gesamte Erdatmosphäre grundlegend zu verändern. Wir müssen neu bedenken, wie kompliziert das Verhältnis unserer Handlungen zur *gesamten* Umwelt ist. Wie wir über dieses Verhältnis denken, ist von zentraler Bedeutung. Für mich war es der Begriff „Raumschiff Erde", der mein Denken radikal verändert hat. Der Begriff war von dem Wirtschaftswissenschaftler Kenneth Boulding schon 1966 geprägt worden. Er sah unsere Heimat, Planet Erde, als ein Raumschiff, allein unterwegs im weiten Raum, in dem wir alles, was wir für unsere Benutzung sowie zur Abfallbeseitigung für uns und unsere Kinder brauchen, mit uns tragen müssen. Zu diesem Begriff passt auch sein berühmter Ausspruch: „Wer glaubt, in einem physikalisch begrenzten System für immer wachsen zu können, ist entweder ein Idiot oder ein Ökonom." Dass es noch immer Menschen gibt, die zweifeln, ob menschliche Kräfte überhaupt mit denen der Natur konkurrieren und einen langfristigen Wandel in dem Klima unserer Erde verursachen können, muss wohl mit diesem Ausspruch etwas zu tun haben. So vieles wirkt dem nachhaltigen Denken entgegen. Politiker können nur kurzfristig denken. Auch die Wirtschaft berücksichtigt keine bleibenden Werte. Wir sind träge geworden in unserer Sucht nach Ablenkung. Die Probleme, die nicht unmittelbar sind, berühren uns nicht. Dazu kommt, dass kein Einzelner mehr das Ganze erfassen kann. Durch Unwissen kommt Arroganz und der gefährliche Glaube, dass wir uns allem anpassen können.

Interessant ist, dass es bei der Wirtschaftswissenschaft um „die Untersuchung des rationalen Umgangs mit Gütern, die nur beschränkt verfügbar sind", geht. Es fehlt also überall noch etwas – das Verständnis für die Verknüpfung von Mensch und Natur und von der Verantwortung, die der Mensch während seiner Raumfahrt trägt. Boulding hat tief hierüber nachgedacht. Hoch angesehen, unter anderem als Präsident der American Economic Association, hat er seine Rolle als Wissenschaftler immer breit und auch politisch verstanden. Besonders mit Fragen der Religion und der Ethik hat er sich intensiv auseinandergesetzt.

Wir müssen zurück zu unseren Ursprüngen. Felderfahrung und menschliche Tradition stimmen überein – Mensch und Natur sind zusammen geschaffen, und sie unterliegen beide Gesetzen, physikalischen als auch sozialen. Die Gesetze, die unser soziales Verhalten ordnen, sind genauso fest wie die physikalischen Gesetze, die das Verhalten der Natur bestimmen. Auf der einen Seite hat sich unsere Macht, in die natürlichen Systeme der Erde einzugreifen, über alle Maßen gesteigert. Auf der anderen Seite haben wir in der Stadt das Verhältnis zur Natur verloren und nehmen die alten Lebensgesetze nicht mehr ernst.

Aus vielen Beispielen, weltweit, können wir ersehen, dass die Natur nur sicher vor der Entweihung ist, wenn sie mit Menschen vereint ist, die sie lieben. Die Trennung zwischen den Gedanken eines Wissenschaftlers und den moralischen Pflichten eines Menschen muss wieder überbrückt werden. Wir müssen wieder klarer über unsere Rolle als Verwalter der Schöpfung, die

Gott schon den ersten Menschen zugedacht hatte, nachdenken. Es gibt einen Hoffnungsschimmer. Durch die neuesten Durchbrüche in der Astronomie und Kosmologie wächst heute wieder die Vorstellung eines Schöpfers, der das Weltall und den Menschen darin geschaffen hat – aus nichts. Der Schriftsteller des 19. Jahrhunderts, Victor Hugo, muss es schon geahnt haben, als er die Worte prägte: „Ich kann ein Blatt am Baum nicht betrachten, ohne dabei von dem Universum hingerissen zu sein." So müssen wir wieder verstehen, wer wir sind und welchen Platz wir in der Schöpfung haben.

Erstmals 1990 machte der US-amerikanische Politiker, Unternehmer und Umweltschützer Al Gore die Idee eines „Global Marshall Plan" in seinem Buch „Wege zum Gleichgewicht – Ein Marshall Plan für die Erde" zum Thema. Das Ziel war die Etablierung eines mit Nachhaltigkeit kompatiblen Ordnungsrahmens für die Weltwirtschaft: eine weltweite ökosoziale Marktwirtschaft. Die Wahl des Namens erinnerte bewusst an den historischen Marshallplan nach dem Zweiten Weltkrieg, ein Symbol der Hoffnung, Solidarität und Frieden für das zerstörte Europa. Die ökosoziale Marktwirtschaft baut auf drei Säulen auf:

- leistungsfähige Marktwirtschaft,
- soziale Gerechtigkeit und
- ökologische Verantwortung.

Der soziale Ausgleich ist die Voraussetzung für gesellschaftlichen Konsens, die ökologische Nachhaltigkeit für das Überleben der Zivilisation schlechthin.

Al Gore war klar, dass eine globale Zusammenarbeit mit diesen Zielen niemals möglich wäre ohne weltweit verbindliche ethische Werte für menschliches Handeln. Sich für das Gemeinwesen einzusetzen, sah er als eine Gottesaufgabe und wohl die größte Veränderung, die stattfinden muss. Wie immer ist es einfacher, die Notwendigkeit einer Veränderung im großen Rahmen zu verstehen, als die Forderung an sich selbst zu richten. Nichtsdestoweniger kann jeder Einzelne durch persönliches

Engagement dazu beitragen, dass sich eine dramatische Wende vollzieht. Dazu eine elementare Wahrheit aus Al Gores Denken: „In dem Moment, wo man sich wirklich engagiert, macht auch die Vorsehung einen Schritt."

Es freut mich besonders, dass 2007 in Deutschland ein Entschluss gefasst wurde, ein „Netzwerk von Christen zur Unterstützung der Global Marshall Plan Initiative" zu gründen. Betont wird der Vorrang der geistig-spirituellen Dimension vor allen anderen gesellschaftlichen Dimensionen.

„... Noch ist es nicht zu spät. Gottes Welt verfügt über unglaubliche Heilkräfte. Eine einzige Generation reicht aus, um die Erde auf die Zukunft unserer Kinder hinzulenken. Möge diese Generation mit Gottes Hilfe und Segen nun beginnen."

2002 – Erklärung von Venedig von Papst Johannes Paul II. und dem Ökumenischen Patriarch Bartholomäus I.

Unterwegs mit Gott

„Gott, der Herr, ist Sonne und Schild".
Psalm 84, 12

„Freuet euch in dem Herrn allewege,
und abermals sage ich: Freuet euch!"
Philipper 4,4

Gott, wer bist du? Wer bin ich? Fragen, die in jedem Leben vorkommen, die mich immer mehr bewegen.

Im Laufe eines langen Lebens ist Gott mir die eine absolute Wirklichkeit geworden. Gott der Unendliche, der Ewige, der, der nicht nur heute da ist, sondern immer dagewesen ist und immer da sein wird. Gott sagt: „Wem bin ich gleich? Oder mit wem wollt ihr mich vergleichen?" Die Antwort lautet: Niemand, niemand ist wie Gott, nichts ist wie Gott. Gott ist allein er selbst. Er ist der Schöpfer aller Dinge, allen Lebens, alles Sichtbaren und alles Unsichtbaren. Er ist souverän, nichts und keiner kann Gott irgendetwas hinzufügen, und nichts kann ihm irgendetwas wegnehmen. Und im selben Bild das von ihm aus dem Nichts Geschaffene, unser unfassbares Universum und darin unsere Welt – nicht im Mittelpunkt, sondern nur ein unendlich kleiner Teil des wunderbaren Kosmos. Hierzu dann die weitere, so unverständlich schöne Erleuchtung. Als einziges Wesen in Gottes Schöpfung sind wir Menschen, du und ich, nicht nur mit einem Leib, sondern auch mit einem Geist geschaffen – mit Gottes Geist. Ein Geist, der in Beethovens Neunter Symphonie, in Tolstois „Krieg und Frieden" und in den unglaublich schönen Fenstern der Kathedrale von Chartres steckt. Gott hat die Welt und den Menschen erschaffen, um uns in eine Beziehung zu ihm zu stellen, um mit uns seine Herrlichkeit zu teilen.

Ich war ein Spätentwickler – vor allem in meinem Glauben. Mein Christenleben war fünfzig Jahre lang nur ein Äußerliches. Ich sah und bewunderte die Welt, die Gott geschaffen hat, aber noch nicht den Geist dahinter – die Person des Schöpfers. Mein Leben, in dem es viel verdecktes Unverständliches gab, brauchte einen Lichtstrahl in meinem Herzen, der mich zu Gott selber führte. Und trotzdem gehören das ganze Lebenserlebnis und drei Deutschlandreisen dazu, um es zu verstehen. Davon möchte ich einfach erzählen.

September 1955 in Windhoek. Vierzehnjährige in Reih und Glied in dunklen Anzügen und mit sehr ernsten Gesichtern. Wo gib es denn das? Erst wenn man die Mädchen dazu sieht in schlicht Weiß und dann das Läuten der Glocken der Christuskirche hört, wird dem Beobachter klar – hier geht es zur Konfirmation, in Afrika. Ich, der Eberhard, gehör dazu. Und das ist eigentlich der Anfang dieser deutsch-afrikanischen Geschichte, deren Leitwort ein Konfirmationsspruch aus dem 84. Psalm wurde.

Konfirmation in der Windhoeker Christuskirche

Der Frühling ist gerade in Südwestafrika und seiner Hauptstadt Windhoek ausgebrochen, und jeder wartet auf den ersten Regen. Die meisten, um die es an diesem Sonntag ging, sind Farmer-jungen und -mädchen. Windhoek ist Schulstadt, und Farmen sind oft einige Hundert Kilometer von der Stadt entfernt. An diesem Sonntag werden 87 junge Menschen eingesegnet, laut Artikel in der AZ, der Windhoeker Allgemeinen Zeitung. Inte-ressant die Farmnamen, die als Adressen angegeben sind: z. B. Farm Weissenfels, Bodenhausen und Bergland, aber auch die vielen einheimischen Namen wie Farm Okaparakaha, Okat-jombo und Gochaganas. Für mich sind es fünf Stunden im Auto nach Hause zur Farm Okakombo, die letzten 60 Kilometer von Omaruru auf einer „Sandpad" (Straße) mit schrecklich viel Well-blech. Ich bin in einem der vielen Schülerheime in Windhoek, in Hostel IV. Schwester Runhild ist in Hostel III.

Bevor wir auswandern konnten, dauerte es noch sieben Mo-nate, bis alle Aus- und Einreisepapiere soweit waren. In dieser Zeit musste die fünfköpfige Familie an Verwandte und Freun-de verteilt werden. Ich kam zu Freunden von Stiefvater Wolf-gang, Ostflüchtlinge, die einen Bauernhof im Kreis Kleve am Niederrhein geerbt hatten. Das nächste Dorf war Kranenburg, und dort musste ich zur Schule. Eine der ersten Fragen am ers-ten Schultag war: „Evangelisch oder katholisch?" Die Schule hat-te nur eine Klasse für alle Evangelischen in dieser katholischen Gegend. Genau wusste ich die Antwort nicht, aber irgendwie klang das evangelisch richtiger, und so wurde ich evangelisch.

Eine nette Lehrerin hatte alle Evangelischen von der 1. bis zur 4. Klasse in einem Klassenzimmer zu unterrichten. Das kann nicht leicht gewesen sein, denn schon ziemlich am Anfang steht in meinem Klassentagebuch (4. Klasse): „Wenn jemand in der Klasse ist, muss ich den Mund halten." Aber in meinem Klassentagebuch steht auch, wie Jesus den blinden Bartimä-rus sehend macht und von dem Lämmlein, das die Schuld der Welt trägt. Am letzten Schultag war die Lehrerin noch beson-ders nett. Ich war mit dem Zeugnis in der Hand, in großer Auf-regung, nach Hause zum Elsenhof gerannt und war prompt im

Schlamm ausgerutscht. Mit großen Tränen und einem feucht-braunen Zeugnis stand ich bald wieder vor ihr. „Na, das ist doch nicht so schlimm, und, sieh mal, die 3 in Religion sollte doch eine 2 sein." Und schon hatte ich ein ganz neues Zeugnis. Rück-blickend möchte ich sagen, dass dieser liebe Mensch im Dorf Kranenburg bei mir, im Alter von zehn Jahren, eine unendlich schöne Saat gepflanzt hat.

Mit dem Konfirmieren hat Gott dann etwas mitgeholfen. Im Schülerheim der Afrikaansen Höheren Schule in Windho-ek war jeden Sonntag Kirchgang für alle. Ich schloss mich den Deutschsprachigen an, die die Peter Müller Straße hinauf zur Christuskirche marschierten, die hoch auf den Hügeln Windho-eks gelegen ist, nur zehn Minuten zu Fuß. Bald gehörte Konfir-mandenunterricht dazu. Ein paar Monate vor der Konfirmati-on merkte der Pfarrer, dass ich gar nicht getauft war, was dann sehr bald nachgeholt wurde. Es musste ohne meine Eltern ge-schehen, denn die hatten kein eigenes Auto und konnten nicht von der Farm weg. Leider erinnere ich mich nicht so sehr an das Gelernte im Konfirmandenunterricht, sondern mehr an unse-re Jungenstreiche, auch während des sehr ernsten Unterrichts. Aber es muss doch in diesen Jahren gewesen sein, in denen ich die schlicht-einfache Lutherbibel und das Evangelische Gesang-buch wirklich lieben gelernt habe und in denen sich so viele Lie-der und Bibelverse eingeprägt haben, von denen ich in späte-ren Trockenjahren zehren konnte. Viele Jahre blieb Kirche für mich wenig mehr als ein Stück deutsche Kultur, der lebendige Gott war noch nicht entdeckt.

Ich überlege, ob, im Elternhaus in Schwerin und Güstrow, Gott irgendwie zur Sprache gekommen ist, aber es will mir ein-fach nichts einfallen. Tisch- oder Abendgebet gab es bestimmt nicht. Später habe ich einmal aufgeschrieben, dass meine Mut-ter nie mit uns über Gott geredet hat. Und in die Kirche ging bestimmt keiner. Das, was in ihrem schmidtschen Elternhaus vielleicht noch gerade zur Kultur gehörte, war unter dem Na-tionalsozialismus auf die Seite geschoben worden – und in den schrecklichen Kriegsjahren wohl total ausgelöscht. Der Stiefvater war Wissenschaftler und Humanist. Gott gab es bei ihm nicht mehr. Seine Bibel, das lernte ich viel später, war sein Nachschlagewerk zum Thema Juden und Antisemitismus.

So war die Schule unser einziger Weg zu Gott, wie es ja dann auch im Westen, in Kranenburg, und später in Windhoek Wirklichkeit für mich wurde. Aber im Osten unter russischer Verwaltung herrschte der Materialismus. Obwohl in der Deutschen Demokratischen Republik der Glaube, auf Papier, als eine persönliche Angelegenheit des einzelnen Menschen angesehen wurde, galt das Christentum im ganzen Erziehungssystem als unwissenschaftliche Weltanschauung. Wer sich jedoch zum Materialismus bekannte, galt als fortschrittlich. Das war der Weg, die Jugend für ihre Ideologie zu gewinnen. Bereits in den Kindergärten gehörten sowohl die ersten Grundlagen der marxistisch-leninistischen Theorie und der Führerkult gegenüber dem Partei-Spitzenpersonal (SED) zum Wesentlichen der Inhaltsvermittlung. Ich war begeistert Junger Pionier.

Traurig macht mich heute die Glaubensgeschichte meiner Schwester Runhild. Sie war vier Jahre älter, lernte schon Russisch und machte vier Jahre länger die Systemerziehung mit als ich. Als später die Entscheidung zum sonntäglichen Gottesdienst im Schülerheim in Windhoek kam, lehnte sie ab. So ist sie nie getauft oder konfirmiert worden. In meinen Arbeitsjahren in Windhoek spielte das noch keine Rolle. Im Gegenteil, ich war gern in ihrem netten Freundeskreis mit Parties und herrlichen Fahrten. Wo brauchte man da auch Gott? Aber meine junge Braut aus christlichem Haus bekam den Eigenwillen bald zu spüren. Zum Geburtstag schenkte Runhild ihr das Buch „Es gibt viele Wege zu Gott". Noch bedeutender waren ihre geschriebenen Widmungsworte: „Eigentlich nur wegen des Titels für Dich gedacht, Felicity. Er ist gleichbedeutend mit meinem Ausspruch: ‚Viele Wege führen nach Rom.' Wer das nicht akzeptiert, ist ein Fanatiker oder Atheist. Es gibt keine allein selig machende Religion. Religio bedeutet Rückbesinnung." Runhild fand später in der Esoterik ihre Religion – unser aller Geist sucht nach Erfüllung.

Für mich wurde Felicity ein Gottesgeschenk. Ich hatte sie auf einem kurzen Besuch in Johannesburg kennengelernt, zur Hochzeit eines Uni-Kameraden. Felicity war jung und schick, und ich war hingerissen. Sie war die Jüngste von drei Schwestern. Vater Gwynne Long war Schulleiter einer typischen englischen Privatschule für Jungs, wie sie in vielen Geschichten geschildert wird.

Die Mutter war leider viel zu früh an Krebs gestorben. Natürlich sorgte der Vater sich, dass seine Jüngste durch die große Entfernung von Familie und Freunden von allem, was ihr bisher lieb war, abgeschnitten sein würde. Vielleicht dachte er dabei im Stillen auch als strenger Anglikaner an die „unchristlichen Verhältnisse" der Deutschen in Südwest – Karneval, Oktoberfest und die Liebe zum bekannten Windhoeker Bier.

Felicity, der Schatz aus Johannesburg

Nach einem Jahr, als Jungverheiratete, zum weiteren Hydro-
logie-Studium in London, kam dann bald in Windhoek unsere
Erste, Karin, auf die Welt. Und wenige Jahre später kamen noch
zwei Jungs, Robert und Manfred, hinzu. Zehn Jahre nach der
Hochzeit kam die Beförderung nach Südafrika. Ich wollte nicht
weg, liebte Land und Leute und meinte, meine Familie empfän-
de das Gleiche. Wenn ich zurückblicke, sehe ich erst in Pretoria
den eigentlichen Anfang unserer Familie. In Windhoek muss das
Band zu meinen Eltern, zu meiner Arbeit und zu meiner Kultur
beinahe stärker gewesen sein als zu meiner jungen Familie. In
Pretoria wurde die Deutsche Schule uns dann allen die größere Familie. Dazu gehörte auch die Johannesgemeinde, wo bald
der Kindergottesdienst anfing. Wir liebten die Natur, und als
der Jüngste, Manfred, seinen eigenen Rucksack tragen konnte,
wurden wir eine Wanderfamilie. Gottes freie Natur wurde für
alle das schönste Ferienerlebnis.

Die Kinder bestimmten das Familienleben. So auch, als eins
nach dem anderen an eine englische Höhere Schule in Pretoria
kam. Es ging uns darum, den Kindern eine landesnahe Erziehung zukommen zu lassen. Das wesentlich höhere Schulgeld
an der Deutschen Privatschule war bestimmt mitentscheidend.
Und so wurden wir sehr schnell, und wahrscheinlich gar nicht
so ganz erwartet, eine englische Familie. Inzwischen haben alle
drei ihre eigenen Familien, und wir wurden stolze deutsche und
englische Großeltern von 6 Enkelkindern.

Zwischen dem Sonnenschein dieser Jahre liegen auch Schatten,
die sich nicht vergessen lassen. Und in die Glaubensgeschichte
gehören sie einfach mit hinein. Eine schleichende Krankheit hat
mein Leben mitgeprägt und verschiedene Episoden gebraucht,
ehe ich endlich Teil der Behandlung und Heilung wurde. Die bipolare Störung ist eine psychische Störung, bei der die Aktivität und Stimmung des Menschen weit zwischen Manie und Depression schwanken. Eine erste Episode wurde ausgelöst durch
meinen Einsatz als frisch gebackener Hydrologe, während und
nach der großen Flut im Fischfluss am Hardapstausee – eine
Flutwelle, wie sie dieses junge Land noch nie erlebt hatte. In

der gleichen Zeit wurde auch unsere Karin geboren, also genug Aufregung, um am Schluss mal schlappzumachen. Die nach einigen Wochen anschließende Depression war aber so schwer, dass man sie mit Elektrokrampftherapie behandelte, heute sehr umstritten, aber es muss wohl eine gute Wirkung gehabt haben. Ich konnte zur Erholung an die Küste nach Swakopmund entlassen werden – allein. Eine Strafe, weil ich voller Schuldgefühle war und allein nichts mit mir anzufangen wusste. Aber irgendwie ging es wieder bergauf, und ich glaube, die Disziplin zurück bei der Arbeit hat bestimmt geholfen.

Die zweite Episode kam zwölf Jahre später in Südafrika. Ich war seit drei Jahren in meiner ersten leitenden Stellung an dem staatlichen Hydrologischen Forschungsinstitut in Pretoria. Im Rückblick sehe ich die sieben Jahre am Institut als meine schönste Aufgabe und natürlich auch die herausforderndste. Ich wollte so viel erreichen, hatte aber auch, zum ersten Mal in meinem Leben, Widerstand. Umgang mit Menschen war schon immer eine Schwäche gewesen. Es kamen immer mehr Zweifel in der Richtungsweisung, bis ich selbst die simpelste Entscheidung nicht mehr schaffte. Der oberste Chef musste vom Hauptbüro kommen, um mich zu beurlauben – kann es überhaupt etwas Schlimmeres geben? Die tiefste Depression folgte. Heutzutage weiß ich, dass Menschen mit dieser Krankheitsveranlagung sehr ich-bezogen sind – im normalen Verlauf des Lebens, aber auch in den großen Schwingungen, himmelhoch jauchzend, zu Tode betrübt. Obwohl es diesmal viel langsamer bergauf ging, lernte ich meine Krankheit verstehen, lernte von physischen Prozessen, die sich im Gehirn abspielen und von der Notwendigkeit einer vorbeugenden Behandlung, weil solche Episoden im Alter immer regelmäßiger werden. Die dritte, schwere Episode kam diesmal nur fünf Jahre später, auch wieder in einer neuen Anstellung mit großen Herausforderungen. Trotz Nervenheilklinik konnte nichts mich wieder froh machen. Ich hatte mit fünfzig den tiefsten Punkt meines Lebens erreicht. Nachts im Unterbewusstsein gab es nur noch eins – Angst vor dem Tod.

So konnte es nicht weitergehen. Felicity bat verzweifelt einen Freund der Familie, Missionar der Herrmansburger Mission in Südafrika, um Hilfe. Ernst sprach mit mir, aber dann tat er im Gebet noch etwas mehr. Er legte mir die Hand auf, sprach mit Gott über meinen Zustand und bat um Heilung, da, wo wir alle nicht weiterwussten, ja, hilflos waren. Bei dem Kontakt empfand ich einen heißen Strahl durch meinen ganzen Körper gehen. Etwas war geschehen. Es wurde für mich der Moment der Heilung! Ich rappelte mich auf und fing an zu joggen, jeden Tag weiter. Und betete über weite Strecken: „Danke, Jesus, danke!" So wurde es nicht nur eine physische Heilung, sondern auch der Moment meines Bekenntnisses zu einem persönlichen Gott. Eine Schriftstellerin hat diese Veränderung mal so ausgedrückt: Wenn ich selbst-bezogen bin, bin ich die Nabe des Rads, und mein ganzes Leben dreht sich um mich selbst, während Christus nur dazu gefügt ist. Wenn ich aber durch Gott erneuert werde, bin ich nicht länger der Mittelpunkt, sondern er nimmt die Mitte ein, und ich umgebe Ihn.

Viel später hörte ich eine Predigt zum Thema Angst – Angst vor dem Versagen ist der Anfang des Versagens, und ständige Angst liegt an der Wurzel des Wahnsinns. Viel Angst gab es in meiner Jugend – im und nach dem Krieg ohne Vater, in Afrika, im Schülerheim und dann später als Menschenführer. Und dann kam Gott, nein, ich öffnete mich ihm endlich. Er war schon immer da. „*Meine Zuversicht und meine Burg, mein Gott, auf den ich hoffe.*" (Psalm 91:2). In meinen Tagebüchern sehe ich diese Wende absolut deutlich. Gott spielt auf einmal in allen Lebensbereichen eine Rolle.

Trotzdem wurde auch der weitere Weg mit Gott noch ein langer Lernprozess. Felicitys wichtige Rolle als stiller Helfer habe ich erst später richtig erkannt. Vor mir liegt meine wunderschöne „Life Application Study Bible" mit ihrer Inschrift: „Von Deiner Frau Felicity Braune zu Weihnachten 1997 und am Ende eines besonderen und bedeutungsvollen Jahres." Als Felicity ihren deutschen Teil getan hatte und die Kinder an englische Hochschulen kamen, machte sie den ersten Schritt zur persönlichen

Selbstständigkeit und schloss sich einer englischen Kirchengemeinde an. Im Freiwerden wuchs bei ihr eine immer stärkere Bezogenheit zur Mission.

Im Juni 1997 gab es die „Global Consultation on World Evangelization" in Pretoria. Über viertausend Teilnehmer kamen aus der ganzen Welt angereist. In Pretoria hatte „Operation Mobilisation" (OM) ihr Büro und Ausbildungsstätte für weltweite Mission. Bekannt war OM durch die Schiffe Doulos und Logos, die mit christlicher Literatur in den entferntesten Häfen anlegten. Dort war Felicity im Büro des Leiters beschäftigt, und unser Haus und das Außengebäude wurden ein Heim für besuchende Missionare. In dieser Woche war ein Pastor aus Zambia und ein Missionar aus Indien bei uns untergebracht. Als der alte Inder dann noch seinen Sohn, Theologe in den Vereinigten Staaten, zum ersten Mal seit Jahren wiedertraf, zog dieser auch noch dazu. Die unglaublichen Abende zusammen werden mir unvergessen bleiben. Die Liebe Gottes erfüllte unser Haus durch diese so unterschiedlichen Menschen.

Zum Abschluss der Woche gab es einen „Walk for the nations" der Tausenden von Konferenzteilnehmern durch unsere Innenstadt. Dazu steht in meinem Tagebuch: „Felicity und ich, nebeneinander, auf unseren Knien in der Stadtmitte, als Antwort auf einen Aufruf, sich um die Armen der Stadt und der Welt zu sorgen." Das Sorgen und Geben gehörte einfach in Felicitys Leben, während es bei mir unterdrückt worden war durch meine persönlichen Schwächen und sich erst langsam entwickeln musste durch unsere wachsende Zusammenarbeit und die immer größer werdende Erfahrung der wunderbaren Liebe Gottes. Dass das „Wohlzu- tun und Mitzuteilen" auch schon einmal Leitworte in der Braune-Familie in Deutschland gewesen waren, freut mich hierbei besonders.

Langsam merkte ich die Freude eines Wachsens mit Gott. Ein ganz neuer Lebensrhythmus war entstanden, nicht durch mein eigenes Zutun, sondern einfach durch ein Dranbleiben an Gott und seinem Herz – im Gebet, im Entdecken von immer Neuem in seinem Wort, im Austausch mit Brüdern und Schwestern, in verschiedenen Liebesdiensten – und vor allem im Gesang. Nichts ist schöner als seine Freude, seinen Dank an Gott herauszusingen, manchmal auf Zehenspitzen. Es befreit einfach. Alles andere fällt weg. In einem Brief an eine weit entfernte Gemeinde schreibt Paulus von den Früchten des Geistes, die man durch seine Gottesbeziehung erwarten darf: Liebe, Freude, Friede, Geduld, Freundlichkeit, Güte, Treue, Sanftmut, Selbstbeherrschung. Genau dies erfahre ich persönlich noch immer weiter. Unglaublich! Meine eigene Geduld, meine Ausgeglichenheit, Freundlichkeit und Zuversicht machen wunderbare Sprünge vorwärts, da, wo es so oft gefehlt hat.

Felicity, die auf Schritt und Tritt dabei war, fehlt mir heute sehr. Wir sind bis zuletzt zusammen gewachsen, vor allem in den schweren Jahren ihrer Krankheit. Immer wieder konnten wir neu Frieden finden. So schrieb ich meinen Freunden und der entfernten Familie: Am Dienstag, den 8. März 2021, ist unsere liebe Felicity sanft eingeschlafen. Als ich im September 2019 von einer Gebetsreise nach Deutschland zurückkam, fand ich sie schwerkrank zu Hause vor. Es war Panikstimmung, denn sie bekam keine Luft. Als Wasser um die Lungen festgestellt worden war, musste sie sofort ins Krankenhaus. Verschiedene Male musste neue Wasserbildung durch Operationen entfernt werden. Im Dezember stand es endlich fest – Pancreas-Krebs, der sich, ganz unbemerkt, ausgebreitet hatte. Felicity hat anderthalb Jahre unglaublich tapfer gekämpft. Jede Operation, jede Behandlung war immer wieder mit schweren Risiken verbunden. Heute weiß ich, dass es das Gebet vieler war, das sie durchgetragen hat – Gebet bei uns zu Haus, im Krankenhaus und selbst aus anderen Kontinenten. Noch ein paar Tage vor ihrem Entschlafen konnte sie sich im Krankenhaus unglaublich freuen über die vielen Geburtstagsgrüße und Segenswünsche, besonders die ihrer sechs Enkelkinder. *„Ja, ich sage es noch einmal: Sei mutig und entschlossen! Lass dich nicht einschüchtern und hab keine Angst! Denn ich, der HERR, dein Gott, stehe dir bei, wohin du auch gehst."* Worte aus der „Hoffnung für alle" (Josua 1, 9).

Wie unsagbar schön ist es, Brüder und Schwestern zu haben, die mittragen können, wenn es nötig ist. Judith hatte ich gerade erst als Gebetspartner in Deutschland kennengelernt. Dem Alter nach könnte sie eine jüngere Tochter sein. Und doch schrieb sie mir in den Tagen zurück zu Hause aus Deutschland, als ich nicht ein und aus wusste, Worte, die ich immer wieder lesen möchte.

„Vater und ich bete, dass du Felicitys Herz zu einem Krug machst, der deine Liebe fassen kann! Ich bete, dass du ihre Schutzmauern Stück für Stück abbaust und sie so lange umwirbst, bis sie sich mit ihrem Schmerz dir ganz anvertraut und zulässt, dass du ihre Wunden mit deinem heilenden Öl salbst. HERR, ich bete, dass sie deine Gegenwart spüren und dich auch in der liebenden Umsorgung durch andere Menschen erkennt. Und ich bete, dass du Eberhard Weisheit, Kraft und Geduld schenkst und dass du seine aufgewühlten Gedanken und Gefühle in deinem Frieden bewahrst (Philliper 4)."

Wir durften in dieser Zeit ein wirkliches Wunder erleben. Im November 2020 hatten die Ärzte ein schweres Chemotherapie-programm abgebrochen, weil es nichts mehr brachte und die Krebszahlen im Blut hoch anstiegen. Ihr Rat: Holt lieber euren Kapstadt-Urlaub mit euren Kindern nach, der im Dezember 2019, zum 50. Hochzeitsjubiläum, kurzfristig wegen Kranken-hausaufenthalt aufgegeben werden musste. Mit Covid-Begren-zungen, tragbarem Sauerstoff und viel Medizin ging es aufs Flug-zeug. Aber dann das Wunder – bei Familienfreuden und jeden Tag Meeresluft war, zum ersten Mal seit mehr als einem Jahr, kein Extra-Sauerstoff mehr nötig. Und Felicity konnte die 150 Treppen zu unserer Ferienwohnung, mit herrlichem Blick über Falsebay, ohne Probleme meistern, selbst zweimal am Tag. Die Familienbilder dieser Tage strahlen unsere gemeinsame Freu-de aus. Aber auch die darauffolgenden Monate möchte ich um nichts missen. Ich musste, zum ersten Mal in meinem Leben, wirklich 100 % alles für einen anderen Menschen geben.

Ihr waren vierundsiebzig Lebensjahre bestimmt, davon mehr als fünfzig als mein Ehepartner. Das ist bestimmt außerge-wöhnlich, denn bei einem Partner mit bipolarer Störung soll die Ehescheidungsrate bei 90 % liegen! Ich bin Gott tief dankbar, dass er uns zusammengeführt hat, dass wir eine heile Familie geblieben sind und noch immer weiter zusammenwachsen konnten. Die Ehe kann, mit Gottes Hilfe, zur hohen Schule des Lebens werden, innerhalb derer man wächst und reift, wenn auch manchmal unter Schmerzen. Das Eheversprechen, das wir in der Kirche abgelegt hatten, war für Felicity immer ausschlaggebend. „Eberhard, vor Gottes Angesicht nehme ich dich an als meinen Mann. Ich verspreche dir die Treue in guten und bösen Tagen, in Gesundheit und Krankheit, bis der Tod uns scheidet. Ich will dich lieben, achten und ehren alle Tage meines Lebens." Immer mehr sehe ich ein, dass unsere Ehe die Basis meines Lebens war und noch immer ist, von Gott gewollt und geordnet, von Felicity viele Jahre oft allein getragen.

Ich sehe heute ein, dass ich zu viel von meinem Ehepartner erwartet habe und zu wenig gegeben habe. Alles musste Deutsch sein, die Sprache, die Kultur, die Erziehung der Kinder. Der gefallene Vater, die verlorene Heimat und die ständig zurückblickende Mutter haben dabei eine vieles überschattende Rolle gespielt. Felicity hat es auch wunderschön gemacht, hat ein fließendes Deutsch in Windhoek gelernt und hat unsere drei an der deutschen Schule in Pretoria erziehen und in der deutschen Johanneskirche konfirmieren lassen. Ihre Südwestafrikajahre waren bestimmt nicht leicht gewesen – der Mann, der seine Arbeit liebte und oft tage- und selbst wochenlang auf Dienstreisen im ganzen Land unterwegs war, sie in einem fremden Land ohne Familie oder Freunde, noch unerfahren in vielen Dingen, und ihr Hauptkontakt die nicht immer einfache deutsche Schwiegermutter. Felicity sagte mir einmal viel später, wenn ich die Beförderung nach Pretoria nicht angenommen hätte, hätte sie die drei Kinder an die Hand genommen und wäre mit ihnen die tausendfünfhundert Kilometer nach Südafrika zu Fuß gegangen. Es tut mir heute noch weh, das damals nicht erkannt zu haben.

Und so am Schluss noch das Unglaublichste – Gottes unglaubliche Gnade! Das deutsche Wort „Gnade" ist abgeleitet von dem Wort „Neigen". Der allmächtige Gott neigt sich in Liebe zu uns herunter, lässt seinen eigenen Sohn für unsere Verfehlungen am Kreuz sterben. Wir werden erlöst. Es gibt heute kein schöneres deutsches Lied für mich als das von Albert Frey: „Ja, ich danke Dir (Herr), dass Du mich kennst und trotzdem liebst." Ich ahne etwas von Gottes Heiligkeit und was es bedeutet, dass dieser Gott sich mir in Gnade zuneigt und mir anbietet, ihn Vater zu nennen. Ich will das unglaubliche Opfer annehmen, das Jesus gebracht hat, damit wir vor diesem Heiligen Gott bestehen können, und will mit seiner Hilfe immer mehr versuchen, seinen Geist in meinem Leben zu widerspiegeln. Gott im Alter noch immer tiefer, weiter und höher zu entdecken, ist etwas unerwartet Schönes.

Drei Reisen nach Deutschland können dieses Unterwegssein mit Gott illustrieren. Die erste Reise – ein Schöpfen und Nehmen aus allem Schönen der verlorenen Heimat. Die Zweite: ein Suchen nach dem Gott in Deutschland, den meine Eltern verloren hatten. Und endlich die dritte Reise im Gebet: etwas zurückgeben, das mir das wichtigste und schönste Erbe geworden war. Davon später noch etwas mehr. Ich darf diesen Abschnitt abschließen im Glauben an Worte, die unser verehrter Pastor Sigi von der deutschen Johannesgemeinde Felicity und mir vor vielen Jahren schon auf den Weg gegeben hatte: *„Wir wissen aber, dass denen, die Gott lieben, alle Dinge zum Besten dienen, denen, die nach dem Vorsatz berufen sind"* (Römer 8, 28). Der Gott, der die Schicksale der Welten und Nationen lenkt, ist gleichsam wirksam im Leben von Geschlechtern, von Familien und von Einzelnen.

Teil der Apartheidsgeschichte

„Die Menschheit ist in ihrer größten Vollkommenheit in der Rasse der Weißen"

Immanuel Kant

„Wenn jemand spricht: Ich liebe Gott, und hasst seinen Bruder, der ist ein Lügner."

1. Johannes 4,20

Wie sollen wir die globalen Probleme lösen können, wenn wir es uns schon so schwer im nachbarlichen Nebeneinander machen? „Apart" heißt getrennt, und Apartheid" hieß die Politik des Getrenntlebens in Südafrika. Das galt auch für Südwestafrika. Die ehemalige deutsche Kolonie war 1949 de facto eine fünfte Provinz der Südafrikanischen Union geworden, nachdem Südafrika, mit dem Ende des Völkerbundes, das Mandat, das es 1919 erhalten hatte, für erloschen erklärte und die UNO nicht als Rechtsnachfolger des Völkerbundes anerkannte. Über vierzig Jahre habe ich getrennt in Afrika gelebt, war Teil einer weißen kolonialen Bevölkerung geworden und war mir lange nicht eines menschlichen Verfehlens bewusst. Es wurde eine Zeit von großen Veränderungen, mit oft schwerem Losmachen von dem Alten, während das Neue noch nicht gefestigt war. Den schwarzen „Nachbarn" wirklich zu erkennen, kam erst viel später.

1960 trat Afrika in die Nachkriegsgeschichte ein. Allein in diesem Jahr entstanden sechzehn selbstständige Staaten. Innerhalb eines Jahrzehnts endete für rund 90 % aller Afrikaner die koloniale Vormundschaft. Von den rund 350 Millionen in Afrika lebenden Menschen werden heute nur noch etwa 30 Millionen Schwarze durch Europäer regiert. Mit dem Rückzug der

Kolonialmacht aus Afrika begann eine neue Epoche. Es schlug „die Stunde des schwarzen Mannes".

Ich selber war im Apartheidssystem aufgewachsen – Wohnviertel, Schule, Universität, Arbeit im Staatsdienst, alles war getrennt. Die einzigen schwarzen Menschen, denen ich bisher in Afrika wirklich begegnet war, waren unsere Farmarbeiter. An der größten Universität Südafrikas, der in Pretoria, an der ich ab 1960 studierte, gab es keinen einzigen schwarzen Studenten, heute unvorstellbar. Ich glaubte an die „getrennte Entwicklung" als Weg der langsamen Angleichung.

Mein Deutschlandjahr, 1967, brachte noch keine neue Weltanschauung. Ich hatte mir in meinen Studentenjahren viele Informationen über die getrennte Entwicklung von Schwarz und Weiß zusammengetragen – Statistiken, die von Hunderten neuen Kliniken und Schulen, von einem verbesserten Gesundheits- und Erziehungsstand sprachen, von Industrien, die in den Grenzgebieten aufgebaut wurden zur Arbeitsschaffung. Deutschland war damals noch sehr weltunpolitisch, und mir wurde eher zugesprochen, als dass ich irgendwo auf Widerstand gestoßen wäre. Das war 1971, bei einem Studienjahr in England, schon ganz anders. Die liberale Presse war stark anti-südafrikanisch, und meine Studentenkollegen aus der ganzen Welt waren gut informiert und sehr kritisch.

Noch im Jahre 1950 glaubten die wenigsten Kenner Afrikas, dass die Kolonialzeit vor Ablauf eines Menschenalters zu Ende gehen würde. Aber die Kolonialmächte waren durch den Zweiten Weltkrieg müde geworden, während die UNO ein Wortführer des aufkommenden afrikanischen Nationalismus wurde. Deutschland und Italien hatten das „Glück", ihre Kolonien schon nach der Niederlage im Ersten bzw. Zweiten Weltkrieg verloren zu haben. Nun waren es England, Frankreich und Belgien, die sich Hals über Kopf aus Afrika zurückzogen. Ein neuer internationaler Trend war gesetzt, den Amerikas damaliger Präsident so ausdrückte: „Eine Politik, die es ablehnt, den unausbleiblichen Triumph des Nationalismus in Afrika zu akzeptieren, können wir uns nicht länger leisten. Wir haben zur Kenntnis zu nehmen, dass das Ende des Kolonialismus unweigerlich kommt, dass die neuen Staaten in Afrika unbeugsam entschlossen sind, ihre Menschen der aus Urzeiten überkommenden Armut, dem Hunger und der Unwissenheit zu entreißen."

Auf einmal war Südafrika eine der letzten weißen Bastionen in Afrika. Es ging um das Überleben der Afrikaaner-Nation, die mit der Besetzung des Kaps der Guten Hoffnung am südlichsten Punkt Afrikas durch die Holländer vor 300 Jahren hier geboren war. Die Buren stammen von den zumeist niederländischen, aber auch deutsch- und französischsprachigen Siedlern ab, die sich seit 1652 in der Kolonie der Niederländischen Ostindien-Kompanie am Kap der guten Hoffnung niederließen. Seit der Annexion der Kapkolonie durch die Briten zu Beginn des 19. Jahrhunderts und der Abschaffung der Sklaverei 1833 wanderten immer mehr Buren aus der Kolonie ab. Sie zogen ins Landesinnere (der Große Treck) und gründeten dort die Burenrepubliken Transvaal und Oranje-Freistaat. Gründe waren, neben der Abschaffung der Sklaverei, die Ablehnung der englischen Amtssprache und des britischen Rechtssystems. Ihre fast vierhundertjährige Verwurzelung in Afrika drückt sich in der Selbstbezeichnung als Afrikaaner aus und in ihrer jungen Sprache, Afrikaans. Anders als die Briten hatten die Buren den Bezug zu einem europäischen Mutterland (in diesem Fall die Niederlande) trotz der weiterhin engen sprachlichen Verwandtschaft bereits im 19. Jahrhundert verloren.

Aber das südliche Afrika hatte schon eine ansässige schwarze Bevölkerung. Im Westen trafen die Holländer zuerst die Stämme der Khoikhoi an, später abfällig als Hottentotten bezeichnet. Diese hatten schon vor dem Kommen des weißen Mannes die San, ein nomadisches Jäger- und Sammlervolk (die Buschleute), in die Trockengebiete zurückgedrängt, wo sich bis heute Reste steinzeitlichen Lebens erhalten haben. Durch das Ausbreiten der Kapkolonie nach Osten kam es dann zum Kontakt mit den Xhosa und einem ständigen Konflikt, in dem die Briten zwischen 1778 und 1878 immer härtere Grenzkriege führten.

Die Zulus im Nordosten konnten erst 1879 endgültig besiegt werden, nachdem Truppen aus dem gesamten Empire nach Südafrika geschickt worden waren. Nach Norden hin waren es die Buren, die von 1836 bis 1840 im Großen Treck über den Oranje-Fluss zogen und dort auf Bantu trafen, auch zum Teil mit kriegerischen Auseinandersetzungen.

Nach zwei verlorenen Freiheitskriegen der Buren gegen die Kolonialmacht Großbritannien, der es um die Mineralreichtümer Innerafrikas ging, kam 1910 die Union von Südafrika als Dominion im Britischen Empire zustande. Die Union bestand aus der Kapkolonie und den Burenrepubliken im Inneren. Schwarzafrikanische Belange spielten in der Unionsbildung keine entscheidende Rolle. Schon 1913 begründete die Unionsregierung die Rassentrennung durch den „Native Land Areas Act", der es der schwarzen Bevölkerung unmöglich machte, Land zu erwerben, außer in ihren Reservaten. 67 % der Bevölkerung hatten somit Zugang zu nur 7 % der Landfläche. Die Weichen waren gestellt für einen langen Rassenkonflikt. Ab 1912 organisierte sich eine Gegenbewegung mit der Gründung des Afrikanischen Nationalkongresses (ANC), der dann 1994, nach einer weiteren Generation, auch in Südafrika die schwarze Mehrheitsregierung brachte.

Die Teilnahme an den beiden Weltkriegen brachte jedes Mal Zwiespalt in der Nation. Zu Anfang des Zweiten Weltkriegs entschloss sich die Unionsregierung, mit anderen Commonwealth-Ländern wie Australien und Neuseeland an der Seite der Alliierten in den Krieg einzutreten. Eine direkte Folge war, dass 1948, bei den ersten Landeswahlen nach dem Kriege, die Nationale Partei in Südafrika ans Ruder kam. Diese Partei hatte sich seit der Unionsbildung hauptsächlich für die Belange des Afrikaaner-Volkes (Buren) eingesetzt und war stark gegen eine Teilnahme an dem Krieg in Europa eingetreten. Verschiedene führende afrikaanische Nationalisten hatten in den Dreißigerjahren in Deutschland studiert und sahen im Nationalsozialismus Parallelen zu dem, was sie in Südafrika erreichen wollten. Nun hatten sie zum ersten Mal die volle Regierungsmacht.

Aber ein weiterer Strom war durch die internationalen Auseinandersetzungen ins Rollen gekommen. Schwarze südafrikanische Soldaten hatten den Krieg mitgemacht und die Welt in ihrer ganzen Stärke und ganzen Schwäche erlebt. Das Moderne war für sie nichts Neues mehr – ihre Zeit war gekommen, ebenso, wie sie in ganz Afrika und in der Weltmeinung gekommen war. 3½ Millionen Weiße konnten nicht auf die Dauer 14 Millionen schwarzen Afrikanern sowie 2 Millionen Mischlingen und einer ½ Million Asiaten ihre Menschenrechte absprechen und ihnen die normalen Bürgerrechte vorenthalten. Der ANC verschärfte seine Politik seit 1940. Treibende Kraft und Befürworter von Taktiken wie Boykottieren, zivilem Ungehorsam, illegalen Streiks und Massendemonstrationen war seit 1944 die von Nelson Mandela, Walter Sisulu, Oliver Tambo und anderen gegründete „ANC Youth League", die Jugendorganisation des Afrikanischen Nationalkongresses.

Als Antwort entschloss sich die Nationale Partei, und damit Südafrika, die Rassentrennung weiter gesetzlich zu verankern als „Getrennte Entwicklung" – getrenntes Wohnen, getrennte Erziehung, getrenntes Gesundheitswesen in getrennten Homelands, die mit der Zeit Selbstständigkeit erlangen sollten. Dazu musste die Trennung in den Städten reguliert werden, wo Millionen Schwarze noch immer als Gastarbeiter benötigt wurden. Das wurde die sichtbare Apartheid – mit getrennten Verkehrsmitteln, mit getrennten Toiletten und selbst die Sitzbank in öffentlichen Parkanlagen „Nur für Weiße".

Der Rassismus war nichts Neues in der Geschichte, aber er war nun in den Vereinigten Nationen der Nachkriegswelt nicht mehr akzeptabel. Nur hatte die westliche Welt Hunderte Jahre vorher dieses Problem überhaupt ausgelöst, und zwar mit dem Sklavenhandel aus Afrika seit dem siebzehnten Jahrhundert in die europäischen Kolonien, vor allem auf dem amerikanischen Doppelkontinent. Nach konservativen Schätzungen waren 14 bis 20 Millionen gewaltsam aus ihrer afrikanischen Heimat entführt worden. Heute sieht man dies als das schrecklichste Vergehen gegen die Menschheit überhaupt an. Und mit der

Sklaverei hatte sich auch der Rassismus der Weißen gegenüber der schwarzen Sklavenbevölkerung entwickelt.

Obwohl sich schon früh in Europa Widerstand gegen den Sklavenhandel regte, war der mächtigen Lobby seiner Nutznießer lange nicht beizukommen. Gut 20 Jahre brauchte die 1787 gegründete „abolition society" mit ihrem charismatischen Wortführer im Londoner Parlament, William Wilberforce, bis zum Sieg. 1808 wird der Sklavenhandel in die Kolonien verboten. England brauchte aber noch bis 1833, um die Freilassung der bereits in Sklaverei Lebenden in seinen Kolonien zu erzielen. In den USA musste es erst zu einem schrecklichen amerikanischen Bürgerkrieg kommen, nach dessen Ende 1865 auch die Südstaaten die Abschaffung endgültig akzeptieren mussten. Der Rassismus aber blühte weiter im nächsten Jahrhundert. In den Dreißigerjahren gab es noch strenge Rassentrennung in den Vereinigten Staaten – auf Bussen und Straßenbahnen, in Restaurants und Universitäten. Der junge deutsche Theologe Dietrich Bonhoeffer, 1930/31 auf Besuch in den USA, sah damals noch den Schwarz-Weiß-Konflikt als ein weit größeres Problem als die Judenfrage zu der Zeit in Deutschland. Volle Gleichberechtigung errangen die Farbigen in den USA erst in der zweiten Hälfte des 20. Jahrhunderts, und trotzdem bleibt der Rassismus noch immer latent.

1961 hätte es noch friedliche Lösungen in Südafrika geben können. Als eine internationale demokratische Solidaritätserklärung wurde in diesem Jahr der Friedensnobelpreis dem südafrikanischen Zulu-Chief Albert Luthuli überreicht. Er erklärte, dass er als Christ und als Patriot nicht untätig zusehen könnte, wie man systematisch versuchte, in fast allen Lebensbereichen das Göttliche im Menschen zu erniedrigen oder eine Grenze festzulegen, über die hinaus es dem Menschen in seiner schwarzen Gestalt nicht erlaubt sein sollte, sich zu bemühen, seinem Schöpfer nach besten Kräften zu dienen. Er betonte, dass bei ihren Forderungen nach allgemeinem direktem Wahlrecht, volle Gleichheit in der Wirtschaft und auf kulturellem und gesellschaftlichem Gebiet sie zu keinerlei Kompromiss bereit wären. Jeder Kompromiss wäre ein fauler Kompromiss und höchst gefährlich für die Demokratie, denn die süßen Früchte wirtschaftlicher, politischer und gesellschaftlicher Privilegien, die das Monopol nur eines Teils einer Gesellschaft sind, verwandeln sich im Laufe der Zeit im Munde derer, die sie genießen, in bittere Früchte.

Die Welt war erschüttert, als Luthuli trotzdem konziliant endete. „Wenn auch die Narben des Unrechts, das man ihm in der Vergangenheit angetan hat, noch schmerzen – könnte Afrika nicht großmütig sein und keine Rache üben? Man hat seine freundschaftlich ausgestreckte Hand verächtlich ausgeschlagen, seine Bitten um Gerechtigkeit und Fairness mit Füßen getreten; aber sollte Afrika nicht dennoch versuchen, Feindschaft zu verwandeln in Freundschaft? Man hat Afrika seines Grunds und Bodens, seiner Unabhängigkeit und seiner Aufstiegsmöglichkeiten beraubt – und dies, so seltsam es klingt, im Namen der Zivilisation und sogar des Christentums; aber sollte dieser Kontinent es nicht dennoch als seine Aufgabe ansehen, einen ganz bestimmten Beitrag zum menschlichen Fortschritt und zu den Beziehungen der Menschen untereinander zu leisten, einen neuen und spezifisch afrikanischen Beitrag, dessen besonderes Gewürz die Vielfalt der Kulturen unseres Kontinents ist, um dadurch auf dem Gipfel dessen, was die Menschheit bisher erreicht hat, ein Gebäude zu errichten, das einer der edelsten Tribute an den Genius des Menschen wäre?"

Die Gelegenheit ging verloren, denn das weiße Südafrika war in die Defensive gegangen, mit immer schärfer werdenden Apartheid-Maßregeln gegen die sogenannte „Schwarze Gefahr" und gegen die sichtbar größer werdende Rolle des Kommunismus in Afrika und in den südafrikanischen Freiheitsbewegungen. Das Sharpeville-Massaker vom 21. März 1960, bei dem 69 demonstrierende Schwarze von der südafrikanischen Polizei erschossen wurden, bedeutete eine Zäsur für das Apartheidsregime. Die Regierung erließ für einige Monate den Ausnahmezustand, und der African National Congress (ANC) wurde verboten. Der ANC ging in den Untergrund und gründete 1961 den „Umkhonto we Sizwe" („Speer der Nation") als bewaffneten Arm des ANC. Sabotageakte nahmen zu. Südafrika war in einem Belagerungszustand. 1962 wurde Nelson Mandela verhaftet und 1963 mit verschiedenen anderen Führern des ANC und der Kommunistischen Partei von Südafrika zu lebenslänglicher Haft verurteilt.

Wo war die Kirche in dieser Zeit? Auf der einen Seite standen die weißen reformierten Kirchen des Afrikaaner Volkes. Die „Nederduits Gereformeerde Kerk" hatte sich öffentlich zu der Apartheidspolitik der Regierung bekannt und die getrennte Entwicklung aus biblischen Gründen gutgeheißen. Auf der Gegenseite stand das „South African Council of Churches" (SACC), deren Generalsekretär Desmond Tutu 1978 wurde. Im SACC waren die meisten vielrassigen Kirchen des Landes und viele der einheimischen afrikanischen Kirchen. Also auch hier Polarisation. Im Nachhinein des Sharpville-Massakers hatte eine Konferenz aller Kirchen Südafrikas sich auf vier biblisch begründete Punkte zu einem neuen Weg vorwärts geeinigt:

1. Gemeinsamer Gottesdienst
2. Erlaubnis von Mischehen
3. Eigentumsrecht für Schwarze und Teilnahme an der Landesregierung als ein Anspruch, der im Namen der Menschenwürde auf die Dauer nicht verweigert werden konnte.
4. Direkte Vertretung der Farbigen im Parlament in der absehbaren Zukunft (Farbige hatten kein eigenes Heimatgebiet wie die schwarzen Völker).

Die Regierung sah dies als rein politische Einmischung der Kirchen in ihr Geschäft und setzte alle Druckhebel in Bewegung, dass Afrikaans sprechende Kirchengemeiden im ganzen Land ihre Kirchenkonferenzteilnehmer zwangen, sich von den Konferenzbeschlüssen zu distanzieren. Die starke Afrikaans sprechende reformierte Kirche hatte mit einem Schlag ihre prophetische Stimme verloren. Die wenigen Aufrechten, wie Pastor Beyers Naude, wurden von der Kirchenleitung gezwungen, ihr

Amt niederzulegen. Er wurde die warnende Stimme, die aber bald durch Hausarrest zum Schweigen gebracht wurde.

1966 ging ein Schock durch das ganze Land. Premierminister Dr. Hendrik Verwoerd, der Architekt der Apartheidspolitik, wurde im Parlament in Kapstadt ermordet. Als ob es gestern war, erinnere ich mich, wie ich die Nachricht auf einer Dienstreise übers Radio erhielt, das Auto anhielt und nicht weiterwusste. Der Lotse war verloren in einer unserer stürmischsten Zeiten. Wie sollte es mit unserem Land weitergehen?

1976 hatte die Polarisation von Schwarz und Weiß in Südafrika einen Höhepunkt erreicht. Das Tragische war, dass es noch immer friedliche Lösungen hätte geben können. Viele Jahre später las ich einen Brief aus dem Jahr 1976, geschrieben von Bischof Desmond Tutu an den damaligen Premierminister John Vorster, dem Nachfolger von Dr. Verwoerd. Er erinnerte den Premier an den Freiheitskampf seiner eigenen Burennation und wie unmöglich es ist, eine Nation zu unterdrücken, wenn der Freiheitswille erst einmal wach geworden ist. „Unsere Kirche betet regelmäßig für Ihre Regierung und ich schreibe an Sie, weil ich ein tiefes Anliegen habe zu einer wirklichen Wiedergutmachung mit Gerechtigkeit für alle, und zu der friedlichen Entwicklung einer offeneren südafrikanischen Gesellschaft, in der die besonderen Güter und der Reichtum unseres Landes gerechter verteilt werden. Bedenken Sie, dass die Weißen in diesem Land niemals frei sein können bis alle Gruppierungen unserer Gemeinschaft wahrhaftig frei geworden sind ... Ich schreibe an Sie, Herr Premierminister, weil ich eine wachsende schreckliche Angst habe, dass, wenn nicht sehr bald etwas Drastisches unternommen wird, Blutvergießen und Gewalt unausbleiblich in Südafrika sein werden."

Fünf Wochen später explodierte Soweto. Damit waren auch die Jahre des stillen Widerstandes endgültig vorbei. Wir lebten noch in Südwestafrika, und ich sehe noch heute die Zeitungsbilder und Schlagzeilen von dem brennenden Soweto, der Millionen-Nebenstadt von Johannesburg, vor mir. Die Jugend, vor allem Schüler, probte den Aufstand. Der Zunder war das Aufzwingen der afrikaansen Sprache, die Sprache der Unterdrücker, als Unterrichtsmedium in schwarzen Schulen. Als der schwarze Protest nicht mehr zu beherrschen war, wurde der Notzustand angekündet, mit drakonischen Maßregeln gegen jeden, der auch nur irgendwie verdächtig erschien. Die schwarze Bevölkerung schrie auf, als 1977 der junge Intellektuelle des Black Consciousness Movement, Steve Biko, in Untersuchungshaft starb, totgeschlagen von seinen Wärtern. Die Polarisierung von Schwarz und Weiß hatte einen Höhepunkt erreicht.

In dieser Zeit kam bei mir die endgültige Einsicht, dass es so nicht weitergehen konnte. Zum ersten Mal engagierte ich mich politisch aus dem Gefühl heraus, dass Südwestafrika seinen eigenen Weg, unabhängig von Südafrika, gehen muss und dieser zusammen mit der schwarzen Bevölkerung gefunden werden muss. Eine neue „weiße" Partei, die Republikanische Partei mit hauptsächlich jungen Afrikaaner Studenten, kam in Südwest auf die Beine und machte sich von der Südafrikanischen Nationalen Partei los. Viele Deutsche, bestimmt auch früher Anhänger oder Mitläufer der Nationalen Partei, waren begeistert dabei. Die größten Räumlichkeiten, wo man sich mit den vielen schwarzen Bevölkerungsgruppen, unter anderen Herero, Damara, Buschmänner, Baster, Ovambo, und Farbigen treffen konnte, waren in der noch aus der deutschen Kolonialzeit stammenden Turnhalle in Windhoek. Die neue politische Entwicklung bekam deshalb den Namen „Demokratische Turnhallenallianz" (DTA).

Als die DTA 1977 ein Referendum zur Südwester Unabhängigkeitsfrage ausrief, nahm ich mir Urlaub vom Amt und war ein paar Wochen freiwilliger Helfer. Obwohl SWAPO, die Partei der Exilregierung, die schon 1973 von der UNO als einziger Vertreter der Namibier erklärt worden war, nicht an der Abstimmung teilnahm und zur Nicht-Beteiligung aufforderte, gaben über 80 % der Wähler ihre Stimme ab, mit einer großen Mehrheit für die Unabhängigkeit. Die wirkliche Unabhängigkeit Namibias kam dann erst 1990, nach einem langen südafrikanischen Grenzkrieg mit SWAPO, nach dem Entzug von unterstützenden kubanischen Truppen aus dem benachbarten Angola.

Der Weg zur Unabhängigkeit meiner neuen Heimat beschäftigte mich sehr. Ich schrieb einen langen Artikel für die Windhoeker Allgemeine Zeitung, mit dem damals herausfordernden Titel „Eine Universität für Südwestafrika". Ich meinte, dass kein Land wirklich frei sein könnte, ohne eine eigene wissenschaftliche Forschungs- und Ausbildungsstätte zu haben. Die Leserzuschriften mit Für und Wider wollten gar nicht aufhören. Die anderssprachigen Zeitungen übernahmen den Artikel. Die Hauptfrage war, ob ein Land mit nur 1.2 Millionen Einwohnern sich den Luxus einer Universität leisten könnte. Die Universität von Namibia ist inzwischen schon viele Jahre in Betrieb und wurde schrittweise nach wirklichem Bedarf aufgebaut.

Und gerade in dieser aufregenden und hoffnungsvollen Zeit in Südwestafrika wurde ich 1978 in meinem Wasserbauamt nach Südafrika befördert – in eine Apartheid zurück, wie ich sie schon lange nicht mehr kannte. Als Beamter und Leiter eines Forschungsinstituts gehörte ich mit in das System. Es dauerte noch weitere zwölf Jahre, bis man auch hier zur Einsicht und an den Verhandlungstisch gelangte. In dieser Zeit des Wartens auf Veränderung war es Felicity, die uns in ihrer stillen, aber bestimmten Art die Zukunft vorzeigte. Sie meldete sich zum Voluntärdienst bei Operation Mobilisation, einer internationalen Missionsgesellschaft, die in Pretoria junge Menschen aus der ganzen Welt auf eine Missionstätigkeit vorbereitete. Zum ersten Mal hatten wir täglichen Umgang mit Menschen über Rassen- und Kulturgrenzen hinaus. So lernte ich zum ersten mal wirklich meinen „Nachbar" in Afrika kennen.

Zum „Neuen Südafrika"

„O könnten doch Schwarz und Weiß hier Hand in Hand
Liebe und Frieden bringen unserem sonnigen Land."

Antje Krogh

Diese Worte könnten von mir sein. Sie sind in der schlimmsten
Zeit der Apartheid von einem sechzehnjährigen weißen Schul-
mädchen geschrieben worden. Antje Krogh ist inzwischen eine
der bedeutendsten Dichterinnen in der Afrikaans-Sprache geworden. Ich habe die Worte hier frei übersetzt, weil sie heute
noch immer, oder sogar noch viel mehr, zutreffen.

Schritt für Schritt verschiebt sich das politische Gleichgewicht. Internationaler politischer und wirtschaftlicher Druck auf
Südafrika nimmt zu. Der „bewaffnete Flügel" des ANC schwillt
stark an durch die Flucht von vielen Jugendlichen nach den Unruhen von 1976/77. Sabotageakte, Schulboykotts und Protest-
märsche nehmen kein Ende. Alle nicht-parlamentarischen Ge-
gengruppierungen formieren sich als die „United Democratic
Front". In der Reaktion werden die Sicherheitskräfte des Landes immer mehr die eigentlichen Regierungsträger.

Trotzdem war die Nationale Partei–Regierung nicht bereit,
„nationalen Selbstmord" zu begehen. Präsident PW Botha hatte
zwar nach seinem Amtsantritt auf außenpolitischen Druck hin
die Abschaffung mehrerer Apartheidsgesetze veranlasst, aber
zu einem allgemeinen Wahlrecht in einem Einheitsstaat war er
noch nicht bereit. Allerdings waren die Schwarzen zu keinen
Kompromissen mehr bereit. Nach schweren Unruhen wurde
1986 der Ausnahmezustand für das Land ausgerufen. Endlich,
1990, konnte sich die Nationale Partei durch ihren neuen Präsidenten, FW de Klerk, zu einem Abbauen der Apartheid und zu
einem gemeinsamen Weg nach vorn durchringen. Der Zusammenbruch des Kommunismus in Europa 1989, und damit das

Ende des Kalten Krieges, hatte bestimmt auf höchster Ebene bei dieser dramatischen Veränderung mitgespielt.

De Klerks Rede zur Eröffnung des Parlaments am 2. Februar 1990 gibt uns einen Einblick in die Schwierigkeiten: „*Die Wahl vom 6. September 1989 hat unser Land unwiderruflich auf einen Weg drastischer Veränderungen geführt. Dem liegt die zunehmende Einsicht einer wachsenden Zahl von Südafrikanern zugrunde, dass allein ein in Verhandlungen erzieltes Einverständnis zwischen den Vertretern der gesamten Bevölkerung einen dauerhaften Frieden gewährleisten kann.* Die Alternative ist mehr Gewalt, Spannungen und Zwist. Das ist inakzeptabel und in niemandes Interesse. Das Wohlergehen aller in diesem Land ist unauflöslich mit der Bereitschaft seiner Führer verknüpft, sich auf eine neue Ordnung zu einigen. Niemand kann sich dieser einfachen Wahrheit entziehen. Ich möchte Sie alle, die Sie sich mit dem weit gefassten Ziel eines neuen Südafrika identifizieren, und das ist die überwältigende Mehrheit, bitten:

Lassen wir eine engstirnige Politik beiseite, wenn wir im Verlauf dieser Sitzung über die Zukunft sprechen. Helfen Sie uns, einen breiten Konsens über die Grundlagen einer neuen, realistischen und demokratischen Ordnung zu erreichen. Lassen Sie uns zusammen an einem Plan arbeiten, der unser Land vom Misstrauen befreit und ihm jegliche Art Vorherrschaft und Radikalismus erspart. Ich möchte das Scheinwerferlicht auf den Verhandlungsprozess und die damit verbundenen Fragen richten. Praktisch alle Parteien stimmen darin überein, dass Verhandlungen der Schlüssel zur Versöhnung, zum Frieden und zu einer neuen und gerechten Ordnung darstellen. Dennoch wurden vielerlei Gründe vorgebracht, nicht an den Verhandlungen teilzunehmen. Manche dieser Gründe sind stichhaltig. Andere sind bloß Teil eines politischen Schachspiels. Und so lange dieses Schachspiel währt, geht wertvolle Zeit verloren.

Vor diesem Hintergrund habe ich die Regierung im Zuge meiner Amtsübernahme angewiesen, den wichtigsten Hindernissen auf dem Weg zu Verhandlungen aktive Aufmerksamkeit zu schenken. Heute kann ich Ihnen in diesem Zusammenhang weit reichende Entscheidungen ankündigen. Ich möchte jedem Entscheidungsträger in Politik und Gemeinden, in und außerhalb des Parlaments, nahelegen, die neu geschaffenen Möglichkeiten konstruktiv zu ergreifen.

Die Schritte, die entschieden worden sind, sind folgende: Das Verbot des African National Congress, des Pan Africanist Congress, der Kommunistischen Partei Südafrikas und einiger Unterorganisationen wird aufgehoben. Menschen, die Haftstrafen verbüßen, allein weil sie Mitglied einer dieser Organisationen waren oder ein Verbrechen begangen haben, das allein deshalb ein Verbrechen war, weil dieses Verbot in Kraft war, werden identifiziert und freigelassen. Häftlinge, die aufgrund anderer Verbrechen wie Mord, Terrorismus oder Brandstiftung verurteilt worden sind, fallen nicht unter diese Regelung."

Ein Aufatmen ging durch Südafrika und die Welt: „*Mir blieb der Atem weg*" (Bischof Tutu), „*Eine mutige Rede*" (Mandela), „*de Klerk hat Südafrika gerettet*" (Führer in der Wirtschaft). Als erste, sichtbare Veränderung wurden die politischen Häftlinge freigelassen. Das Bild von Nelson Mandela mit erhobener Faust vor der Stadthalle in Kapstadt ging durch die ganze Welt. Seine Zeit war gekommen, im Alter von einundsiebzig Jahren, davon fast dreißig in Gefangenschaft.

Erst in den letzten Jahren hat mir jemand ein großes Bild unserer jüngsten Geschichte aufgezeichnet, das manches verständlicher macht. Zwei große Ströme der Geschichte flossen gleichzeitig, unaufhaltsam und in entgegengesetzte Richtungen durch unser Land. Der eine war der Strom des Afrikaaner Nationalismus – durch den verlorenen Burenkrieg gegen die Engländer (1902) und einen endlich gewonnenen Wahlsieg (1948) um fünfzig Jahre verzögert. In den nächsten 25 Jahren sollte sich in Südafrika alles um Afrikaaner (Buren) Interessen und nicht um Landesinteressen und schwarze Interessen drehen. Der 31. Mai 1961, an dem Verwoerd die Südafrikanische Republik mit dem Austritt aus dem Britischen Commonwealth ausrief, war Jahrestag der Niederlage der Burenrepubliken gegen die Briten vor 59 Jahren. Und all dies geschah zu einem Zeitpunkt, als ein zweiter Strom, der des schwarzen Nationalismus, einen ganzen Kontinent erfasst hatte. Dass es nicht zu dem vielerseits erwarteten Blutbad, sondern zu einem geordneten Übergang kam, ist nur einer Sternstunde des Zusammentreffens von außergewöhnlichen Führerpersönlichkeiten auf beiden Seiten zu verdanken – deswegen die Verleihung des Friedensnobelpreises, nicht nur an Mandela, sondern auch an de Klerk.

Die vier Jahre bis 1994, zu den allgemeinen Wahlen und einer neuen Regierung mit einer großen ANC–Mehrheit, waren dramatisch und schwierig, denn es sollte ein demokratischer Übergang werden. Die größten Gegensätze gab es nun zwischen den schwarzen Völkern – die mit dem ANC bewaffneten Widerstand geleistet hatten und die eine politische Lösung in den Homelands gesucht hatten. Unter den Letzteren war vor allem das stolze Zulu-Volk, das auf keinen Fall unter einer ANC-Regierung leben wollte. Als Teil der neuen Freiheit aller politischen Parteien kam es sofort zu blutigen Zusammenstößen in den ländlichen Gebieten, aus denen Tausende flüchteten, um der Gewalt zu entkommen, und in den Townships (schwarzen Wohngebieten), wo Hunderte ums Leben kamen. Konnte es unter diesen Umständen jemals zu einer freien Wahl kommen?

Die Gerüchte wurden immer stärker, dass eine sogenannte „Dritte Macht" unter größter Geheimhaltung aktiv dabei war, den Krieg Schwarz gegen Schwarz anzufeuern und somit einen friedlichen Übergang zu verhüten. Die Minister des Präsidenten de Klerk verneinten jegliches Wissen, dass Elemente der Sicherheitsstreitkräfte daran beteiligt waren. Der ANC drang auf Entlassung des Verteidigungs- und des Polizeiministers. Soweit konnte der Präsident nicht gehen, ohne seine eigene Machtbasis entscheidend zu schwächen, aber er versetze sie innerhalb seines Kabinetts. Der Verteidigungsminister übernahm, zu unserem größten Erstaunen, das Wasserbauministerium, wo ich tätig war. Erst ein paar Jahre später, als Teil des Amnestieprozesses, wurden die Machenschaften der dritten Macht an die Öffentlichkeit gebracht – ein Schandfleck in der südafrikanischen Geschichte. Der Rechtsstaat hatte mehr und mehr unter der Apartheid versagt.

Aber das Wunder geschah. Acht Tage vor der angekündigten Wahl entschloss sich die Inkatha Freiheitspartei, die Partei der Zulus, doch an den Wahlen teilzunehmen. Achtzig Millionen Wahlzettel für Hunderte Wahllokale im ganzen Land mussten im letzten Moment neu gedruckt und verteilt werden. Aber was war dieses technische Problem schon im Gegensatz zu der großen politischen Erleichterung? Die ganze Welt hatte ein Blutbad vorausgesehen, wenn es Wahlen ohne die Zulus gegeben hätte. Der große Vermittler, Henry Kissinger, war unverrichteter Dinge abgereist, und Südafrika hielt wieder mal den Atem an. Chief Buthelezi, Leiter der Inkatha Partei, beschrieb die Wendung selbst als ein Wunder. Es war bestimmt noch nie so viel gebetet worden in unserem Land wie in diesen Tagen. In einem letzten Versöhnungsversuch war Bischof Okumu, aus Tansania, Buthelezi durch das ganze Land nachgereist. Immer wieder verpasste er den Zulu-Chief. Auf einem kleinen Flugplatz auf dem Lande musste Buthelezis Maschine zurückkehren wegen eines defekten Kompasses, während Okumus Maschine gerade landete. Zwei Menschen hatten ein Schicksalstreffen.

Das war Freitag. Am Sonntag war zu einer großen Friedensrallye im Kings Park Stadium in Durban aufgerufen. Weiße und Schwarze, 30 000 aus der Stadt und den umliegenden Townships, beteten, sangen, weinten und hofften zusammen. Sie wussten, dass im VIP-Gesellschaftszimmer des Stadiums ein Treffen stattfand, das die Zukunft des Landes entscheiden konnte – Chief Buthelezi mit Vertretern von Mandela und von de Klerk. Nach den ursprünglichen Vorschlägen von Bischof Okumu und Telefongesprächen mit den beiden obersten Führern kam es zu der erbetenen Einigung und der gemeinsamen Wahl. Als die Einigung am Dienstag offiziell bekanntgegeben werden konnte, schrieb die Presse: *„Gott und Realpolitik"*, *„Wie Gott eingriff, um Südafrika zu retten"*, *„Das KwaZulu/Natal Wunder"*.

Den Tag der Wahlen werde ich nie vergessen. Wir standen stundenlang in kilometerlanger Schlange vor unserem Wahllokal. Jeder wollte dabei sein, und die Brüderschaft mit den Schwarzen, die niemals zuvor gewählt hatten, war unbeschreiblich.

Später sahen wir dasselbe Bild der Geduld, der Erwartung und der Freundschaft von überall aus dem Lande auf dem Fernseher. Südafrika hatte sich erneuert – die „rainbow nation" von der Bischof Tutu so lange geträumt hatte, war in Sicht. Eine Flugschrift des ANC erfasste die Stimmung. *„So viel Hoffnung, Schmerzen und Leiden sind angewendet worden in der Erreichung dieses Traums."*

Schaffen wir die Versöhnung?

„Ich kann mich nur einen Moment lang ausruhen,
denn mit dem Frieden kommt die Verantwortung,
und ich wage es nicht nachzulassen,
mein langer Marsch ist noch nicht zu Ende.“

Nelson Mandela

1994 hatte ein ganzes Land gehofft, dass es trotz der schlimmen Jahre der Apartheid und des schweren Vergehens der weißen Bevölkerung nun zu einer allgemeinen Versöhnung kommen würde. Wir hatten mit Nelson Mandela einen Staatspräsidenten, der uns Versöhnung täglich vorlebte. 2013, zum Anlass des Todes des 95-Jährigen, hatte Bundeskanzlerin Angela Merkel ihn so in Erinnerung. Mandelas Motto sei Gewaltfreiheit statt Vergeltung für erlittenes Unrecht gewesen. Damit habe er die Grundlage dafür gelegt, dass Südafrika nach den grausamen Jahren der Apartheid diesen neuen Weg gegangen sei, sagte die Kanzlerin. Mandela sei der Überzeugung gewesen, dass nicht Hass und Vergeltung die Welt besser machten, „sondern Versöhnung und friedlicher Wandel“, so Merkel. Das habe er gelebt, und deswegen sei er „ein Gigant der Geschichte“: ein Staatsmann mit einer „Botschaft, die in allen Ländern und zu aller Zeit Gültigkeit hat“.

Der erste schwarze Staatspräsident Südafrikas hatte sein Amt als Sechsundsiebzigjähriger angetreten – nach 27 Jahren Gefängnishaft. Seine fünf Jahre als erster Diener des Staates, seine politischen Visionen von Frieden und Freiheit, von der unbezwingbaren Kraft der Aussöhnung und seiner Mitmenschlichkeit wurden ein Grund zur Hoffnung und Inspiration für Menschen in Afrika und der ganzen Welt. Die Vereinten Nationen erklärten Mandelas Geburtstag zum Internationalen

Mandela-Tag. Sein Name steht für den Kampf gegen Ungleich-heit und Rassismus, für die Überwindung von Hass, kurzum für eine bessere Welt.

Mandelas Versöhnungshaltung, nicht nur den Weißen, son-dern insbesondere den Afrikaanern (Buren) gegenüber, bleibt das Wunder dieser Zeit. Auf einem Treffen von Afrikaaner Mei-nungsmachern erklärte er ein Jahr nach der Unabhängigkeit: „Wir haben so viel geschichtliche und kulturelle Parallelen. Alle ANC-Führer waren irgendwann auf Missionsschulen. Beide sind wir Bauernvölker und lieben dieses harte Land mit Herz und See-le. Es ist eine schreckliche Tragödie, dass diese beiden Völker, die jahrhundertelang schwer gelitten haben, durch die Apart-heid in einen Konflikt der weißen (hauptsächlich Afrikaaner) Unterdrückung und des schwarzen Freiheitskampfes verstrickt wurden. Ich habe die Apartheid immer als ein böses Krebsge-schwür angesehen, genährt von unangebrachter Angst der Afri-kaaner, dass sie eine bittere Zeitspanne lang in dem Glauben gefangen hielt, nur durch Unterdrückung anderer ihr Volk vor Unterdrückung schützen zu können. Trotzdem habe ich wäh-rend der ganzen Zeit des Konflikts stets auf den Tag gehofft, wo wir von Angesicht zu Angesicht sprechen und verhandeln könnten, um sich als Afrikaaner (Buren) und Schwarze wie-der zu finden zur gemeinsamen Entwicklung unseres Landes."

Auch hatte Präsident Mandela im Jahre 1996 die „Truth and Reconciliation Commission" (TRC) in Südafrika ins Leben ge-rufen. Die Wahrheits- und Versöhnungskommission sollte die Verbrechen, die im Namen der Apartheid und im Namen des Kampfes gegen sie begangen wurden, aufarbeiten. Eine wich-tige Grundlage war die Forderung der Interim Constitution, in der die Notwendigkeit nationaler Versöhnung und der Regelung von Amnestien angeführt wird.

„Diese Verfassung bemüht sich um eine historische Brücke zwi-schen der Vergangenheit einer zutiefst zerrissenen Gesellschaft, die charakterisiert war durch Streit, Konflikte, ungezähltes Leiden und Ungerechtigkeit – und einer Zukunft, die basiert auf Menschenrech-ten, Demokratie und friedlicher Koexistenz und der Entwicklung von

Chancen für alle Südafrikanerinnen und Südafrikaner, unabhängig von ihrer Hautfarbe, Rasse, Klasse, ihrem Glauben oder Geschlecht. Das Streben nach nationaler Einheit, das Wohlergehen aller südafrikanischen Bürgerinnen und Bürger sowie der Frieden erfordern Versöhnung zwischen den Menschen Südafrikas und einen Umbau der Gesellschaft."

Ziel der Kommission war es, Täter und Opfer in einen Dialog zu bringen und damit eine Grundlage für die Versöhnung der zerstrittenen Bevölkerungsgruppen zu schaffen. Anstatt den Prozessen nach Nürnberger Vorbild wurde eine spezielle Form der Amnestie für Verbrechen, die politisch motiviert waren, in Aussicht gestellt, sofern die Taten öffentlich zugegeben und bereut wurden. Als Vorsitzender wurde der allseits geachtete Erzbischof und Friedensnobelpreisträger Desmond Tutu berufen. Tutu nannte als Leitmotiv seiner Arbeit „Vergebung statt Vergeltung".

Die Kommission tagte vier Jahre lang und hatte mehr als 25 000 Amnestie-Anträge und Verletzungen von Menschenrechten zu bearbeiten. Allgemein anerkannt wird, dass dem Auftrag gemäß sehr viel Wahrheit ans Tageslicht gefördert wurde. Es gab keinen Südafrikaner, der sich nicht, gezwungen durch die ständige Medienpräsenz, mit den Verbrechen der Apartheid auseinandersetzen musste. Dabei erlaubten die öffentlichen Anhörungen des Menschenrechtsausschusses, sich stark auf die Opfer und ihre ganz persönlichen Geschichten zu konzentrieren und somit abstrakte Zahlen mit wirklichen Schicksalen zu untermauern. Das Verständnis oder zumindest eine Ahnung von dem, was Menschenrechtsverletzungen bedeuten, wurde in dieser Zeit tief im Bewusstsein der meisten Südafrikaner verankert.

Zu einer direkten Versöhnung innerhalb der südafrikanischen Gesellschaft führte dies jedoch bei Weitem nicht. Die Wahrheits- und Versöhnungskommission hat leider den tiefen Graben zwischen weißer und schwarzer bzw. vormals bevorteiligten und benachteiligten Teilen der Bevölkerung nicht

zuschütten und kaum Brücken bauen können. Es wurde klar –
eine Versöhnung ohne Wiedergutmachung, ohne eine neue soziale Gerechtigkeit, ist nicht möglich.

Das neue Wassergesetz (National Water Act, 1998), an dem
ich mitarbeiten konnte, soll hier andeuten, wie sehr man auf jeder Ebene um soziale Gerechtigkeit bemüht war (meine eigene
Übersetzung aus dem Vorwort):

Das Ziel dieses Gesetzes ist, zu gewährleisten, dass die Was-
serressourcen des Landes geschützt, benutzt, entwickelt, erhalten, verwaltet und reguliert werden in einer Art und Weise, die,
unter anderem, die folgenden Faktoren berücksichtigt:

- Befriedigung von grundlegenden menschlichen Bedürfnis-
  sen der jetzigen und künftiger Generationen,
- Fördern eines gerechten Zugangs zu Wasservorräten,
- Überwinden von geschichtlicher Diskrimination,
- Ermöglichen von sozialer und wirtschaftlicher Entwicklung,
- Schaffen von geeigneten Einrichtungen zu diesem Ziel mit
  zufriedenstellender Gemeinschafts-, Rasse- und Geschlechts-
  repräsentanz.

Viel wurde innerhalb von zehn bis fünfzehn Jahren erreicht,
um eine Wasser- und Abwasser- Infrastruktur in den unter-
entwickeltsten Teilen des Landes zu schaffen. Davon ist schon
etwas berichtet worden in dem Kapitel „Wasser ist Leben". Der
Privatsektor hat hierbei eine große Rolle gespielt.

Es hapert noch schwer bei den neuen Staatseinrichtungen,
die jeden Entwicklungssektor zu verwalten haben. Es fehlt einfach an ausgebildeten Menschen auf jeder Ebene.

Was hier in den langen Jahren der Apartheid versäumt worden war, ist schwer aufzuholen. Während, zum Beispiel, die Zahl
der schwarzen Kinder sich von 1954-1965 verdoppelte, zeigten
die Regierungsausgaben für ihre Erziehung keine entsprechende
Zunahme. Im Gegenteil, die Ausgaben für ein schwarzes Schul-
kind waren auf R 5 gefallen, während sie für ein weißes Kind
auf R 75 angestiegen waren. Ab 1959 konnten Schwarze nicht

mehr auf die weißen Universitäten gehen. Nur die Universität von Natal kämpfte verzweifelt, um ihre Medizinische Schule, die sie erst 1951 für Schwarze errichtet hatte, zu erhalten – mit großem Erfolg, denn 1980 war schon der tausendste Arzt in Ausbildung. Die ethnischen „Universitäten", die für verschiedene Bevölkerungsgruppen geschaffen waren, hatten zu dem Zeitpunkt noch keinen einzigen schwarzen Arzt hervorgebracht.

Sehr schnell nach Mandelas Abgang wurde es leider eine Siegerwirtschaft. Das politisch unausbleibliche „Broad-based Black Economic Empowerment", das heißt Förderung von Nicht-Weißen in allen höheren Arbeitsstellen, schlug fehl, weil es vor allem im Staatsdienst nur um die Besetzung mit Parteikadern ging und nicht nach Qualifikation und Erfahrung. Was mit Missbrauch von öffentlichen Ämtern anfing, wurde innerhalb von ein paar Jahren ein systematisches Stehlen, „state capture" genannt, in dem Billionen Steuergelder einfach verschwanden. Bald waren dadurch ganze Ministerien und Staatsbetriebe wie die Post und die Stromversorgung lahmgelegt. Landesweiter Stromausfall gehörte auf einmal zum täglichen Leben. Die regierende Partei kann nicht mehr richtungsweisend auftreten, weil das Damoklesschwert vieler Korruptionsprozesse sich über Jahre hinzieht. Die Arbeitslosigkeit steht bei 37 %, zum größten Teil unter Jugendlichen. Einkommensungleichheit hat stark zugenommen. Gewalttätige Proteste drehen sich um das Nichteinhalten der Wahlversprechen – Wasser, Strom und Erziehung für alle. Die Wohlhabenden haben sich vermehrt, aber sie wohnen hinter Mauern und Stacheldraht, um sich vor den Armen zu schützen. Eine Million Südafrikaner sind in den letzten fünf Jahren nach England, Australien, Neuseeland und Kanada ausgewandert, gerade die Kräfte, die die Wirtschaft im Moment am dringendsten braucht. Das politische System ist durch die Entwicklung radikalisiert worden, und Rassismus ist wieder eine politische Trumpfkarte geworden. Seit sich ein Teil der Jugendbewegung vom ANC getrennt hat und 2013 als die Economic Freedom Fighters mit 7 % ins Parlament eingezogen ist, ist aus dieser gewichtigen Instanz ein Zirkus geworden. Die

Männer und Frauen in roten Baskenmützen und Arbeitskitteln schimpfen und schreien, bis endlich die Polizei gerufen werden muss, um sie rauszuwerfen. Dann gibt es Verhandlungen aller Parteien, und die höchste Staatsgewalt hat wieder für ein paar Tage Frieden. „Economic Freedom" heißt, die Mehrheit muss die wichtigsten Hilfsquellen in die Hand bekommen, das bewirtschaftete Land, die Minen und die Banken. „Fighters" heißt Kämpfer mit allen verfügbaren Mitteln. Ihre Wähler sind zum größten Teil Jugendliche – die Arbeitslosen.

Im Brennpunkt des Konflikts stehen weiße Farmer. Die Bodenreform ist gesetzlich geregelt. Aber das Versprechen, bis zum Jahr 2014 dreißig Prozent der landwirtschaftlichen Flächen in die Hände von Schwarzen zu geben, wurde bislang nicht umgesetzt. Im Untergrund gibt es noch eine zweite Bewegung, die den Farmer von seinem Land vertreiben will. Woche für Woche werden weiße Farmer in Südafrika von Schwarzen brutal überfallen und ermordet. Weit über 12 000 Überfälle fanden in den vergangenen zwanzig Jahren auf abgelegenen Gehöften statt. Vor zwanzig Jahren gab es in Südafrika noch 62 000 Farmen, heute sind es nur noch knapp 40 000. Weiße Farmer wandern ab. Die Regierungen in Mosambik, Angola und dem Kongo machen ihnen Angebote, um beim Aufbau einer kommerziellen Landwirtschaft behilflich zu sein.

Einer der schärfsten Kritiker des ANC wurde Bischof Tutu. Selbst noch vom Krankenbett ließ er 2013 bekannt machen, dass er nicht mehr für den ANC wählen würde. Er sprach von einer Pulverfass-Situation. Ein so ernstes Problem wie die schleppende Armut im Lande könnte nicht von einer Partei angesprochen werden, die, nach 20 Jahren am Ruder, noch immer absahnen will. Auch dass wir Mandelas Politik der Versöhnung so schnell vergessen haben, machte den ehemaligen Vorsitzenden der Wahrheits- und Versöhnungskommission tief traurig.

Aus der Erfahrung der letzten 25 Jahre ist mir klar – wir schaffen die Versöhnung nicht allein mit unserem eigenen Verstehen und eigenen Anstrengungen. Alles das, die Angst vor der Schwäche wie die Angst vor der Stärke, die Angst davor, zu viel zu verschenken, die Angst, ein Geschenk anzunehmen oder zu kurz zu kommen, all diese Ängste machen uns unfrei und unversöhnlich, weil uns das Vertrauen fehlt. Daran leiden alle Friedensbemühungen, im Kleinen wie im Großen, daran scheitern sie, am fehlenden Vertrauen. Erst die Vorleistung – dann die Gegenleistung. Erst du, dann ich. Erst ihr, dann wir. Wenn, dann. Wir verlangen einfach zu viel. Das kann vielleicht aus ein paar Zeilen eines Gedichts, „Versöhnung" vom Filipino- Dichter J. Cabazares, angedeutet werden (meine Übersetzung):

> **„Sprich zu uns von Versöhnung**
> *nicht bevor du erst*
> *den Zorn unseres Sterbens erfahren hast*
> **Sprich zu uns von Versöhnung**
> *wenn dein Leben nicht der Grund unseres Sterbens ist."*

Ich glaube, dass Rassenprobleme in unserer globalisierten Welt nicht einfach verschwinden werden. Wie wir sie anpacken, wird der Test unserer Zivilisation sein. Eine ganze Gesellschaft muss zurück zu Grundwerten finden. Gerade habe ich die Gedanken hierzu von Ursula Wilhelm aus dem evangelischen Kirchenbezirk Gaildorf gelesen. Umkehr und Versöhnung meinen nicht einfach ein billiges „Seid nett zueinander". Es geht um etwas weit Tieferes, um eine Lebenseinstellung, die an Gott selbst Maß nimmt. Versöhnung setzt die Bereitschaft voraus, dass sich alle Seiten verletzbar machen. Erst dann kann ein gemeinsamer Heilungsprozess einsetzen. „Gott wird Mensch, dir Mensch zu gute" heißt es in einem Weihnachtslied. Gott wird Mensch, damit Menschen sich versöhnen können. Mit sich selber, miteinander und mit Gott.

Gott zu vertrauen und ihn im Gebet zu suchen, müssen wir erst wieder lernen. Einen frischen Anstoß brachte der alte Farmer mit dem Breitrandhut, Angus Buchan, der hier schon manches Sportstadion mit Betern gefüllt hat. Auf seinen Aufruf reisten am 27. Oktober 2018 mehr als eine Million Menschen aus ganz Südafrika zu uns nach Pretoria. Das Ackerland von vier angrenzenden Farmen reichte gerade aus, um der Menge einen Sitzplatz auf Mutter Erde zu bieten. Die sengende Hitze, der Staub von den Hunderten von Bussen, das kleine weiße Wölkchen der Hoffnung am blauen Horizont, das „Amazing Grace", mit dem wunderbaren Echo über Tonanlagen und Felder bis hinauf in den Himmel, gespielt von einem Trompeter des London Philharmonic Orchestra, und natürlich die erwartende Menschenmenge – wie kann ich das je vergessen? Aber was jeder nach Hause nahm, war nicht mehr als ein Aufruf: „Wacht und betet!" – aus Markus 14, 38. In seiner schwersten Stunde im Gebet im Garten von Getsemani fand Jesus seine Jünger schlafend wieder: „Konntet ihr nicht einmal eine Stunde mit mir wachen?" Verschlafen wir als Christen entscheidende Stunden unseres Lebens, unserer Geschichte? „WACHT UND BETET!"

Gebet heißt, etwas mit Gott zu tun, etwas, das mit eigenen Kräften einfach nicht zu schaffen ist. Dazu wollen wir uns neu verpflichten. Ganz erstaunlich war, wie das Gebet seitdem, vor allem in der Covid-Zeit, im ganzen Land gewachsen ist. In Pretoria nennen wir es „Gebet ohne Grenzen" – verschiedene Kirchen, Sprachen, Kulturen, die sich regelmäßig zum Gebet treffen. Wir beten für Stadt und Land, für die Ärmsten, für Menschen in führenden Stellen, für Polizei, Krankenschwestern und Lehrer, für unsere Jugend und für die Kirche und ihre Aufgabe. Ich und viele andere suchen Lösungen in dieser Zeit nicht mehr in Parteiprogrammen und Wahlversprechungen, sondern in Gottes Wort der Versöhnung, der Gemeinschaft und der Nächstenliebe. Das kann gar nicht anders sein, wenn man sein eigenes Gebet ernst meint.

Zum ersten Mal glaube ich, eine Veränderung zu erkennen, die ein ganzes Land erfasst hat. Menschen warten nicht mehr auf den Präsidenten, auf den Pastor, ja, selbst nicht auf ihre Partei, die ihnen die „Freiheit" gebracht hat, sie nehmen ihr Schicksal in die eigene Hand. An einem Autobahnkreuz in meiner Nähe ist auf einmal ein riesiges, nachts erleuchtetes Kreuz aufgerichtet. Nach langem Nachfragen erfährt man, dass junge Geschäftsleute sich hierzu zusammengetan hatten. Ein weiteres

Bild – ein Schwarzer mit Rucksack wandert durch das Land und betet überall, dass Gott der Gewalt entgegentritt, die heute die meisten schon am eigenen Leib erfahren haben. Hierzu geht ein Zeitungsbild durch das Land – unsere „Rassisten", weiße Farmer –, die diesen Menschen umarmen und gar nicht versuchen, ihre Tränen zu verbergen.

Seit Anfang des Lockdowns hat die „Feed the Nation"-Initiative von Pick n Pay, unserem größten Kaufhausunternehmen, schon über 12 Millionen Mahlzeiten verteilt. Ähnliche Initiativen, groß und klein, gibt es auf einmal überall. Das Gute steckt an, auch über Rassen- und Parteigrenzen hinweg. Und da heißt es: nicht aufhören im Gebet. Immer wieder und auf allen Ebenen ist es nötig. Bei sechs Enkelkindern liegt eine Gebetsinitiative Felicity besonders am Herzen: „Mums Who Care" – Mütter, die sich sorgen. Fast an jeder Schule gibt es eine kleine Müttergruppe, die sich jeden Freitagmorgen zum Gebet für unsere nächste Generation trifft. Ich glaube heute, dass es die kleinen Wunder sind, die uns erst einmal selbst verändern und eines Tages unser Land verändern werden.

Eine kleine Geschichte aus dem heutigen Südafrika zum Abschluss. Nach der ersten Covid-19- Welle und den Lockdown-Erleichterungen kommt ein Pfarrer endlich wieder zu seinem wöchentlichen Kräfteschöpfen in Gottes freier Natur – mit einem Freund joggen gehen im herrlichen Tal des Duzi-Flusses, einige Kilometer entfernt von seinem Zuhause in Durban. Wie immer ist bald aller Stress abgearbeitet, und das Erhabene der Nutur rundum kann mit vollen Zügen aufgenommen werden – bis auf einmal ein Mann mit angeschlagenem Gewehr aus der Böschung hervortritt. Als Erstes mussten ihm die Handys überreicht werden, ohne die man heute nirgendwo unterwegs ist. Dann die schönen neuen Laufschuhe, natürlich die Armbanduhr, den Ring vom Finger und am Schluss auch noch Hemd und Hose. Barfuß und in Unterhose sollte es nun nach Hause gehen.

In diesem lächerlichen Moment übernahm des Pfarrers zweite Natur: „Können wir vielleicht für dich beten?" Das hatte der Arme nun bestimmt nicht erwartet. Nach seinem „Ja, warum nicht?" legten die Freunde ihm die Hände auf die Schultern, und das Gebet floss, geleitet vom Heiligen Geist. Der Arme war überwältigt und brach in Tränen aus. Seine bejammernswerte Lebensgeschichte sprudelte heraus – keine Arbeit seit Jahren, Frau und Kinder, die hungern! Er wollte es nun auch wieder mit Gott versuchen und gab einen Artikel nach dem anderen zurück. Nur um das Handy des Pfarrers bat er, um in dieser Woche endlich wieder Essen auf den Tisch bringen zu können.

Es war ein Treffen mit Gott. Obwohl sie den armen Menschen noch nicht wieder aufspüren konnten, bringt des Pfarrers Gemeinde nun auch, neben ihren anderen Aufgaben, regelmäßig Essenspakete und Kleidung in das kleine Dorf im Duzital, von dem die Rede war, und einige kleine Gemüsegärten florieren schon unter ihrer Anleitung.

Vatertag im Lockdown

„Ein Vater soll zu Gott an jedem Tage beten:
Herr, lehre mich dein Amt beim Kinde recht vertreten!"
Friedrich Rückert

Und noch immer bringt das Alter neue Einsichten – so an einem Sonntagmorgen im Juni 2020 und schon ganze 90 Tage im Corona-Lockdown. Jeder muss irgendwie damit fertig werden. Ich bewundere unseren Pastor, der gerade die neunzigste Ermutigung an seine Whatsapp-Gemeinde gesendet hat. Wo findet er wohl täglich die Kraft und frische Einsicht dazu? Ob er weiß, dass wir besser zuhören, ja, dass wir viel empfänglicher sind in dieser Zeit? Am Sonntag war Vatertag, wo es sonst in der Kirche ein Stückchen Schokolade für die Väter gab. Das fehlte natürlich diesmal über das Internet, aber dafür trafen die Worte umso tiefer.

Die Predigt – als Vater hältst du das Herz deines Kindes in der Hand. Du brauchst kein Chirurg zu sein, um in das Kinderherz einzudringen. Es ist noch so zart, wissbegierig, ist noch so wehrlos und leicht verletzbar – Wunden, die schwer heilen und oft ein ganzes Leben getragen werden müssen. Wissen Männer überhaupt, welche Macht ihnen als Väter gegeben ist – zum Guten oder zu unsagbarem Schaden? Es braucht manchmal nur ein nicht eingehaltenes Versprechen sein oder ein paar abfällige Worte des Vaters. Und welchen Einfluss für gute Vaterschaft gibt es in unserer Zeit wohl noch? Es waren ernste Worte von unserem Internet-Pastor, aber da hörte er noch nicht auf. Er brachte das wunderschöne Bild eines Vaters, das der große Apostel Paulus in einem seiner Briefe an die Thessalonicher Gemeinde ausgemalt hatte.

Ein Vater, der seiner Gottesaufgabe würdig ist, ist liebevoll, er umarmt seine Kinder aus vollem Herzen und mit voller

Brust. Ein Vater muss Vorbild sein, wie sollte man sonst als junger Mensch alltägliche Dinge schätzen lernen, wenn man sie sich nicht schwer verdient hat? Ein Vater muss seine Träume und seinen Glauben ausleben vor seinen Kindern, nicht nur in Worten, sondern vor allem in seinem täglichen Tun. Der Vater muss der Ermutiger und Anreger sein, auch da, wo es manchmal gar nicht vorwärts will. Und, so schön – er muss ein „memory maker" sein, muss die wenigen Momente im Leben ergreifen, die ein anderes Leben mit Unvergesslichem bereichern können. Dazu gehört die Geschichte von Sarah, Teenager, wie es sie auf der ganzen Welt gibt. Die Familie hatte es finanziell schwer, und Sarah musste irgendwie ihr erstes Einkommen feiern, das sie sich als Babysitter bei Bekannten verdient hatte. Sie schrieb ihrem Vater eine Einladung zu einem Ausgehabend in der Stadt. Der Vater begriff, kam mit Blumenstrauß nach Hause, schmiss sich in den nie getragenen Anzug und machte aus Hamburgern und Milkshakes eine Festangelegenheit. Arm in Arm kamen Vater und seine „bell of the ball" nach Hause. Eine Blume dieses Abends ist nach fünfzig Jahren, gepresst in Sarahs Bibel, noch genauso schön.

Natürlich kamen hierbei auch bei mir, Vater und Großvater, manche Erinnerungen auf, aber wirklich tief trafen die Worte ganz woanders! Unser Präsident, Cyril Ramaphosa, nimmt seine Corona-Verantwortungen sehr ernst. Seine Ansprachen an die Nation, ein- bis zweimal im Monat, sind immer menschlich und aufbauend. Beim letzten Mal merkte man, dass er noch etwas mehr auf dem Herzen hatte. Obwohl regelmäßig in den Nachrichten, kam seine Behandlung des Themas als ein Schock. „Wir haben noch eine zweite Pandemie in Südafrika, die sich während des Lockdowns nur noch verschlimmert hat – ‚gender-based violence‘, Gewalt, Vergewaltigung und Mord an Frauen und Kindern." Fast jeden Tag kann man lesen, wenn man es nicht schon längst überliest, von jungen Frauen, die brutal ermordet, ja, verbrannt worden sind, von Babys und Omas, die vergewaltigt worden sind, meist von Männern aus ihrer nächsten Umgebung. Und die Zahlen von täglicher Gewalt, die niemals an die Öffentlichkeit gelangen, kann man nur mit Grauen erahnen. Bis zu zwei Drittel aller Frauen in den Ländern des südlichen Afrikas geben an, dass sie körperliche und/oder emotionale Gewalt erfahren haben, wobei häusliche Gewalt durch einen männlichen Partner die häufigste Form der Gewalt darstellt. Eine Pandemie? Das schockiert.

Bei der Vatertagsbotschaft hatte ich von Anfang an das Gefühl, ja, die Hoffnung, dass unser Pastor irgendwie auf dieses Thema kommen würde, denn es hing einfach wie eine Wolke über dem Land. Und er tat es – am Ende bat er um Strafe für die Täter und ein Herz und Hilfe für die vielen vaterlosen Familien. Aber mir war dies noch nicht genug! Kinder und Vaterschaft hatten meine Gedanken auf unsere Landesgeschichte gelenkt. Der neuzeitliche Kolonialismus (ab ca. dem 15. Jahrhundert) war zunehmend beeinflusst von einem Selbstverständnis der kulturellen Höherwertigkeit der Angehörigen der Kolonialmächte. Überall hatte die europäische Bevölkerung in den Kolonien eine kleine, stark privilegierte Minderheit dargestellt. In der Vorstellungswelt der meisten Europäer bestand die indigene Bevölkerung aus „Kindern": Menschen zwar, doch auf einer niedrigen Reifungsstufe, die man zu behüten, zu belehren und zu erziehen hatte.

Hier traf mich der Gedanke der Macht des Landesvaters zum Guten oder zum Schlechten, und ich wollte auf einmal weinen. Was hatten wir alles mit der Vaterschaft in unserem Land versäumt, vor allem wenn wir den liebenden Maßstab anlegen, den uns der Apostel Paulus schon vor zweitausend Jahren vorgetragen hatte. „Cry, the Beloved Country" schrieb Alan Paton 1948 in seiner Verzweiflung über die politische Entwicklung in Südafrika und über das unendliche Leid, das dadurch entstand. Die Folgen trägt Südafrika noch heute. Zur Versöhnung habe ich schon lange versucht, meinen Teil beizutragen, aber das Leid meiner schwarzen Mitmenschen, so wie es noch heute aus Wunden der zweiten und dritten Generation aufbricht, in einer zweiten Pandemie – das hatte ich noch nie so tief empfunden.

Welche Hoffnung auf Versöhnung gab es 1994 mit einem Präsident Mandela am Ruder? Er war der lebende Beweis dafür, dass sich Macht und Toleranz nicht ausschließen und dass Menschlichkeit im Umgang mit seinen Gegnern keine Schwäche, sondern eine Stärke ist. 25 Jahre später ist die Mandela-Euphorie abgeflaut. Laut Gesetz herrschen zwar Freiheit und Gleichheit, doch wirtschaftlich hat sich für die Mehrheit nach dem Ende der Apartheid kaum etwas geändert. Trotz konkreter Fortschritte, was Infrastruktur und Dienstleistungen – Strom, Wasser, Gesundheitseinrichtungen – anbetrifft, sind die politischen und wirtschaftlichen Herausforderungen enorm. Hinzu kommt die jahrelange Korruption in dem „Neuen Südafrika", die einen wirtschaftlichen Fortschritt wesentlich aufhält.

Das größte Hindernis bleibt weiterhin die Armut im Land. Jeder dritte Südafrikaner ist arbeitslos, und bei Jugendlichen ist es schon jeder zweite. Die Kriminalität ist beängstigend hoch. Ungleichheit hat schon immer Gewalt hervorgebracht. Tödliche Gewalt findet man immer wieder da, wo wirtschaftliche und soziale Ungleichheiten in hohem Maße zusammentreffen. Kolonialismus und Apartheid werfen noch immer ihre Schatten auf das tägliche Leben in Südafrika. Mit Gewalt wurden Menschen aus den großen Städten in die umliegenden Townships vertrieben. Viele Townships sind noch heute gefährliche Regionen, in denen durch Gangkriminalität, Drogen- und Waffenhandel und Missbrauch an Frauen und Kindern eine sehr hohe Kriminalitätsrate herrscht. Kinder wurden schon früh geprägt durch Rassendiskriminierung und wuchsen in in einem von Gewalt geprägten Umfeld auf. 1976 rebellierten Schüler in Soweto und dann im ganzen Land, weil ihre Eltern diese jahrhundertlange Schmach so einfach hingenommen hatten. Der verlorene Respekt vor der Autoritätsperson hat auch heute, fast fünfzig Jahre später, noch eine allgemeine Unordnung in der Gesellschaft zur Folge.

Haben wir nicht mit unserer Gier und unseren Versäumnissen dazu beigetragen, die vaterlose Gesellschaft in Südafrika zu begründen? Wir wollten das Gold, aber wir wollten nicht die dreckige Arbeit tun, um es tief aus der Erde herauszuholen. Wir brauchten die starken schwarzen Männer und holten sie oft Tausende Kilometer entfernt aus ihren Stammgebieten und pferchten sie in menschenunwürdigen Quartieren zusammen. Jedes Aufmucksen wurde mit brutaler Gewalt unterdrückt. Dann wuchsen unsere Städte rund um das Gold, und wir brauchten noch viel mehr Arbeiter. Laut Gesetz durfte kein Schwarzer in der Stadt sesshaft sein, aber wenn sie sich Wohnungen aus Karton und Plastik weit außerhalb der Stadt schafften, wo kein Weißer es sehen konnte, dann konnte man ein Auge zudrücken. So bekam jede Stadt ihre „townships", in denen heute überall viel mehr Menschen leben als in den schön angelegten, wohlhabenden Städten. Die Millionen-Vorstadt von Johannesburg, Soweto, ist eigentlich nichts mehr als die „**So**uth **We**stern **To**wnship". In den townships brach auch das letzte bisschen Stammesorganisation zusammen, das schwarzes Familien- und Gemeinschaftsleben überall geprägt hatte. Arbeitslose Machomänner wollen und können gar nicht heiraten und schwärmen vom kondomlosen Sex. Wo es noch Geld für den Unterhalt von Kindern gibt, wird es als „papgeld" oder „Suppengeld" bezeichnet. Die Friedhöfe mit AIDS-Toten wuchsen dabei schneller als die Wohngebiete. „Daddy come home" heißt das Buch des südafrikanischen Schauspielers Zane Meas, in dem er sich einfach nach einem häuslichen, liebenden Vater sehnt. Südafrika hat die niedrigste Heiratsrate in Afrika und die zweithöchste Rate fehlender Väter. Nur 33 % südafrikanischer Kinder leben noch mit beiden Eltern, und 4 Millionen sind Waisen. Die Folgen einer solchen Entwicklung sind in der ganzen Welt die gleichen – Depression, Drogen, Aggression und Kriminalität. Und sie reichen von einer Generation in die Nächste – einfach teuflisch.

Der Gedanke einer zweiten Pandemie tut weh. Ein Land trägt noch schreckliche Wunden – auf beiden Seiten! Sind diese Wunden, dieser Schmerz überhaupt zu heilen ohne ein gegenseitiges Buße tun – stellvertretende Buße und Vergebung suchen und geben? Ist das überhaupt ohne Gott möglich? Etwas von dieser Selbstlosigkeit durfte ich während Felicitys schwerer Krankheit erfahren. Viermal war sie während des Lockdowns, ganz allein, ohne einen Besuch, zur Behandlung und Operationen im

Krankenhaus in der Intensivstation. Aber wieder ein Wunder, von dem sie mir noch erzählen konnte. Jeden Morgen kamen die Krankenschwestern der ganzen Station zum Gebet und Lobpreis zusammen, wie es nur die Menschen in Afrika können – hauptsächlich schwarze Schwestern bei hauptsächlich weißen Patienten! Wie dankbar war ich für diese Zeichen von Gottes Liebe und Versöhnung.

Schlacht am Waterberg

„... In der Tat, es bedarf eines besonderen
Verständnisses für die Gewohnheiten und Sitten der
Eingeborenen, soll unter den Zahlenverhältnissen, wie
wir sie auch im britischen Reiche sehen, die weiße Rasse
Herr im Hause bleiben. Ein Volk aber, das diese Kunst
nicht versteht, sollte das Kolonisieren lieber lassen.
Denn es wird daran schwerlich je Freude erleben."
Theodor Leutwein (1906). Elf Jahre Gouverneur in Deutsch-Südwestafrika

„Zeit vergeht – Schuld nicht!"
Unbekannt

Und so lernt man, solange man lebt. Ein Kapitel zur deutschen
Kolonialgeschichte musste ich ein paarmal neu bedenken, vor
allem in den Schlussfolgerungen. Kolonialgeschichte ist hundert
Jahre später noch sehr umstritten, vor allem da, wo das Persönliche noch eine Rolle spielt, wie bei mir und einem großen Teil
der deutsch-sprachigen Bevölkerung Namibias. Klar ist, dass
alle Kolonialadministrationen, in von ihnen unterworfenen Gebieten, Gewalt angewendet haben, um ihre Ziele zu erreichen.
Der Kolonialkrieg in Deutsch-Südwestafrika (1904-1908), mit
der Schlacht am Waterberg als Mittelpunkt, wirft einen Schatten auf die deutsche Geschichte dieser Zeit. Ich möchte meine
Gedanken dazu mitteilen, in der Hoffnung auf frische Erkenntnisse und auf Versöhnung. In Deutsch-Südwestafrika stand das
Jahr 1904 von Anfang bis Ende unter dem Zeichen der blutigen
Ereignisse des Aufstandes fast aller Eingeborenen der Kolonie.
Es würde vier schwere Jahre dauern und einen großen Einsatz
des Mutterlandes fordern, bis es wieder Frieden gab.

Die Schutztruppe befand sich Ende 1903 noch mit Masse im südlichen Teil des Schutzgebietes aufgrund eines Hottentotten-Aufstandes, als am 12. Januar 1904 plötzlich und unerwartet der Herero-Aufstand im mittleren Schutzgebiet losbrach. Die aufständischen Herero brannten rücksichtslos Einzelfarmen und kleinere Siedlungen nieder, wobei mehr als 120 deutsche Beamten, Händler und Siedler, darunter 4 Frauen, grausam ermordet wurden.

Wie war es zu diesem Aufstand gekommen? Die Behörden, die Bevölkerung und die Missionare sind vollkommen überrascht worden vom plötzlichen Ausbruch der Unruhe, beinahe gleichzeitig am Vormittag des 12. Januar, und staunten über das gewahrte Geheimnis. Es war ein Aufstand gegen die deutsche Oberherrschaft. Das kann man ersehen aus dem Befehl des Oberhäuptlings an alle Großleute zum Aufstand: *„Ich bin Samuel Maharero, Oberhäuptling der Herero. Ich habe einen Befehl an all meine Leute angefertigt, dass sie nicht weiter ihre Hände legen sollen an folgende: Engländer, Bastards, Bergdamara, Nama, Buren. Alle diese rühren wir nicht an. Tut dies nicht! Ich habe einen Eid geschworen, dass dieser Beschluss nicht bekannt werden darf, auch nicht den Missionaren."*

Ebenso scheint bei der Hereroführung die Absicht vorgelegen zu haben, sämtliche Frauen und Kinder zu schonen. In verschiedenen Einzelberichten ist von Frauen und Kindern die Rede, die freigelassen und selbst zu der nächsten Missionsstation geleitet wurden.

Das Konfliktpotenzial mit einer Kolonialverwaltung war immer da. Die Herero sind ein stolzes Nomaden- und Hirtenvolk. Seine Rinder sind ihm heilig, und Weide und Wasser bestimmen seine Existenz. In den immer wiederkehrenden Trockenjahren geht es um freizügige Beweglichkeit, um den Viehbestand zu erhalten. Nach einer Viehseuche im Jahr 1897 in Deutsch-Südwestafrika hatten die Herero ihre überlebenden Viehbestände weit über das deutsche Kolonialgebiet verteilt. Bei zunehmender Einwanderung kam es zu immer größeren Landverkäufen in den Stammesgebieten. Die Mission drang auf die Schaffung unveräußerlicher Reservate für die Eingeborenen. Im Namaland war dies schon 1898 durch eine Verordnung geregelt, und verschiedene Reservate waren geschaffen worden. Die ersten Verhandlungen mit den Herero im Jahre 1903 in dieser Frage schienen eher Misstrauen gegen den weißen Eindringling verursacht zu haben und waren bestimmt mit ein Anlass zum offenen Widerstand.

Die wenigen zurückgebliebenen Kräfte der Schutztruppe behaupteten sich in ihren Forts und Stützpunkten. Die Station in Omaruru war bis dahin unter schwerster Bedrängnis von Landwehrmännern unter der Führung von Stabsarzt Dr. Kuhn gehalten worden. Auf umliegenden Farmen hatten die Herero gewütet und verschiedene Farmer ermordet. Über die noch erhaltene Heliografen-Verbindung war es möglich, Hauptmann Franke, den Führer der 2. Kompanie aus Omaruru, zu informieren. Er war Ende 1903 befehlsmäßig mit seiner Kompanie nach dem Süden ausgerückt, um bei der Niederwerfung des Aufstandes dort zu helfen. In einem Gewaltmarsch sondergleichen, bei schwerem Regen und von Herero-Banden bedrängt, erreichte die Kompanie nach vier Tagen Windhoek, begeistert begrüßt von allen Einwohnern. Aber sie musste weiter, unter ständiger Feindberührung, nach Okahandja und Omaruru. Sie finden Bahngleise, Telegrafenleitungen und Stationsgebäude zum großen Teil zerstört. Nach sechsstündigem, heißem Kampf wird Okahandja entsetzt.

Am 4. Februar in der Frühe erreichte die Kompanie Franke das südlich des Ortes liegende Feld, in dem die für Omaruru charakteristische, mit gewaltigen Klippenblöcken übersäte Landschaft beginnt. Dauerndes heftiges Feuer erwartete die Kompanie von den hinter den Felsenblöcken sich versteckenden Herero. Es waren rund 3000 Mann, die verwegen kämpften. Feldwebel Adolf Müller kam mit einer Patrouille aus der Station der kämpfenden Kompanie entgegen. Kurz nach Mittag nahm die brave Kompanie im Sturm den letzten Rest des Geländes bis zur Station. Gefallen waren der tapfere Patrouillenführer, der beliebte Leutnant von Wöllwarth, die Landwehr-Unteroffiziere

Otto und Prüss und die Windhoeker Landwehrmänner Scherrer, Gerlitz, Linke und Seelmand. Auch Oberleutnant Griesbach erlag bald danach seinen Wunden. Die Herero flüchteten nach einem Verlust von über 100 Mann nach Osten.

Mir ist diese Geschichte hautnah, denn die Farm bei Omaruru war unsere erste Station in Südwest. Mein Bruder Helmut, mit seinen blonden Locken, wurde von den schwarzen Farmarbeitern nur „der kleine Franke" genannt. Den Franketurm, ein Überrest der einstigen Feste Omaruru, habe ich oft mit meinen Eltern besucht. Besonders ist mir 1953 in Erinnerung, als der alte General von Lettow-Vorbeck, ehemaliger Schutztruppenoffizier und späterer Befehlshaber der Schutztruppe in Deutsch-Ostafrika, Omaruru unter großer Anteilnahme der Bevölkerung noch einmal besuchte.

Und dann natürliche die Verbindung zu meinem geliebten Opa, Karl Schmidt. Der Oberleutnant Franke war der frühere Kompaniechef von Outjo, wo der junge Leutnant Schmidt 1905 seine erste verantwortliche Stellung in der Schutztruppe bekommen sollte. Von hier unternahm Franke seine kühnen Erkundungsritte in das damals noch fast sagenhafte Kaokoveld. Er muss meinem Großvater ein Vorbild und Wegbereiter gewesen sein. Meine Wassererkundungsarbeit brachte mich als jungen Menschen in das Kaokoveld, und es war, nun schon 60 Jahre später, noch immer das Abenteuer meines Lebens. Orientiert habe ich mich in dieser Wildnis nur mit einer Karte, die noch aus Deutsch-Südwestafrika stammt (Neudruck), auf der auch die kleinste Siedlung und jede bekannte Wasserstelle eingetragen war. Die Reiter von Oberleutnant Franke und später des Leutnants Schmidt müssen jeden dieser Punkte besucht und beschrieben haben.

Schon drei Wochen nach dem Ausbruch des Aufstands traf bedeutende Verstärkung aus der Heimat an. Es war das Seebataillon, das mit nahezu 800 Köpfen in Swakopmund landete. Der größte Mangel zu dem Zeitpunkt waren Pferde, die erst aus Argentinien geholt werden mussten. Der Durstmarsch des Seebataillons in glühender Südwester Sonne und seine Teilnahme an der Entscheidungsschlacht am Waterberg ist aufgeschrieben in Gustav Frenssens „Peter Moors Fahrt nach Südwest".

Nach bedeutenden Gefechten, die aber keine Entscheidung brachten, zogen die meisten Herero mit ihrem Vieh von der Landesmitte etwa 200 km nach Norden, an den Waterberg. Man rechnete mit einer Anwesenheit von 50 000 bis 60 000 Schwarzen, einschließlich Frauen und Kindern, im zusammengedrängten Raum des Waterberges. Darunter sollten sich 6000 mit modernen Waffen ausgerüstete Hererokrieger befinden. Erst als im Juni weitere Verstärkung aus Deutschland eintraf, konnte man daran denken, die Herero in dieser so zahlenmäßigen Übermachtstellung anzugreifen. Mit dem Truppentransport traf auch Generalleutnant von Trotha ein, der vom Kaiser ernannte Nachfolger des von der Truppe hochgeschätzten Obersts Leutwein.

Während meines Deutschbesuches 1967 erstand ich ein wertvolles Stück Afrikana. Es sind zwei Bände der kriegsgeschichtlichen Abteilung I des Großen Generalstabes, Berlin 1906: „Die Kämpfe der deutschen Truppen in Südwestafrika – erster Band: Der Herero-Aufstand. Und zweiter Band: Der Hottentottenkrieg." Und im Anhang entdecke ich zum ersten Mal in der Kriegsgliederung der Truppen in Südwestafrika den Leutnant Schmidt, meinen Großvater, in der 8. Kompanie des 2. Feldregiments des Obersts Deimling.

Zu den deutschen Plänen kann man in diesen Dokumenten lesen: „Aufgrund der an Ort und Stelle gewonnenen Einsicht bestimmte der neue Oberkommandierende, dass der entscheidende Kampf erst nach Eintreffen aller auf dem Transport nach dem Schutzgebiet befindlichen Verstärkungen stattfinden sollte. Nur wenn zweifelsfrei ein Abzug des Feindes festgestellt würde, durfte zugefasst werden. Hinsichtlich der Fortführung der Operationen war zwei Möglichkeiten Rechnung zu tragen: Entweder waren die Hereros entschlossen, den Entscheidungskampf in ihrer Heimat anzunehmen, oder sie wanderten in Gebiete aus, in denen ihnen die deutschen Waffen nicht zu folgen vermochten (Owamboland oder Kaokoveld). Für wenig wahrscheinlich wurde ein Abzug der Hereros in südöstlicher Richtung gehalten, da eine derartige Bewegung sie in das Durstgebiet der Omaheke führen musste. In erster Linie wurde angestrebt, den Feind in seiner Heimat, wenn möglich da, wo er augenblicklich stand, zum Entscheidungskampf zu zwingen; denn nur dann war auf eine schnelle und wirksame Beendigung des Feldzugs zu rechnen."

Von Trotha ließ seine Truppen – nachdem die Nachschubwege und die Versorgung unter größten Schwierigkeiten sichergestellt waren – zu einem Umfassungsangriff antreten. Am Nachmittag des 10. August sollte das Vorrücken aller Abteilungen an die feindlichen Stellungen erfolgen. Es wurde eine schreckliche Nacht im dunklen, dichten Busch. Überall war der Feind, und ständig kam es zu Kampfhandlungen. Die Verbindung zwischen den verschiedenen Einheiten fiel immer wieder aus. Wegen des langsamen Vorankommens wollte von Trotha den Angriff um einen Tag verzögern. Oberst Deimling stößt bei der Wasserstelle Waterberg auf eine starke Ansammlung des Gegners und entschließt sich, unverzüglich anzugreifen. Der gemeinsamen Feuerkraft der Artillerie und verschiedener Kompanien sind die Hereros nicht gewachsen. Als die Truppe zum Sturm antritt, findet sie nur noch verlassene Stellungen. Andere Abteilungen werden schwer bedrängt. Die Hereros kämpfen verzweifelt, um sich durchzuschlagen. Es geling ihnen mit Frauen und Kindern und ihren riesigen Viehbeständen, durch die Zwischenräume der einzelnen Truppenverbände nach Osten auszubrechen. Es wurde einer Massenflucht in die wasserlose Omaheke, die Kalahariwüste, in der der größte Teil des einst mächtigen Hererovolkes ein schreckliches Ende fand.

Erst in tiefster Nacht finden Truppenteile wieder zueinander. Die Gesamtlage ahnt noch keiner. Der Generalstabsbericht hat den Brief eines Teilnehmers dokumentiert: „Noch heute tönen mir immerfort die Worte eines Offiziers in die Ohren, die er sprach, als wir nach Beendigung des Gefechtes in der Nacht mit unseren Verwundeten in der Mitte durch dichtesten Dornbusch zurückgingen.‚Wer noch nicht beten konnte, der wird's heut wohl gelernt haben.' Und er hatte damit nur recht."

Nach einem Ruhetag für die erschöpfte Truppe versucht von Trotha, die Verfolgung in das Sandfeld aufzunehmen. Gegen Nachmittag, in glühender Sonne und bei mangelndem Wasser, brechen immer mehr Pferde zusammen. Er befiehlt am nächsten Morgen den Rückmarsch zum Waterberg. Die Taktik von nun an: nördliche und südöstliche Siedlungsgebiete gegen zurückdringende Hereros zu sichern. Erst im Oktober war von Trotha so weit, das ganze Gebiet der Omaheke mit einem 250 km langen Absperrungsgürtel, in dem fast alle Wasserstellen besetzt waren, abzusichern.

Aber das Verhängnis auf dem Rückzug durch das Sandveld, die sg. Omaheke, war schon eingetreten. Über das erschütternde Schicksal, das die Masse des Hererovolkes hier gefunden hatte, berichten deutsche Aufklärungsabteilungen – so Oberleutnant Graf Schweinitz: „Von Onduwa ab bezeichnete eine im Omuramba (Trockenfluss) ausgetretene Fußpad, neben welcher Menschenschädel und Gerippe und Tausende gefallenen Viehes lagen, den Weg, den anscheinend die nach Nordosten entwichenen Hereros genommen hatten. Besonders in den dichten Gebüschen am Wege, wo die verdurstenden Tiere wohl Schutz vor den versengenden Strahlen der Sonne gesucht hatten, lagen die Kadaver zu Hunderten dicht neben- und übereinander. An vielen Stellen war in 15 bis 20 m tiefen, aufgewühlten Löchern vergeblich nach Wasser gegraben … Alles lässt darauf schließen, dass der Rückzug ein Zug des Todes war." Tausende Hereros waren in dieser Flucht umgekommen, nur 1400 erreichten das benachbarte Botswana.

Vom 2. Oktober 1904 stammt der sogenannte Schießbefehl oder Vernichtungsbefehl von Trothas, von dem es eine Kopie im Nationalarchiv Botswana gibt.

„Aufruf an das Volk der Herero
Abschrift zu O.K. 17290 Osombo-Windembe, den 2. Okto-
ber 1904
Kommando der Schutztruppe.
J.Nr. 3737

Ich, der große General der deutschen Soldaten, sende diesen
Brief an das Volk der Herero. Die Hereros sind nicht mehr deut-
sche Untertanen. Sie haben gemordet und gestohlen, haben
verwundeten Soldaten Ohren und Nasen und andere Körper-
teile abgeschnitten, und wollen jetzt aus Feigheit nicht mehr
kämpfen. Ich sage dem Volk: Jeder der einen der Kapitäne an
eine meiner Stationen als Gefangenen abliefert, erhält 1000
Mark, wer Samuel Maharero bringt, erhält 5000 Mark. Das
Volk der Herero muß jedoch das Land verlassen.
Wenn das Volk dies nicht tut, so werde ich es mit dem Groot
Rohr dazu zwingen. Innerhalb der Deutschen Grenze wird je-
der Herero mit oder ohne Gewehr, mit oder ohne Vieh erschos-
sen, ich nehme keine Weiber und Kinder mehr auf, treibe sie
zu ihrem Volke zurück oder lasse auf sie schießen. Dies sind
meine Worte an das Volk der Hereros.
Der große General des mächtigen deutschen Kaisers.

Dieser Erlaß ist bei den Appells der Truppen mitzuteilen mit
dem Hinzufügen, daß auch der Truppe, die einen der Kapi-
tänen fängt, die entsprechende Belohnung zuteil wird und
das Schießen auf Weiber und Kinder so zu verstehen ist, daß
über sie hinweggeschossen wird, um sie zum Laufen zu zwin-
gen. Ich nehme mit Bestimmtheit an, daß dieser Erlaß dazu
führen wird, keine männlichen Gefangenen mehr zu machen,
aber nicht zu Grausamkeiten gegen Weiber und Kinder aus-
artet. Diese werden schon fortlaufen, wenn zweimal über sie
hinweggeschossen wird. Die Truppe wird sich des guten Ru-
fes des Deutschen Soldaten bewußt bleiben.
der Kommandeur
gez. v. Trotha, Generalleutnant.“

Es tut mir weh, wenn ich an diese furchtbare Tragödie denke. Es tut mir auch weh, wenn ich in neuerer Geschichtsschreibung dies zum Teil als einen Völkermord, selbst mit einer Verbindung zum Holocaust, beschrieben sehe und wenn eine junge Regierung in Namibia sich nach 100 Jahren um Wiedergutmachung bei der Bundesrepublik bemüht. Eine Aussöhnung und gegenseitiges Vertrauen sollten die Elemente für einen gemeinsamen Weg voraus sein.

Eine Folge der Schlacht war, dass die Nama ihr Bündnis mit dem Deutschen Reich aufkündigten und als weitere Gegner nun den Kampf noch weitere Jahre im Süden des Landes fortsetzten. Es war ein Guerillakrieg, in dem die verschiedenen Gegner meist die Initiative hatten, weil sie ihren Teil des Operationsgebiets wie ihre Westentasche kannten. Da gab es die Bondelswarts unter ihrem Kapitän Johannes Christiaan, Morengas Räuberbande, die Witbooi-Hottentotten, die Bande der Gottesstreiter des Namaführers Stürman, Banden des Simon Kopper, die Cornelius-Krieger, kleine Banden von geflüchteten Herero, die Feldschuhträger des Vormanns Hans Hendrik, und letztlich, zu günstigen Gelegenheiten, die vereinigten Hottentotten. Der Kampf ging auch noch weiter, als der schon achtzigjährige Hendrik Witbooi in einem Gefecht fiel.

Eine der letzten Kampfhandlungen im Jahre 1908 war der Zug des Hauptmanns Friedrich von Erckert mit einer Abteilung Kamelreitern, um die Reste der in den Kalaharidünen hausenden räubernden Hottentottenbanden zu bekämpfen. Sein wochenlanger Durstreck durch die Kalahari gegen den Hottentottenkapitän Simon Kopper und seiner Bande von Farmmördern ist in die Geschichte eingegangen. Er gibt einen Eindruck, was diese Kämpfe von Vorgesetzten und Reitern forderten. Am Abend vor dem wichtigen Ausritt und letzten Gefecht notierte von Erckert noch ein paar Sätze für die Verfügung an seine Offiziere.

„Die Truppe muss mit Vertrauen an ihre Aufgabe treten und wird durch die Überzeugung gestärkt werden, dass alles geschehen ist, um den Erfolg nach Möglichkeit sicherzustellen. Noch kein Unternehmen in Südwestafrika ist mit der Gründlichkeit der unsrigen vorbereitet worden. Es müssen aber auch – das wollen wir nicht auslassen zu betonen – jedem Teilnehmer die Grenzen des Erreichbaren und die voraussichtliche Entwicklung der Ereignisse im Voraus zu Bewusstsein gebracht werden, damit die Erwartungen nicht getäuscht werden und der Enderfolg nicht unterschätzt wird. Ein Sedan werden wir den verschlagenen, mit den Instinkten des Wildes begabten Hottentotten nicht bereiten können. Nur die Summe langfristiger, mit Aufopferung und Zähigkeit durchgeführter Kriegshandlungen wird zu einem Ziele führen, darin wir ohne Selbsttäuschung die Lösung unserer Aufgabe werden erblicken dürfen."

Das Gefecht verlief siegreich. Hauptmann von Erckert hat Preußentum bis in die letzte Konsequenz gelebt und liegt mit fünfzehn anderen Gefallenen in den Dünen der Kalahari begraben. Eine ganze Region konnte durch diese Tat besiedelt werden.

Durch den anhaltenden und mit hohen Kosten verbundenen Kolonialkrieg kam es 1906 in Deutschland zu einer politischen Krise, nachdem die deutsche Regierung im Reichstag einen Nachtragshaushalt in Höhe von 29 Millionen Mark für den Krieg in Deutsch-Südwestafrika beantragt hatte. Wegen heftiger Kritik von SPD und Zentrum an der rücksichtslosen Kriegführung, ließ Kaiser Wilhelm II. den Reichstag auflösen. Die darauffolgende Wahl ging in die Geschichte als „Hottentottenwahl" ein.

Der Großvater, Karl Schmidt, hat diese Zeit des Aufstandes in Südwest mitgemacht. „Am 11. Juni legte die Eleonore Woermann in Swakopmund an" – so beginnt das Tagebuch von Karl Schmidt aus den Jahren 1904/05, und er fährt fort: „Generalleutnant von Trotha, der Nachfolger des bisherigen Gouverneurs und obersten Truppenkommandeurs Oberst Leutwein und sein Adjutant, Hauptmann von Lettow Vorbeck, gehen an Land. Mit ihnen auch der übrige Stab, dabei Leutnant von der Lippe und ich." Die große Ordensschnalle des späteren Oberstleutnants Schmidt – nach zwei Weltkriegen – befindet sich in meinem Besitz, ein Stück in meiner kleinen Südwest-Sammlung. Sie enthält auch die Gefechtsspangen der Feldzüge, an denen er teilgenommen hat – Hereroland, Waterberg, Omaheke, Groß-Namaland. Es sind die verschiedenen Stationen des Kampfes im Norden wie auch im Süden.

Schutztruppler Karl Schmidt und seine Festung Sesfontein

Schon ein Jahr später bekommt der Leutnant Schmidt eine selbstständige Aufgabe. Er soll den Distrikt Sesfontein übernehmen. Sesfontein war die am weitesten nach Nord-Westen vorgeschobene Station des deutschen Schutzgebietes. Sie wurde nun besetzt von 1 Offizier, 4 Unteroffizieren und 25 Reitern. Mit seinen Reitern baute der Leutnant Schmidt die Feste, und wie er an seinen Vater schreibt: „ohne irgendwelche Hülfsmittel".

Die Aufgaben des Leutnants und Distriktchefs waren vielfältiger Art. Die Feste musste gebaut werden, das wilde und weit ausgestreckte Land musste durch ständige Patrouillenritte gesichert werden und vereinzelten Farmern im Distrikt durch Abstellung eines Reiters Schutz und Hilfe verliehen werden. Außerdem mussten Verbindungen zu den Ovambo-Kapitänen im weiten Norden aufgenommen werden und mit der friedensmäßigen Aufbauarbeit begonnen werden. Hierzu zählt die Anlage eines großen Gartens, das Bestellen von Weizen- und Luzernefeldern dank der starken Quelle und der Aufbau einer kleinen Straußenzucht. Das Anlegen von Versuchsgärten, in denen nützliche Pflanzenarten und Bäume gezüchtet werden sollten zur Belehrung der Bevölkerung, wurde später eine allgemeine Aufgabe der Kolonialverwaltung, dort, wo die Wasserverhältnisse es zuließen.

Das Abgeschnittensein von der Außenwelt stellt große Forderungen an das menschliche Verhalten von Offizier und Reitern. Nicht nur äußere Disziplin, sondern auch in noch stärkerem Maße innere Disziplin und beste Menschenführung waren notwendig, um in solcher Einsamkeit das harte, verantwortungsvolle Leben ertragen zu können. Nur einmal im Monat stand der Vorposten durch Ochsenwagen mit dem nächsten Bezirksamt Outjo in Verbindung. Die Postverbindung nach Deutschland dauerte 3 bis 6 Monate. In den wenigen noch erhaltenen Briefen des Karl Schmidt an seinen Vater bittet er immer wieder um Übersendung von Büchern, Zeitschriften, sogar um Zeitungen. In den Briefen berichtet er mit großer Bildkraft von der überwältigenden Großartigkeit der Natur, schreibt über seine Jagderlebnisse, lässt seinen Vater teilnehmen an seinen gärtnerischen Erfolgen und an seiner Freude, nicht ein einziges Pferd an Pferdesterbe verloren zu haben. In langen Abhandlungen erörtert er die Möglichkeiten und Aussichten für Siedler in der allmählich zur Ruhe kommenden Kolonie.

Die Schlacht am Waterberg und der Todeszug der Herero waren eine Tragödie für das Hererovolk und für das ganze Land. Aber der kämpferische Geist der Herero war noch nicht gelöscht. Unter ihrem Häuptling Hosea Kutako wurden sie nach dem 2. Weltkrieg die Inspiration für die Unabhängigkeitsbewegung im Mandatsgebiet Südwestafrika. Immer wieder richteten sie Petitionen an die Vereinten Nationen, Namibia unter Treuhandverwaltung der UN zu stellen. Hosea Kutako wurde zu einem wichtigen Symbol des Kampfes für die Unabhängigkeit für Namibia. Der internationale Flughafen von Namibia, in der Nähe von Windhoek, ist nach ihm benannt.

Als einer, der das Land und seine Menschen von ganzem Herzen liebt, habe ich meine ganze Hoffnung auf Versöhnung gesetzt. Ich hatte begeistert die Anfänge des Unabhängigwerdens von Südwestafrika mitgemacht. In der Turnhallenkonferenz, 1975, aus der die „Demokratische Turnhallenallianz" (DTA) hervorging, waren die Herero und die Weißen die führenden Volksgruppen, die zusammen einen neuen Weg suchten. Die deutsche Bevölkerung hatte es überhaupt möglich gemacht, dass es zu einer neuen weißen Partei kam, die in der Allianz mitmachte. Zur wirklichen Unabhängigkeit, zu der es erst 1990 kam, fehlte natürlich damals noch die „South West Africa People's Organization" (SWAPO), die zu der Zeit im Exil war.

Wie sehr hatte ich mich 1987 gefreut, als mir mein Vater das „Oktober-Dezember Mitteilungsblatt" (1987) der Kameradschaft Deutscher Soldaten Windhoek nach Südafrika schickte. Es ging um die jährliche Waterberg-Gedenkfeier, die diesmal am Sonntag, den 9. August, bei den Schutztruppen- und Herero-Gräbern im Waterberg-Friedhof stattgefunden hatte. Es waren ehemalige deutsche Soldaten aus dem 2. Weltkrieg (alte Schutztruppler gab es zu dem Zeitpunkt nicht mehr) aus Windhoek, Okahandja und Otjiwarongo erschienen, auch eine deutsche Pfadfindergruppe und eine Bläsergruppe der St. Pauls Schule in Windhoek. Aber dann, für mich das Schöne in dem Bericht: „Aus Okakarara war eine große Gruppe der dortigen Hererogemeinschaft erschienen, unter der persönlichen Führung ihres Paramoutchiefs Riruako. Es freute uns besonders, daß die Herero unserer Einladung wieder gefolgt waren, zeigt ihr Erscheinen doch, daß die so oft beschworene ,Versöhnung über Gräbern' möglich ist."

„Linke Geschichtschreiber", laut Südwester Zeitungsberichten, hatten schon seit Längerem von einem „Völkermord" geschrieben. Das gab es einfach nicht für mich, vor allem nicht, solange meine Mutter noch lebte, der diese Geschichtsschreibung ein Gräuel war. Aber ich musste umdenken. 2004, zum 100. Jahrestag der Niederschlagung des Herero-Aufstands in Namibia, entschuldigte sich Ministerin Heidemarie Wieczorek-Zeul (SPD) während einer Gedenkfeier am Waterberg für den von deutschen Soldaten begangenen Völkermord. Es war das erste Mal, dass ein Mitglied einer deutschen Regierung sich offiziell für das Massaker an rund 70 000 Menschen entschuldigte. Statt individuelle Entschädigungen zu leisten, wolle Berlin die Entwicklungszusammenarbeit mit Namibia fortsetzen, erklärte Wieczorek-Zeul. Deutschland unterstützt Namibia, die ehemalige Kolonie Deutsch-Südwestafrika, nach Angaben des Entwicklungsministeriums jährlich mit 11,5 Millionen Euro. Gemessen an der Bevölkerungszahl seien dies die höchsten Entwicklungsleistungen in ganz Afrika. Nach der Gedenkfeier eröffnete Wieczorek-Zeul ein von Deutschland finanziertes Kulturzentrum, in dem Geschichte und Lebensweise der Hereros dargestellt werden.

Seit 2014 führen Deutschland und Namibia einen Dialog über die Aufarbeitung der gemeinsamen kolonialen Vergangenheit. Im Zentrum steht die Bewertung der Ereignisse zwischen 1904 und 1908. Eigentlich sollte dieser Dialog Ende 2016 zum Abschluss kommen. Während es aus dem Auswärtigen Amt heißt, die Gespräche verliefen „im gegenseitigen Vertrauen und konstruktiv", kommen von namibischer Seite widersprüchliche Signale.

Vertreter der Herero und Nama haben die Einreichung einer Klage von Opfervertretungen am Internationalen Gerichtshof in Den Haag gegenüber der Bundesrepublik Deutschland bzgl. des Genozids in der ehemaligen Kolonie „Deutsch-Südwestafrika" 1904-08 bekannt gegeben.

Erst durch die Einsicht im späten Alter, was für schlechte Väter die Kolonialherren ihren schwarzen „Kindern" gewesen waren, konnte ich mich neu in die damalige Situation hineindenken und musste, trotz aller Umstände dieser Zeit, den „Vernichtungsbefehl" des deutschen Kolonialherrschers in Südwestafrika als total unmenschlich ansehen und wollte selbst, wie die Deutsche Bundesrepublik, einen „Völkermord" eingestehen.

Aber es sollte nicht nur bei einer Einsicht bleiben. Am 20.10.21 erhielt ich ein E-Mail- Schreiben aus Deutschland von einer Pastorin Gabi. Gott hatte sie schon vor fünfzehn Jahren zu einem Versöhnungsbesuch nach Namibia angeregt, und nun war sie soweit. Sie hatte von Freunden etwas über meine Deutsch-Südwestafrika-Verbindungen erfahren und bat mich, für ihr Vorhaben zu beten. „Bitte bete, dass der Geist Gottes Herero-Herzen öffnen wird und ein Heilen stattfinden kann. Vielleicht kannst Du mir ja selber ein paar Zeilen deiner Geschichte aufschreiben und um Verzeihen bitten." Nach fünf Tagen war ich soweit, ihr ein paar Zeilen zu schicken – auf Englisch, das mir als Umgangssprache bestimmt leichter fällt.

Bitte um Vergebung an meine Herero-Brüder

„Ich danke Gott für die Tür zum Buße-tun, die Er mir heute geöffnet hat. Allein wäre ich nicht mehr dazu gekommen. Ich, Eberhard Braune, bin von Geburt Deutscher und im Herzen Namibier. Als Zehnjähriger hat Gott mich in Ihr wunderschönes Land gebracht, aber meine Verbindung zu dem Land ist viel älter. Mein geliebter Großvater war vier Jahre mit der Schutztruppe in Deutsch-Südwestafrika, dorthin befohlen, einen Aufstand von Eingeborenen gegen ihre Kolonialherren zu unterdrücken.

*Mit Schamgefühl und mit Schmerz tret ich heute vor Sie und
vor Gott. Die Scham, weil es bei mir so lange gedauert hat, das
schreckliche Unrecht zu erkennen, das den Menschen hier, vor
allem den Herero, von einer stolzen, eigennützigen und hab-
süchtigen deutschen Nation angetan wurde.*

*Ich möchte stellvertretend Buße tun für diese sündigen Eigen-
schaften meiner Vorfahren, von denen ich selbst noch nicht
ganz befreit bin. Ich möchte Sie heute als Brüder ansehen und
um Vegebung bitten für das, was Deutsche der großen Here-
ro-Nation am Waterberg und weiterhin angetan haben. Ich
weine um die schrecklichen Wunden, die ihrer Nation damals
zugefügt wurden und um den Schmerz, der bis in den heutigen Tag hineinreicht.*

*Möge unser himmlischer Vater, in seiner großen Gnade, alle
verbleibenden Wunden heilen und uns, Weiß und Schwarz, in
einem gemeinsamen, gesegneten Weg vorwärts leiten."*

Eberhard Braune November 2021

Nie war ich so im Gebet dabei wie bei Pastorin Gabis ganzer Reise. Ob ich diese Worte wohl auch von Mensch zu Mensch sprechen könnte? Ob es wohl noch zu einer eigenen Versöhnungs-
reise kommen kann?

Deutschland wieder erleben

„Nicht wo Du die Bäume kennst,
wo die Bäume Dich kennen,
ist Deine Heimat."
Volksweisheit/Volksgut

Ich war dreimal zurück in Deutschland, jedes Mal in einem ganz neuen Lebensabschnitt.

1967 war ein Entscheidungsjahr für den Sechsundzwanzigjährigen – war meine Heimat in Deutschland oder in Südwestafrika? Ich war zu einem Arbeitsaustauschjahr in Stuttgart, aber zentral war der Besuch in meiner Geburtsstadt, Schwerin. Ich hatte eine Einreisegenehmigung bekommen, und am Osterfreitag ging es per Bahn von Hamburg ab. Von den vielen Verkehrsverbindungen zwischen Ost und West gibt es nur noch sechs Bahn- und vier Straßenübergänge für den Grenzverkehr. Westdeutsche dürfen ein- bis zweimal im Jahr einen Antrag stellen, ihre Familie zu besuchen. Für Westberliner gibt es keine Einreise mehr. Der Zug war übermäßig voll – wie Sardinen waren wir in den Gang gepackt. Trotzdem, ich war dankbar, dass noch so viele sich die Mühe machen.

Die Grenze, mit doppeltem Stacheldraht und Wachtürmen, war unverkennbar. Auf der nächsten kleinen Station wurde angehalten. „Willkommen in der Sozialistischen Deutschen Demokratischen Republik", hörte man über Lautsprecher, aber gleich danach: „Unter keinen Umständen darf der Zug verlassen werden! Pass- und Zollkontrolle wie auch Geldwechsel wird durch den Zug kommen – Papiere bereithalten." Auf den Geldwechsel war ich schon vorbereitet in einem vier Seiten langen Schreiben an den Besucher über Tun und Nicht-Tun in der DDR. Der Besucher muss sich dann binnen 24 Stunden bei der Polizei seines

Besuchsorts melden, wo es das Rückreisevisum erst gibt, wenn alle Bedingungen erfüllt waren.

In Schwerin auf dem Bahnsteig ist auch für eine Maus kein Platz mehr. Freude und Tränen gibt es überall, wo sich Menschen in dem Gewühl finden. An das Erkennungszeichen kann ich mich nicht mehr erinnern, aber irgendwann hatte mein Onkel, Karl-Heinz, mich aufgespürt. Mit der Straßenbahn ging es nach Hause in die Schlossgartenallee, wo der Rest der Familie versammelt war, um den Neffen aus Afrika willkommen zu heißen.

Mitbringsel mussten ausgepackt werden – für große Wünsche, wie zum Beispiel eine Nietenhose, hatte es nicht gereicht, aber Ostereier für jeden, ein Pfund Kaffee, Westzigaretten und sogar ein paar Zitronen taten es auch. Die Ostgeschäfte, die ich zu sehen bekam, sahen traurig aus – manchmal nichts mehr als ein großes Walter-Ulbricht-Bild im Schaufenster. Die größte Freude machten ein paar Seiten Papier, die Fernseh- und Radiozeitung „Hör zu", im Koffer unter meiner Wäsche versteckt. Selbst die kleinste Anzeige wurde betrachtet. Wie leben die Menschen heute auf der anderen Seite der Mauer und in dem Rest der Welt? Das interessierte Ostdeutsche am meisten. Die Regierung weiß das natürlich auch und hat jeden Druckartikel aus dem Westen verboten, ob Krimi oder Kochbuch. Manchmal muss aber die Langeweile irgendwie gebrochen werden. Ein- oder zweimal im Jahr läuft in den Kinos ein Westfilm. Bei dem amerikanischen Cowboy-Film die „Magnificent Seven" gab es fast Chaos beim Kartenverkauf.

Meine Familie gehört zu den Glücklichen, die noch ein eigenes Haus besitzen. Es bestehen Hunderte von Mitteln, mit denen die Regierung versucht, jede Form von Privatbesitz und Unternehmen so unschmackhaft wie möglich zu machen. Handwerker haben heute schon fast alle ihre Selbstständigkeit verloren und sind in Produktionsgemeinschaften zusammengefasst. Es ist fast unmöglich für einen Privatbesitzer, einen Maurer oder Tischler zu bekommen oder bezahlen zu können. Aber Mietwohnungen sind so schwer zu finden, dass die Familie noch immer an ihrem Haus festhält. So haben auf jeden Fall vier

Generationen ein Dach über dem Kopf. Im Garten wurde mir ein kleiner Haufen Ziegelsteine gezeigt. Ein Neffe in meinem Alter sammelt sie schon lange, um irgendwann in Zukunft für seine junge Familie anzubauen.

Es ist Ostersonntag, der Tag, wo überall in Deutschland Konfirmation ist. Aus meinem Fenster sehe ich auf das Gelände der neuen Sozialistischen Landwirtschaftsschule. Jungen und Mädchen um die vierzehn, nett in ihren Uniformen – weiße Hemden und blaue Halstücher –, sind mit ihren Familien vor dem Gebäude versammelt. Es sind Junge Pioniere, deren „Jugendweihe" heute gefeiert wird. Jugendweihe gehört zur kommunistischen Erziehung. Die Kirche hatte Konfirmation auf August zu verschieben, und es gibt immer weniger Menschen, die sich solche Festangelegenheit zweimal in einem Jahr leisten können. Mit diesem indirekten Zwang wird die Kirche langsam auf die Seite geschoben. Viel wird für die Jugend getan, um sie für den Kommunismus zu gewinnen. Die ältere Generation will eigentlich nur wissen, wann sie mal wieder reisen kann, wohin sie will. Mit russischen Truppen, nun schon seit zwanzig Jahren überall im Land stationiert, glauben die Wenigsten noch, dass es zu einer Wiedervereinigung auf einer Basis der Selbstbestimmung kommen kann.

Ein Eindruck auf der Rückreise auf dem Grenzbahnhof wird mir bleiben – Polizisten mit Maschinenpistolen am oberen und unteren Ende des Bahnsteigs und zwei weitere mit Schäferhunden, die immer wieder unter dem Zug nach möglichen Flüchtlingen suchen müssen. Obwohl die westdeutschen Besucher sichtbar erleichtert sind nach der stundenlangen strengen Kontrolle an der Grenze, muss es bei jedem ein bedrückendes Gefühl hinterlassen haben, wieder auf westlichem Boden zu sein, während auf der anderen Seite des Stacheldrahts fünfzehn Millionen Deutsche die Hoffnung auf Freiheit schon fast verloren haben.

Für mich war eine Entscheidung gefallen. Meine mecklenburgische Heimat gab es nicht mehr.

Der Entschluss, die südafrikanische Staatsangehörigkeit anzunehmen, war nicht mehr so schwer.

Der Rest des Deutschlandjahres wurde ein In-mich-Hinein-pfropfen von allem, was Deutsch ist – bei der Arbeit, in Theater und Museen und immer wieder irgendwo in einer neuen Land-schaft. Hier ein paar Tagebuchausschnitte.

„Herr König bringt mich zur TH Bibliothek, Stuttgart, in die Stadt, wo ich in der nächsten Woche ‚schaffen' soll. Wirklich großartiger Betrieb, natürlich auf das hiesige Unisystem des Selbstarbeitens und Vertiefens zugespitzt. Die wichtigsten Bü-cher und Zeitschriftenübersichten im großen Leseraum. Im 2. Stock wieder ein Saal mit allen Zeitschriften ab 1956 und wie-der sehr viele Arbeitstische mit Tischlampe, für je zwei Perso-nen gedacht. Die anderen Bücher und Zeitschriften vor 1956 bestellt man an der Ausleihe, wo sie dann auf Förderband ein-treffen. Als ich meinem Chef, Herrn Dr. Wagner, meine Litera-turübersicht vortrage, scheint er zufrieden zu sein. Meine Auf-gabe für das Austauschjahr, die Darstellung des Katalysators in einer Versuchsröhre für Feldversuche, um den gelösten Sauer-stoff in Abwässern zu bestimmen, kann beginnen."

„Martin und Schwester holen mich ab in die Schwäbische Alb. Sie ist ortskundig, sodass man doch manches mehr zu se-hen bekommt. Wir wandern im Lautertal. Ich bin immer schwer am Suchen nach Waldfrüchten, die noch irgendwo in Jugend-erinnerungen stecken. Und wir finden ein herrliches Himbeer-gestrüpp! Zum späten Mittag kehren wir im Schweizer Hof in Buddenhausen ein. Auf dem Lande gibts noch ordentliche Ko-teletts, und dabei lassen wir uns auch die Viertele munden, so-dass wir auf dem Rückweg sehr fröhlich sind. Das nicht Schöne ist dann immer die letzte Strecke im Auto, zum Ende des Wo-chenendes. Wo man auch auf die Straße trifft, ergießt sich ein Fahrzeugstrom von allen Seiten."

„Heute, Sonnabend, war ich bei der Stuttgarter Gebietskon-ferenz der SPD, fühlte mich aber doch nicht ganz als Genosse angesprochen. Willy Brandt hatte wegen Fieber abgesagt. Ein-springen musste Prof. Horst Ehmke, Staatssekretär im Justizmi-nisterium, ein glänzender Redner. Es wurde Bilanz über die ein-jährige SPD-Regierungszeit gezogen. Interessant für mich war,

dass man sich ganz eindeutig gegen die Machthaber in der DDR
aussprach und betonte, dass es auf keinen Fall zu einer staatlichen Anerkennung kommen würde. Am wichtigsten war es aber
den Rednern, die augenblicklichen Differenzen mit dem DGB
beizulegen. Dies scheint vor allem in der Frage der Notstands-
gesetzgebung sehr schwierig zu sein. In der anschließenden Diskussion wurde auf jeden Fall klar, dass das aktive Fußvolk der
SPD viel weiter links als ihre Parteispitze steht."

„Ich fahr ab Esslingen mit dem Heilbronner Sonderzug zur
Allemannischen Fasnet nach Rottenburg (Neckar). Ein Tanzwagen und Musikübertragung in alle Abteile. Christa schließt sich
mir an. In Rottenburg Empfang mit Kapelle und Schellennar-
ren. Die kleinen Gassen sind über die Straße hinweg mit Tausenden bunten Tüchern für den Festzug geschmückt. Der zieht sich
dann über zwei Stunden hin mit Kapellen, bunten Wagen, But-
zen und Hexen, auch aus den umliegenden Dörfern. Ein farben-
prächtiges Bild! Bonner Wirtschaftskrise steht im Mittelpunkt
des Spotts. Auf der Rückfahrt kein Platz für eine Maus mehr
im Tanzwagen. In Esslingen noch einen Glühwein mit Christa,
dann ich auch heimwärts."

„Sonntagnachmittags in der Stuttgarter Gemäldegalerie.
Wieder kann ich nur sagen, was hier für die Kunst getan wird,
sucht seinesgleichen. Es scheinen hauptsächlich Künstler aus
dem Württembergischen Raum zu sein. Zwei haben es mir besonders angetan. Otto von Faber du Faur mit ‚Napoleons Rückzug‘ und Robert Haug mit ‚Morgenröte‘, das die Stimmung des
Erwachens von drei Husaren mit Pferden im ersten Morgen-
dunst vollendet einfängt. Zu Hause suche ich noch nach etwas
Musik. Wenn man nicht nur Sportberichte hören will, muss
man am Sonntag anscheinend den ostzonalen Berlinsender ein-
schalten. Erinnerungen an unseren deutschen Studentenchor
an der Uni Pretoria, als ein Kinderchor ‚Zogen einst fünf wilde
Schwäne‘ anstimmt."

„Durch meinen Vermieter, Herrn Nägele, binn ich zu Sai-
sonkarten für das Stuttgarter Staatstheater gekommen und
so auch zu meinem ersten Ballett – ‚Onegin‘ nach Puschkin

und Musik von Tschaikowsky, erst vor zwei Jahren von John Cranko für das Stuttgarter Ballett inszeniert. Und ich bin begeistert – werde ein Fan von Marcia Haydée, der einfach großartigen Primaballerina. Jedes Stadium, von der zärtlichen Verliebtheit bis zur Verzweiflung über ihr eigenes Tun, ist echt, bis in den letzten Schritt und Gesichtsausdruck. Ihr Tanzen, ob wunderschön fließend oder verzweifelnd hektisch, bleibt atemberaubend. Und dann die Szene mit Egon Madsen als Lenski, der von den beiden Schwestern beschworen wird, um von dem Duell abzusehen. Gibt es überhaupt eine Kunstform mit mehr Ausdrucksvermögen?"

„Gestern Abend dämmerte es schon, als ich ziemlich erleichtert die Klosterhöhe von Lorch vor mir sehe. Trotz der großartigen Markierungen der Schwäbischen Wandervereine ging es oft nur langsam voran, denn die engen Waldwege trugen noch die Spuren der letzten Stürme und Regen. Das Beste im Gasthof ‚Zur Post' ist diesmal die heiße Suppe. Als am nächsten Morgen um zehn der Regen vorläufig nachließ, machte ich mich wieder auf den Weg – oberhalb des Beutentals zum Wäscherschloss, der Stammburg der Hohenstaufen. Ein herrlicher Wanderweg. Öfter sehe ich Rehe, einmal wunderschön, als sie vor mir aus dem Wald auf eine Lichtung flüchten. Es geht wieder steil in den Wald hinauf, und plötzlich stehe ich vor dem Wäscherschloss – ein wuchtiger Bau mit herrlichem Blick auf den Hohenstaufen. Mir gelingen noch ein paar Aufnahmen, bevor ein dolles Schneetreiben einsetzt und ich schnellstens in den Gasthof des naheliegenden Wäscherhofs flüchte. Mal wieder Glück gehabt. Herr Kaiser ist so nett und schließt mir sein Museum auf, ein wirkliches Liebhabermuseum, in dem man sich um Jahrhunderte zurückversetzt fühlt – zwischen Geweihen, Pelzen, Hellebarden und alten Truhen, große Bilder der Staufer und Szenen aus ihrer Geschichte. Ein kleiner Gedichtband von Frau Kaiser wird die Erinnerung ganz bestimmt wachhalten."

Das Stuttgartjahr ist nur zu schnell verflogen. Ich habe die Schwaben lieben gelernt. Mein Vater ist in Schwäbisch Gmünd geboren, wo das Regiment seines Vaters einige Jahre stationiert war. Meine Mutter erzählte mir, dass er etwas von der schwäbischen Mundart mitbekommen hatte. Bei Nägeles habe ich gut gewohnt. Sie waren die Ersten, die mir beibrachten, die Schuhe auszuziehen, wenn man in die Wohnung kommt. Auch das sparsame Umgehen mit den Verbrauchsartikeln des Hauses habe ich dort gelernt – und natürlich, dass man Zwiebelkuchen essen kann, den Frau Nägele manchmal netterweise in mein Zimmer brachte. Gerne war ich immer wieder bei Familie Guggenmos zu Besuch. Bei gemütlichem Abendbrot und der Gitarre, die bald herauskam, wurde es oft spät. Meine Laborkolleginnen, die Fräuleins Westermann, Hasert, Bienzle, Jahnke und Scheible, hätte ich am liebsten alle mit nach Afrika genommen. In ihrem Abschiedsgeschenk, dem Bildband ‚Baden-Württemberg – Porträt eines deutschen Landes‘, steht geschrieben: „Zur steten Erinnerung für einsame Stunden im Urwald an Ihre Stuttgarter Kolleginnen.“

Beim zweiten Besuch in Deutschland war ich dann schon neunundsechzig. Schon jahrelang wartete dort ein kleines Reisekonto aus der Erbschaft meiner Mutter. Eberhard sollte noch einmal zu seinen Wurzeln zurück. Ich selber suchte in der Autofahrt von Hannover in den Osten Deutschlands ein letztes, tiefes Erlebnis meiner Heimat.

„Wir brauchen und wir besitzen die Kraft, der Wahrheit ohne Beschönigung und ohne Verzerrung ins Auge zu blicken. Jeder, der seine Augen vor der Vergangenheit verschließt, ist blind für die Gegenwart.“

Richard von Weizsäcker,
Präsident der Bundesrepublik Deutschland

Auch wollte ich den Geist in den Worten „*Gott der Herr ist Sonne und Schild*“ in Deutschland finden. Deutsche hatten diese Worte gedacht, geschrieben und gelebt. Wer hatte mir wohl diesen Konfirmationsspruch zugedacht, den ich immer mehr als ein

Leitwort in meinem Leben sah? Meine Eltern, Eberhard und Tilla, hatten „gottgläubig" in ihren Dritten–Reich- Dokumenten stehen, und meine Mutter hat nie über diesen „Gott" mit mir geredet.

Auf dem Weg nach Schwerin war Hermannsburg mit eingeplant. Die Hermannsburger Mission hatte einen großen Beitrag zur Entwicklung in Südafrika und anderen Teilen Afrikas geleistet. Ortschaftsnamen in Südafrika, wie Wittenberg, Braunschweig, Lüneburg und natürlich Hermannsburg, zeugen noch heute davon. Welche Überraschung, so ein kleines Städtchen vorzufinden, aus der eine ganze Missionsbewegung ausgegangen sein soll. Das ganze Dorf war an diesem Sonntagmittag zu Fuß unterwegs, und die Kirchenglocken läuteten. Nach und nach bekam ich mit, dass gerade Konfirmation gewesen war, und bald darauf war ich auch zu einer Tasse Kaffee eingeladen. Wie gut, denn so konnte man mir von den Anfängen, nun schon zweihundert Jahre her, erzählen. Der einfache Heidepastor, Ludwig Harms, hatte die Vision einer Missionsgemeinde, einer christlichen Liebesgemeinschaft, die ihr Gottvertrauen und ihre Liebe auch in die weite Welt tragen wollte.

Von dort ging es weiter Richtung Schwerin. In dem norddeutschen Landschaftsbild ist überall die Kirche das Zentrum. Und fast jedes ältere Fachwerkhaus ist Gott gewidmet.

„Herr lass Deine Augen offen stehen über diesem Hause Nacht und Tag"
und
„An Gottes Segen Ist Alles Gelegen – Erbaut 1881"

Im Autoradio ein tägliches Anprangern der katholischen Kirche – die schwerwiegende Misshandlung von Kindern in ihrer Betreuung macht noch immer Schlagzeilen. Es geht um die Kirche als Institution und nicht um Gott. Ein großes Reklameschild in der Stadtmitte war dann doch ein Schock:

Kirchenskandale ohne Ende: Jetzt reicht's!
„Kirchenaustritt jetzt!"
Austritts-Hotline: ... *www. Spart.euch.die.Kirche.de*

Aber ein weiteres Schild nicht weit davon spricht von Liebe:
„Ich verändere die Welt.
Florence will in die Schule gehen. Helfen Sie Ihr.
Werden sie Kinderpate! Mit 1 Euro am Tag die Welt verändern.
www.kindernothilfe.de"

Und wie schön – in Zeitungen unterwegs lese ich immer wieder von Liebesprojekten: „Auf die Mitglieder der Lüneburger Bahnhofsmission ist immer Verlass" oder „Unser Lädchen unterstützt Bedürftige in der Samtgemeinde."

Geteiltes Deutschland: Hier ging einmal der Grenzdraht mitten durch einen Acker. Das geteilte Deutschland noch vor 20 Jahren war mir nie so bewusst geworden wie an dem Morgen am Waldrand bei Göhr. Hier ist eines von verschiedenen Mahnmalen, und man kann die Linie des Stacheldrahtes noch mitten durch Felder, Wälder und Dörfer verfolgen. Ein Volk hat an tausend Stellen geblutet. Gott hat es gesehen. Und so mein Gebet am Waldrand bei Göhr.

> *„Denn ich will nicht immerdar hadern*
> *und nicht ewiglich zürnen;*
> *sonst würde ihr Geist vor mir verschmachten,*
> *und der Lebensodem, den ich geschaffen habe.*
> *Ich war zornig über die Sünde ihrer Habgier*
> *und schlug sie, verbarg mich und zürnte.*
> *Aber sie gingen treulos die Wege ihres Herzens.*
> *Ihre Wege habe ich gesehen, aber ich will sie heilen*
> *und sie leiten und ihnen wider Trost geben;*
> *und denen, die da Leid tragen, will ich Frucht der Lippen schaffen.*
> *Friede, Friede denen in der Ferne und*
> *denen in der Nähe, spricht der Herr.*
> *ich will sie heilen."*
>
> Jesaja 57: 16-19

Schwerin war, wie ich mir es vorgestellt hatte. Kopfsteinpflaster, Straßenbahnen, der Dom und natürlich das Schloss von Seen eingerahmt. Unsere alte Hausnummer in der Schlossgartenallee hatte ich längst vergessen. Aber dann, in der Nacht vor dem Besuch, war sie auf einmal wieder da – nach 60 Jahren! Nummer 19. Meine Mutter hatte den Kontakt nach Schwerin noch weiter gepflegt, ich war 1967 zu Besuch, aber nachdem erst die Mutter meines Vaters und dann der letzte Bruder gestorben waren, gab es keinen Kontakt mehr. Ich klopfte natürlich in der Schlossgartenallee, aber es gab keine Braunes mehr da. Auch musste ich ein paarmal fragen, denn das große Grundstück war inzwischen unterteilt worden. In der Schlossgartenallee gab es ein neues Haus, und unser ehemaliges doppelstöckiges Zuhause war nur durch eine kleine Hinterstraße zu erreichen.

Tief getroffen hat mich der Abend in der Kneipe in Schwerin. Ich hatte irgendwie Anschluss gesucht und war abends, in einer engen Gasse, in der kleinsten Kneipe Schwerins gelandet. Von den 4 oder 5 Tischen war keiner mehr frei. „Hier ist noch Platz" meinte da jemand, und ich setzte mich dazu. Ein Mann um die vierzig – nettes Gesicht. „Entschuldige", sagte er, „aber ich bin besoffen." Trotzdem verstanden wir uns schnell, obwohl er oft wieder mit seinem Vertrauen zögerte, weil ich als Afrikaner einfach zu viel über sein Land und seine Vergangenheit wusste. Er war arbeitslos, hatte Landschaftsarchitektur studiert. Wir sprachen über die Wiedervereinigung. Er war bestimmt nicht sehr hoffnungsvoll und deutete ganz vorsichtig irgendwo in der Vergangenheit eine Verbindung zu einer Terrorbewegung in Deutschland an. Ich wollte ihm Mut machen mit den Menschen an der Spitze. Die Bundeskanzlerin, eine Pfarrerstochter aus Ostdeutschland, musste Herz haben. Er war still – ich glaubte, Zustimmung zu fühlen. Seine Antworten hatten oft so viel Tiefsinn, dass ich schwer zu überlegen hatte, was hier angesprochen wurde. Spontan war seine Reaktion, als wir über „Freude schöner Götterfunken" zum Berliner Mauerfall sprachen und ich mich als sein Bruder erklärte. Er reichte mir die Hand, und dann, um den Dank zu bestätigen, holte er ein silbernes Taschenmesser hervor, das ich als Geschenk annehmen musste. Und dann kam wieder so eine Bemerkung von irgendwo: „Jesus war ein guter Mann." „Ja, das war er" war alles, was ich hervorbringen konnte. Bald darauf verabschiedete ich mich, damit dieser Abend nicht irgendwie getrübt würde.

Ich musste einfach auch bei alten Freunden, nun an der Uni Jena, Besuch machen. Nicht weit von Jena ist Weimar. Welche Kultur diese Stadt noch heute ausstrahlt. Aber dann der Schock! Ich hatte keine Konzentrationslager in meine Reise eingeplant. Wer hätte auch Buchenwald hier erwartet, nicht weit vom Stadtausgang von Weimar? Und so musste ich es mir ansehen. Es wurde mein längstes Gebet. Ich hatte mein Auto zu früh abgestellt und nicht bemerkt, dass ich erst mal drei Kilometer laufen musste, entlang der alten, von den Nazis extra angelegten Bahnschiene, tief im Wald versteckt, um zum Eingang zu gelangen. Und natürlich musste ich nach dem Erlebnis wieder die drei Kilometer zurück zum Auto. Erst abends um Zehn fand ich eine Pension, die noch ein Zimmer frei hatte.

Was für ein Unmensch muss in uns Deutschen stecken – das Motto aus dem deutschen Sprachschatz über der Einfahrt in das Lager Buchenwald kann es nicht schrecklicher ausdrücken:

„Jedem das Seine". Ich kann mir überhaupt nur vorstellen, dass dies eine Zeit ohne Gott gewesen sein muss. Imre Kertész schreibt in „Ich – Ein Anderer": *„Auschwitz ist eines jener großen Menetekel, die in Gestalt eines schrecklichen Schlags auftreten, um den Menschen hellhörig zu machen – falls er hinhört."* Alexander Solschenizyn schreibt von einer ähnlich schrecklichen Zeit in der russischen Revolution: *„Menschen haben Gott vergessen; deswegen passierte alles."*

Als letztes Reiseziel stand Thüringen und Martin Luther fest. Als ich zu Anfang meiner Reise spät- nachts mit der Bahn aus Holland in Deutschland einfuhr, stand auf dem Grenzbahnhof, auf dem Nebengleis, angestrahlt, der modernste D-Zug: „Lutherstadt Wittenberg". Ob Luther wohl noch so aktuell sein konnte? Am Schluss konnte ich nur „Ganz bestimmt" hierzu sagen. Wenn ich jetzt diese Reformation nachempfinde, so ist es mir, als ob damals, im Deutschland dieser Zeit, die Apostelgeschichte der Bibel einen Riesenschritt weitergeschrieben wurde.

Genauso wichtig war die Bibelübersetzung, hoch oben auf der Wartburg. Erstens das Wunder: das Neue Testament in zehn Wochen von einem einzigen Menschen übersetzt! Gott war dabei. Dann die Sprache: Eine deutsche Sprache, wie sie es damals noch gar nicht gab, die ergreifend schön ist und die jedem zugänglich ist. Wieder muss Gottes Geist dabei gewesen sein. Dann die Musik: Für Luther war das Lobpreisen unmittelbar Teil des Verhältnisses zu Gott. „Ein feste Burg …" und viele andere Lieder sind von ihm und öffneten die Tür zu einem Ausbruch an persönlicher Gottesfreude und einem Kirchenmusikschatz sondergleichen. „Singet dem Herren: Alle Welt!"

Was Luther damals in seinem Widerstand gegen die Kirche als Institution und in seiner neuen persönlichen Gotteserkenntnis niedergeschrieben hat, ist für mich so frisch, als ob es heute verfasst ist – über die Liebe, über die Ehe und die Familie, über die Natur und über unsere Verantwortung als Verwalter eines Erbes, ja, über Gott und die Welt. Bestimmt können diese frischen, klaren Worte auch Erneuerung in unserer Zeit bringen. Und etwas Schönes, Persönliches ist mir hier in Thüringen aufgegangen. Es war Martin Luther, der die Worte für mein Leben, *„Gott der Herr ist Sonne und Schild",* auf der Wartburg übersetzt und aufgeschrieben hat und uns Deutschen einen neuen, frischen und frohen (sonnigen) Glauben gegeben hat, nach dem ich so lange gesucht habe.

Von der dritten Reise, zehn Jahre später, soll am Ende noch etwas erzählt werden.

Meine Deutsche Geschichte

„Jeder möge sein eigener Geschichtsschreiber sein,
dann wird er sorgfältiger und anspruchsvoller leben."
Bertolt Brecht

Geschichte ist bis heute eine große Liebe und Brücke nach Deutschland für mich geblieben. Natürlich ist mein Geschichtsbild nur sehr fragmentarisch und immer nur das, was mich irgendwann im Leben mal berührte. Geschichtsunterricht hatte ich schon, aber nur südafrikanischen. Ganz bestimmt habe ich dort nicht „333 – bei Issos Keilerei" gelernt – das muss von meinen Eltern sein. Auch mein Lieblingsbuch „Ein Kampf um Rom" von Felix Dahn war von ihnen. Im Laufe der Jahre kam noch biblische Geschichte dazu, angeregt durch die Bibel selbst, durch die Archäologie, über meinen Stiefvater, und bestimmt durch verschiedene Arbeitsbesuche nach Israel.

Die Zusammenhänge kamen erst viel später. Alexander der Große erobert ein Weltreich, in dem sich die hellenische Kultur und griechische Sprache ausbreiten konnte. Auch Palästina wird griechische Provinz. Im Jahre 333 v. Chr., in der Schlacht bei Issos in Persien, treffen der damaligen Westen und Osten aufeinander. Der Perser König Darius III unterliegt Alexander. An seinem Hof lebt und wirkt der biblische Daniel (Daniel in der Löwengrube). Daniel ging als Junge, zusammen mit einer kleinen Elite des jüdischen Volkes, in babylonische Verbannung an den Hof des Königs Nebukadnezar. Daniel ist von Gott als Prophet vorbereitet und sagt den Untergang des Babylonischen Reiches durch die Perser voraus und dann das Ende des Perserreichs durch die Griechen. Er sieht sogar 200 Jahre voraus den Niedergang des Griechischen und das Kommen eines neuen Reiches, des Römisches Reichs.

Die Römer drängen mit ihrer Entwicklung bis an das Ende der bekannten Welt – nach Nordafrika, in den Mittelosten, nach Kleinasien und in den Norden bis nach Britannien. Befestigte Straßen verbinden jeden Teil des Reiches, griechische Städte werden übernommen und neue nach römischem Muster gebaut – mit Stadtmauern, einem Marktplatz, oft einem Amphitheater und öffentlichen Bädern. In Deutschland zählen diese kurz vor Christus entstandenen ehemaligen Römerstädte wie Augsburg, Koblenz, Trier und Köln zu den ältesten überhaupt. Außerhalb der von den Römern besiedelten Gebiete sind Stadtgründungen in dem heutigen Deutschland erst aus dem 8. Jahrhundert überliefert. Die Grenzen des Römerreiches sind mit Schutzwällen (Limes) abgesichert. Sie gehen mitten durch Deutschland und Großbritannien, heute noch überall zu erkennen. In Palästina entsteht die typische römische Hafenstadt, Caesaria.

Mitten in diesem Umbruch erscheint Christus, im Alten Testament viele Male genau vorausgesagt, aber von der Welt noch ungesehen – noch teilt man Weltgeschichte nicht in vor und nach Christus ein. Nur an einer Stelle in den Annalen des römischen Geschichtsschreibers Tacitus, an der er von der Christenverfolgung unter Nero nach dem Brand Roms berichtet, werden Christus und Pilatus beiläufig erwähnt: *Auctor nominis eius Christus Tiberio imperitante per procuratorem Pontium Pilatum supplicio adfectus erat.* („Der Urheber jenes Namens, Christus, wurde während der Regierung des Tiberius durch den Prokurator Pontius Pilatus hingerichtet.")

Pontius Pilatus ist in jedem Evangelium genannt und selbst in das Apostolische Glaubensbekenntnis aufgenommen – „... gelitten unter Pontius Pilatus". Laut den Evangelien ist Pontius Pilatus Statthalter des Kaisers Tiberius in der Provinz Judäa. In der Geschichte gab es sonst keine Hinweise auf Pilatus, sodass gelegentlich sogar angenommen wurde, dass er keine historische Person gewesen sei. Bis 1961 eine Inschrift in Caesarea, der ehemaligen Residenzstadt des Pilatus, ausgegraben wurde. Die Inschrift wird auf die Jahre 26–37 datiert, und obwohl lediglich einunddreißig teils fragmentarische Buchstaben zu erkennen sind, bestätigen sie doch die Statthalterschaft des Pilatus in Judäa.

Für Christen war der Kreuz-Tod und die Auferstehung Jesu von Anfang an das Fundament ihres Glaubens. Überall in der Welt grüßen sich Christen nach wie vor zu Ostern mit „Der Herr ist auferstanden! Er ist wahrhaftig auferstanden!" Dieses Ereignis und das Erscheinen des auferstandenen Jesu vor seinen Jüngern und vor mehr als 500 anderen Menschen ist in jedem der Evangelien aufgeschrieben. Darunter ist ein besonderer Zeuge, der in Antiochien gebürtige griechische Arzt Lukas, der das dritte Evangelium, das Lukas-Evangelium, verfasst hat. Er hat Jesus nicht selbst erlebt wie die anderen Verfasser, aber als Arzt hat ihn das Übernatürliche der Auferstehung so fasziniert, dass er seinen Beruf aufgab, um Augenzeugenberichte zu prüfen und zu sammeln. Er hat Maria, Jesus Mutter, und verschiedene der Apostel kennengelernt und war mit Paulus auf einigen Missionsreisen. So kam es später noch zu seinem zweiten Buch, der „Apostelgeschichte."

Christi' Auferstehung steht nicht in Geschichtsbüchern, aber es gibt keine besseren Beweise als die Geschichte des Christentums selber, vor allem des frühen Christentums. Menschen reagierten auf ein Wunder. Ein geliebter Toter ist auferstanden. Er hat seine Auferstehung vorausgesagt. Er hat sich durch viele Zeichen als Gottes Sohn zu erkennen gegeben. Als Letztes, bevor er in den Himmel aufgefahren ist, hat er sie aufgerufen, in alle Welt zu gehen und die Frohe Botschaft zu verkünden. Menschen, die dies miterlebt haben, Fischer, Zöllner, Schriftgelehrte, sind wunderbar verändert, sie bilden Hauskreise, teilen alles und gehen mit der Botschaft von Haus zu Haus. Innerhalb kurzer Zeit lassen sich Tausende in Jerusalem taufen.

Dieses Geschehen verbreitet sich wie ein Lauffeuer in der damaligen Welt. Christen sehen in dem Zusammenspiel so vieler vorbereitender Faktoren die Hand Gottes in der Geschichte. Soweit das Römische Weltreich reichte, soweit konnte sich auch der neue Glauben verbreiten. Eine Periode von mehr als 200 Jahren, als Pax Romana oder Pax Augusta bekannt, war von innerem Frieden und Stabilität geprägt. Dies machte, zusammen mit dem guten Straßennetz, ein sicheres Reisen und Versenden von Post möglich. Intensiver Handel zwischen den Provinzen und eine überwiegend tolerante Religionspolitik der römischen Herrscher, förderten die Ausbreitung der christlichen Religion. Die überall bekannte griechische Sprache und das griechische Wissen wurden eine Basis für die Verbreitung der Botschaft, und die jüdische Diaspora, die es überall gab, und deren Synagogen, wurden ein Ausgangspunkt für die Missionare. Es war eine Zeit mit einem allgemeine Suchen nach neuen Ideen, gefördert durch die Glaubensfreiheit. All dies wurde der Nährboden für das Christentum, politisch ohne jede Macht, aber geleitet und getragen vom Heiligen Geist.

Bald ist die erste Christengemeinde unter den Heiden in Antiochien (heute Türkei) gegründet. Von hier gehen Missionsreisen in die ganze damalige Welt. Die Reisen des Paulus, Barnabas, Silas, Phillip, Petrus und später der Jüngeren, Timotheus und Titus, sind in der Apostelgeschichte beschrieben. Das Resultat aber steht in der Weltgeschichte. Dreißig Jahre nach dem Kreuztod Christi gab es Christengemeinden in Nordafrika, in Persien, Indien, in der damaligen Türkei, in Griechenland, in Italien, in Spanien und in England. Es ist ein Glaube, dem Verachtung, Verfolgung und Tod nichts antun können – elf der zwölf Apostel starben den Märtyrertod. Das steht nicht mehr in der Bibel, sondern ist in unsere Kirchengeschichte eingegangen.

Dann wirft Kaiser Konstantin im Jahr 312 den Kurs der Weltgeschichte um. Er meint, dass der Christengott ihm den Sieg in einer Schlacht gegen seinen Rivalen, Maxentius, gebracht hat, nimmt den christlichen Glauben an, schafft den Kaiserkult als Zwang ab und stellt damit das Christentum offiziell gleichberechtigt zu den römischen Staatskulten. 321 macht er den Sonntag, an dem Christen ihren Gottesdienst feierten, zum gesetzlichen Ruhetag. Bald wird das Christentum eine vom Staat bevorzugte Religion.

Die Völkerwanderung (375-700) kommt ins Rollen. Es sind keine großen Armeen, sondern ganze Völkerteile, die in Bewegung sind. Germanische Menschen werden in das Weströmische Reich gedrängt, und Slawen füllen das entvölkerte Land. Die Geschichte des Westens wird neu geschrieben. Für die Römer wird diese Zeit einmal als der Anfang des Endes ihres Reichs angesehen werden. Nach einer Blütezeit ging es Ende des 4. Jahrhunderts nach Christus steil bergab. Korruption, Aufstände, Einfälle von außen und ein niedergehendes Wirtschaftssystem brachten den römischen Staatsapparat schwer ins Wanken. Permanente Verteidigungskriege und zunehmender Druck führten schließlich zur Teilung des Reiches in Ost und West. Die Alte Welt ging dem Ende zu, und die Welt des Mittelalters stand kurz vor seiner Geburt. Was folgte, war nicht nur finsteres Mittelalter, sondern auch ein Freisetzen frischer Kräfte durch das Zusammentreffen und Verschmelzen von zwei Völkerschaften. Westrom konnte sich nicht halten und brach unter dem Ansturm der Germanen zusammen. 476 eroberte der Germanenführer Odoaker Rom und besiegelte somit das Ende einer langen römischen Ära in Italien. Zwischen dem sechsten und achten Jahrhundert nehmen germanische Stämme in Zentraleuropa allmählich den christlichen Glauben an. Aber die Verbindung zu den Göttern und Geistern in Wäldern, Gewässern und Bergen, von der wir noch manche Spuren in Sagen und Märchen finden, war schwer zu brechen. Angelsächsische Missionare hatten einen großen Einfluss, den reinen christlichen Glauben unter den Germanen zu festigen. Der berühmteste Missionar war Bonifatius. Immer wieder zog er in das Land der „Thüringer" und der Hessen. Schwer war es, diese Menschen zu bekehren, denn Gott war ja nicht zu hören und zu sehen. Einmal aber fällte Bonifatius eine uralte Eiche, die Thor geweiht war. Als die Rache Thors ausblieb, glaubten viele, dass der Christengott stärker sei und ließen sich taufen. Bonifatius spielt eine wichtige Rolle im Aufbau der Kirchenorganisation in Thüringen, Mainfranken und Bayern und ist in die Geschichte als der „Apostel der Deutschen" eingegangen.

Ein außergewöhnlicher Mensch, Karl der Große (c.742-814), auch als Charlemagne bekannt, schaffte es dann, die verschiedenen germanischen Völker in einem Königreich zu vereinen und seine Untertanen zum Christentum zu bekehren. Karls Leben war nach außen gerichtet, und zwar mit so viel Leidenschaft und schöpferischer Energie, dass er die Welt in einem halben Jahrhundert von Grund auf veränderte. Es gelang ihm, alle christlichen Länder Westeuropas außer Süditalien und Sizilien in das Frankenreich einzuverleiben und damit das Reich zu seinen Lebzeiten beinahe um das Doppelte zu vergrößern. Das Europa des Mittelalters tritt in Erscheinung. Durch die Eroberung des Langobarden-Reiches in Italien wird Karl der Beschützer des Papsttums, und er wird im Jahr 800 in der Peterskirche in Rom zum Kaiser gekrönt.

Karl ist von der heilsgeschichtlichen Aufgabe seines Herrschertums tief durchdrungen. Im Mittelpunkt, auch des politischen Geschehens, steht der Dienst an Gott. Die Königsherrschaft wird vom Herrschertum Gottes abgeleitet. Seinen Vielvölkerstaat regierte er als eine Einheit von Staat und Kirche, und er sah sich selber als „Herr und Vater, König und Priester, Führer und Schützer aller Christen". Sein weltliches Vorbild ist Theoderich der Große, dessen bronzenes Standbild er aus Ravenna in den Innenhof seiner Pfalz in Aachen bringt.

Sein großer Verdienst ist es, eine starke Verwaltungsorganisation zu schaffen, in der die Religion gefördert wird, Recht gesichert ist, die Untertanen gehört werden, die Erziehung ausgebreitet und das Wissen erhalten wird. Überall im Reich entstehen Königspfalzen, zum Beispiel Ingelheim, Worms und Nimwegen, in denen Karl, umherziehend, residiert. Unter seiner Führung und Inspiration kann es zu einem Aufblühen der Bildung und des geistigen Lebens kommen in einem sozusagen ungebildeten Kontinent. Die Kirche, die immer selbstständiger wird durch ihre riesigen Kirchengüter, spielt hierbei, von ihren großen Abteien wie Fulda, Lorsch und St. Gallen ausgehend, eine bedeutende Rolle in der Entwicklung von Landwirtschaft, Handel und Bildung im Reich.

814 stirbt Karl der Große und wird in dem von ihm erbauten Münster in Aachen begraben. Schon unter seinen Söhnen bricht die Reichseinheit zusammen, und 841 findet eine endgültige

Teilung in ein Westfrankenreich und ein Ostfrankenreich statt. Aber seine Einheitstat bleibt bestehen. Die Bestrebungen unserer Epoche zu einem vereinigten Europa zielen auf eine Völkergemeinschaft, wie sie in Karls Reich vor 1200 Jahren bestanden hat. Auch in der Fantasie der Völker lebt Karl der Große und Charlemagne fort, so in den Sagen um das Rolandslied und in zahllosen Darstellungen, wie die bronzene Reiterstatue im Louvre und das große Karlfenster in der Kathedrale von Chartres. Was die Franken angefangen hatten, kam erst unter einem Sachsenkönig zum eigentlichen Deutschen Reich. Otto der Große hat im 10. Jahrhundert die Grundlagen des Abendlandes für die folgenden tausend Jahre geschaffen. Mit der Schlacht auf dem Lechfeld hat er 955 die mitteleuropäischen Grenzen im Südosten festgelegt, im Osten hat er die Marken bis zur Oder verschoben, und im Norden wurden die Dänen christianisiert. Trotz verschiedener Rückschläge hat Otto der Große eine erstaunliche Geschlossenheit der deutschen Stämme erreicht.

Davor aber lag der mörderische, dreißig Jahre lange Krieg Karls des Großen gegen die heidnischen Sachsen. Und es endet damit, dass ein Frankenkönig, Konrad I, kinderlos bleibt und auf seinem Sterbebett seinen Bruder Eberhard überredet, seine Erbansprüche auf die Königskrone fallen zu lassen. Konrads Worte, laut Widukind, haben etwas Königliches: „Wir haben viele Getreue und ein großes Volk, das uns im Kriege folgt, wir haben Burgen und Waffen, in unseren Händen sind die Reichsinsignien und es umgibt uns aller Glanz des Königtums. Aber es fehlt uns das Glück und das rechte Geschick. Das Glück, mein Bruder, und die herrlichste Befähigung ist Heinrich zuteil geworden, die Zukunft des Reiches steht bei den Sachsen. Nimm also diese königlichen Abzeichen, die Heilige Lanze, die goldenen Spangen mit dem Königsmantel, das Schwert und die Krone unserer alten Könige, gehe hin zu Heinrich und mache deinen Frieden mit ihm, damit du ihn zum Freund hast. Oder soll das ganze Frankenreich mit dir von seinem Schwerte fallen? Denn wahrlich, er wird ein König und Herr vieler Völker sein."

Mit dem Sachsenherzog Heinrich, dem Vater von Otto, kam ein kraftvoller und tatkräftiger Mann auf den deutschen Königsthron. Er baute die Ostgrenze soweit aus, bis er sich stark genug glaubte, einen demütigenden Tributsvertrag mit den beutehungrigen Ungarn zu brechen. Dann schlug er sie überzeugend in der Schlacht bei Riade und wurde überall als Vater des Vaterlandes bejubelt. Die Herzöge bekannten sich zu ihm, und ab 925 hatte er fünf Herzogtümer im Deutschen Reich vereinigt – Franken, Bayern, Schwaben, Sachsen und Lothringen. Schon im Jahre 919 hatte er das Ostfrankenreich als regnum Teutonicorum, Reich der Deutschen, bezeichnen lassen. Bedeutend für die Reichseinheit war auch, dass Heinrich seinen Sohn Otto zum Thronfolger bestimmte und seine übrigen Söhne von der Herrschaft ausschloss – ein deutlicher Bruch mit den Erbfolgereglungen der Karolinger.

Im Jahre 936, kurz nach Heinrichs Tod, wurde der vierundzwanzigjährige Otto in Aachen gekrönt, um deutlich seinen Anspruch auf die Nachfolge des großen Karls herauszustellen. Erst waren es die weltlichen Fürsten, an ihrer Spitze die Herzöge, die den neuen Herrscher im Säulenvorhof des Münsters „nach ihrem Brauch" auf einen Thron setzten und ihm mit Handschlag ihre Treue und Hilfe gegen alle Feinde gelobten. Im Münster selber übernimmt der Mainzer Erzbischof Hildebert die Handlung und stellt den ungefähr 2000 Versammelten ihren jungen König vor: „Seht ich bringe euch Otto, den Gott zu eurem König gewählt hat und den König Heinrich designiert hat und den alle Fürsten erhoben haben. Wenn euch diese Wahl gefällt, so erhebt eure Rechte zum Himmel." Alle erhoben ihre Hände und riefen: „Heil und Segen dem Herrscher!" Dann wurden Otto am Altar die Insignien des Herrschers überreicht: „Schwert und Wehrgehenk zur Bekämpfung aller Widersacher Christi, den langen, bis zum Boden reichenden Mantel mit den Spangen als Mahnung an den Glauben und für die Sorge um den Frieden, Zepter und Stab zur väterlichen Züchtigung der Untergebenen und zum Schutze der Bedürftigen." Hierauf salbte und krönte der Erzbischof den König.

Trotz der riesigen Ordnungsarbeit seines Vaters hat Otto auch ein Leben lang zu kämpfen. Machtansprüche und Treuebrüche der Herzoge und Fürsten nehmen kein Ende. Die Grenzen sind erst nach langen Kämpfen gesichert. Erst 962, fast dreißig Jahre später, konnte es zu seiner Kaiser-Krönung in Rom kommen. Aber seitdem ist die Kaiserkrone immer wieder einem deutschen König verliehen worden. Es war der Anfang des Heiligen Römischen Reichs Deutscher Nation, das erst 1806 ein Ende fand, als Franz I, Kaiser von Österreich, auf ein Ultimatum Napoleons hin die römisch-deutsche Kaiserwürde niederlegt. Die kirchlichen Einrichtungen blühten unter Otto überall auf, vor allem Dom- und Klosterschulen, und gaben deutschen Städten wie Trier, St. Gallen, Fulda, Regensburg, Köln und Würzburg Rang und Ruhm größerer geistiger Wirkung. Im Osten galt Otto nicht nur als Eroberer, sondern auch als Förderer. Er versuchte das Land zwischen Elbe und Oder mit den von ihm gegründeten Bistümern wie Brandenburg, Meißen und Oldenburg, auch kulturell für das Abendland zu gewinnen. In Magdeburg ist er begraben. Sein Wirken war nicht nur für das ganze Mittelalter bedeutsam, sondern es war grundlegend für die Entwicklungen bis in unsere Tage.

Das Ringen an der deutschen Ostgrenze ist für mich wie ein großes Stück persönliche Geschichte. Unsere Heimat ist Mecklenburg. Während des Krieges wohnten wir in Schwerin im Obodritenring. Magdeburg, Bernburg, Mecklenburg und bestimmt auch der Obodritenring waren Teil der Befestigungen, die das Deutsche Reich gegen den Ansturm der Slawen schützen sollten. Immer neue Wogen von Wilzen, Obodriten, Hevellern, Redariern und wie die slawischen Stämme hießen, brausten gegen die Grenzen behütenden Männer des Markgrafen Gero. Im Nibelungenlied wird Gero als einer der besten Recken besungen. Er ging als kriegserfahren, zielbewusst, freigiebig und als ein eifriger Diener Gottes in die Geschichte ein. Sein Leben war von dem Wunsch bestimmt, das Christentum auszubreiten, und seine Eroberungen waren immer auch Erwerbungen für den christlichen König, dessen wichtigste Aufgabe es war, die Ungläubigen zum Christentum zu bekehren.

Karl der Große und seine Nachfolger hatten eine neue politische Ordnung geschaffen, das heilige Reich der westlichen Christenheit. Aus dem fruchtbaren Dialog und den Spannungen der beiden Pole, Kaisertum-Papsttum, entwickelte sich die Vielfalt und Farbigkeit der abendländischen Kultur. Der Zug nach Rom, der Drang nach Süden, wurde eine der stärksten Triebfedern der deutschen Geschichte, aber auch eine schreckliche Angel in der weiteren Entwicklung Deutschlands und Europas. Jahrhunderte hindurch mussten deutsche Könige, vom Papst herbeigerufen, auf zeitraubende und kostspielige Romzüge, um den Papst und die Kirche zu schützen und aus dem Sumpf von Korruption, Intrigen, Machtkämpfen und Verbrechen zu befreien. Welche Tragik der Geschichte! Jene Päpste, die im eigenen Land oft verachtet waren, ja, selbst von den Römern verhöhnt, verprügelt, durch die Gassen gezerrt, umgebracht oder aus der Stadt gejagt wurden, haben immer wieder ihre Retter, deutsche Könige und Kaiser, verflucht und abgesetzt, haben Fürsten, Bischöfe und Abte zum Verrat an König und Reich getrieben und durch Einschüchterung und Drohungen das Volk immer wieder in mörderische Bürgerkriege gehetzt.

Einer der edelsten und prächtigsten Herrscher der deutschen Geschichte, Friedrich I. Barbarossa (1152 – 1190), schwört bei seiner Krönung in Aachen, am Grab Karls des Großen, das alte Kaisertum wiederherzustellen. Sechsmal zog er nach Italien und auf Kreuzzüge, die von der römischen Kurie verlangt wurden. In einem Augenblick wird er als „der allerchristlichste Sohn der Kirche" bezeichnet, im nächsten als der „Hammer der Gottlosen" und steht unter dem Bannfluch des Papstes. Unter seinem Sohn, König Heinrich VI, erreicht die Macht der Staufer (nach der Burg Hohenstaufen in Schwaben benannt) ihren Höhepunkt. Während Friedrichs sechsten Italienzugs wird Heinrich in Mailand mit Konstanze, Tochter des Normannen Roger II. und Erbin von Sizilien, vermählt. Ihr Sohn, der spätere Friedrich II., wird 1194 in Jesi bei Ancona in Italien geboren. Bei seiner Taufe in der Kathedrale von Assisi erhält er die Namen seiner beiden starken Großväter Friedrich Roger (Federicus Rogerius). Seine

Zeitgenossen nannten ihn „stupor mundi", zu Deutsch „Staunen der Welt". Er verband wieder einmal Deutschland und Italien, die aufkommende Welt, mit der Antike.

Mit Friedrich II. – und Franziskus – endet das Mittelalter und beginnt die Neuzeit, im Religiösen und im Bereich des staatlichen Lebens, in Kunst, Wissenschaft, Forschung. Der Schweizer Kulturhistoriker Jacob Burckhardt bezeichnete ihn als den „ersten modernen Menschen auf dem Thron". Mit dem Stauferkaiser und dem heiligen Franziskus tritt die abendländische Menschheit in das Stadium des grandiosen Kampfes um die Freiheit des Christenmenschen auf allen Gebieten des Lebens gegen die geistige, geistliche und schließlich auch physische Tyrannei des Papismus an. Eine Gedenktafel im Rathaus zu Jesi spricht es aus:

„Friedrich II., König und Kaiser, Denker und Dichter, hat die Freiheit und Menschenrechte wieder hergestellt im Kampf gegen die Theokratie."

Seinen Kindern und deutschen Herrschern wird er ein Vermächtnis. An seinen Sohn Konrad in Deutschland schreibt er: „Den Großen der Erde und Königen reicht die berühmte Abkunft nicht hin, wenn dem ausgezeichneten Geschlecht nicht adliges Wesen verbunden ist und erlauchter Eifer das Fürstentum verherrlicht; nicht nur weil sie höher gesetzt sind, unterscheidet man Könige und Herrscher von anderen, sondern weil sie tiefer blicken und größer handeln."

Eine Verbindung zur späteren deutschen Geschichte ist die Eroberung Preußens in dieser Zeit. Nach Streitigkeiten zwischen Polen und Preußen erteilt Kaiser Friedrich II. dem Hochmeister des Ritterordens, Hermann von Salza, seinem Vertrauten und Berater, den Auftrag, die heidnischen Prußen zu christianisieren und belehnt ihn mit allem Land, das der Orden im Zuge der Missionierung einnehmen und besiedeln wird. Der Ordensstaat existierte 300 Jahre, in denen die Prußen nach schweren, opferreichen Kämpfen das Christentum annahmen und sich das Land durch die Arbeit von Generationen von Deutschen zu höchster

Blüte entwickelt wird. Aus dem Schmelztigel deutscher und slawischer Menschen östlich der Elbe tritt der einflussreiche, protestantische Landadel Pommerns und Ostpreußens hervor. Friedrich II. hat damit Preußen dem Abendland gewonnen und ist Pate jenes Staates geworden, das der Hohenzoller Friedrich der Große zur europäischen Großmacht führte, aus der Bismarck das Deutsche Reich schuf. Friedrich gab 1226 dem Deutschen Orden den einköpfigen schwarzen Adler der Hohenstaufen als Wappen, der zum preußischen Adler wird. So wurde der alte staufische Reichsadler zum Hoheitszeichen des Deutschen Reiches von 1871 und von der Bundesrepublik Deutschland.

In den Jahren kurz nach 1500 wuchs in ganz Europa eine heftige Opposition gegen das herrschende religiöse System der katholischen Kirche. Die protestantische Reformation hatte in vielen Teilen Europas gegärt. Sie erwuchs aus einem leidenschaftlichen Gefühl der Kluft zwischen der Einfachheit des apostolischen Zeitalters und der Pracht und der Geldgier der Kirche in Rom. Martin Luther war der Funke. Seine positive Wirkung in Deutschland und ganz Europa sehe ich gleichbedeutend mit der flammenartigen Ausbreitung des Christentums, wie es in der Apostelgeschichte der Bibel geschildert wird.

Er entfachte einen Sturm in Europa, bekannt als Reformation. Sein mutiges Auftreten gegen die katholische Kirche als machthungrige Institution, seine Worte, die Worte der Bibel, die er selbst in eine deutsche Umgangssprache übersetzt hatte, hat den normalen Menschen mit einer Sturzflut von Ideen getroffen, die so revolutionär und so gut gezielt waren, dass Ketten zerbrachen, die sie in Unwissenheit und Aberglauben gehalten hatten.

Am 31. Oktober 1517 schlug der Augustinermönch Martin Luther (1483-1546) mit kräftigen Hammerschlägen seine fünfundneunzig Thesen gegen den Ablasshandel der katholischen Kirche an die Tür der Wittenberger Schlosskirche. In kurzer Zeit wurden seine Thesen im ganzen Land bekannt und mit ihnen auch Luther selbst. Das hatte er Johannes Gutenberg zu verdanken, der Mitte des 15. Jahrhunderts den Buchdruck erfunden hatte. So konnten Luthers Schriften innerhalb eines Jahres in einer halben Million Exemplare unter das Volk gebracht werden. Zu Luthers großen Taten gehört die Übersetzung der Bibel ins Deutsche, der die Erfindung des Buchdrucks ebenfalls zugutekam. Die erste Ausgabe des von Luther übersetzten Neuen Testaments erschien 1522. Bis 1533 gab es 85 Auflagen. Die Gesamtbibel hatte er 1534 fertiggestellt. Davon soll der Wittenberger Buchdrucker Lufft etwa 100 000 Exemplare verkauft haben. Dabei sei zu bedenken, dass damals in Deutschland weniger als zwanzig Millionen Menschen lebten und nur drei, allenfalls vier Prozent von ihnen lesen konnten.

Auch im Tun des weltlichen Berufs erfüllt sich nach Luther das Christliche, wenn es im Glauben und in der Liebe getan wird. Gute Werke aus Nächstenliebe machen nicht gerecht, aber gehen aus dem Glauben hervor. Die guten Werke, die ein rechter Christ tut, bestehen nicht in besonderen frommen Leistungen, sondern in der Erfüllung der alltäglichen Verpflichtungen. Dazu rechnet Luther auch die Hausarbeit. Er wertet die Arbeit auf und schafft zahlreiche Feiertage und Heiligenfeste ab, von denen es damals an die hundert gab. Es entsteht ein protestantisches Arbeits- und Berufsethos. Dieser hat über Jahrhunderte die wirtschaftliche und soziale Entwicklung in Westeuropa und Nordamerika geprägt.

Luthers Lehre gewann schnell viele Anhänger in Nord- und Ostdeutschland, auch in Pommern und in Skandinavien und bis in Schottland. In Schweden entstand bereits 1527 eine Lutherische Nationalkirche. In Dänemark, zu dem Norwegen gehörte, erhob der Reichstag 1536 Luthers Lehre zur Staatsreligion. Luthers Lehre teilte Deutschland in einen evangelischen und einen katholischen Teil. In dem folgenden Jahrhundert wurde Europa von Religionskriegen gerüttelt, von denen der Dreißigjährige Krieg (1618-1648) bei Weitem der Schlimmste war. Obwohl die meisten europäischen Großmächte beteiligt waren, war Deutschland der Kriegsschauplatz. Die Bevölkerung hat schrecklich in diesem Krieg gelitten, und Geschichtsschreiber meinen sogar, dass dieser Krieg Deutschlands Entwicklung um zweihundert Jahre zurückgeworfen hat.

Das Alte Reich – das Heilige Römische Reich Deutscher Nation seit 962 – wurde 1806 durch ein Ultimatum Napoleons aufgelöst. Seit dieser Zeit kann man eine immer größere Diesseitsorientierung des europäischen Menschen erkennen, und auch Deutsche scheinen ihrer Herkunftsreligion müde geworden zu sein. Bei der Gründung des Deutschen Reichs (1871), dem ersten deutschen Nationalstaat, ging es um politische Ziele. Bismarck hatte den erfolgreichen Deutsch-Französischen Krieg genutzt, um sein Ziel, die Einigung der deutschen Staaten, durch einen gemeinsamen Feind durchzusetzen. Der preußische König Wilhelm I. wurde deutscher Kaiser. Dann kam es noch zu einem dritten Reich. Am 1. September 1933 verkündete Adolf Hitler offiziell, dass der von ihm geführte Staat ein „Drittes Reich" sei, das „tausend Jahre" dauern werde. Dem Dritten Reich waren ganze dreizehn Jahre bestimmt!

Ich erkenne Stolz und Schwärmerei in meinem Geschichtsbild. Ich sehe nur das Starke, die Ordnung, die Vernunft, das Schöne, den Fridericus Rex, vielleicht sogar ein „Deutschland über alles". Es war bestimmt das Geschichtsbild meiner Eltern. Sie waren Kinder des zweiten Reichs und junge Erwachsene im dritten Reich. Durch sie will ich mich in den nächsten Kapiteln auch an Zeitgeschichte wagen, die leider schwer zu verkraften ist.

Junge Menschen unter dem Nationalsozialismus

„Jugend ist wie ein Most. Der lässt sich nicht halten.
Er muss vergären und überlaufen.“

Martin Luther

„Die Heiterkeit und der Lebensmut unserer Jugend
beruht zum Teil darauf, daß wir, bergauf gehend, den
Tod nicht sehen, weil er am Fuß der anderen Seite des
Berges liegt.“

Arthur Schopenhauer

Der Nationalsozialismus war das vollkommene totalitäre System. Getragen wurde er von Revolutionskräften, die das geschlagene und neu-demokratische Deutschland und auch die Welt in den ersten Jahren bestimmt nicht in ihrer Tragweite und Rücksichtslosigkeit voll erkannt hatten. Nach der Machtergreifung 1933 gab es keine demokratischen Möglichkeiten zum Bremsen mehr. Nun drängte der NS-Staat mit einer rigiden Gleichschaltung in alle Bereiche von Staat und Gesellschaft – durchdrängte sie mit seiner NS-Ideologie. Die von den Nationalsozialisten propagierte „Volksgemeinschaft“ wurde von den meisten Deutschen auch als solche empfunden. Die zügige Reduzierung der Arbeitslosigkeit, sozialpolitische Maßnahmen und Einrichtungen wie das Winterhilfswerk gegen Hunger und Armut, die NS-Volkswohlfahrt und nicht zuletzt die beliebte Freizeitorganisation „Kraft durch Freude“ brachten dem NS-Regime bei dem deutschen Bürgertum ebenso nachhaltig Sympathien ein wie die mit großem Aufwand betriebenen Olympischen Spiele 1936. Hinzu kamen außenpolitische Erfolge, mit denen Hitler die als Schmach empfundenen „Ketten von Versailles“ sprengte, das nationale Selbstbewusstsein der Deutschen immer weiter stärkte. Zahlreiche NS-Organisationen prägten das Alltagsleben der Deutschen jeglichen Alters. Im Zuge einer „geistigen Mobilmachung" sollten sie zu überzeugten Anhängern des Regimes werden. Nicht mehr Beruf, Bildung, Herkunft oder Besitz sollten für die Bewertung eines Menschen wichtig sein, sondern nur noch seine Abstammung und sein Einsatz für die Gemeinschaft.

Dazu kann ich meine Eltern sprechen lassen – aus Briefen, Tagebüchern und für uns Kinder Aufgeschriebenes. Tilla Schmidt und Eberhard Braune wuchsen nach dem verlorenen Weltkrieg auf und waren 1933, zur Zeit der NS–Machtergreifung, 19 und 22 Jahre alt. Ihre Väter waren beide Offiziere im Reichsheer gewesen und hatten den schrecklichen Weltkrieg überlebt. Mathilde (Tilla) wurde 1914 und ihre Schwester Wiltrud 1917 in Berlin-Steglitz geboren. Über ihre Erziehung schreibt Tilla, dass sie autoritär und streng war und dass sie darunter litt. Sie hat diese Erziehung später als falsch angesehen, falsch in der Konzeption und falsch in der Methode. Sie führte uns in die Isolation und zu einem übertriebenen Standesbewusstsein. Mit 10 war Tilla in den Augen ihrer Mutter ein widerspenstiges, ungezogenes, wie sie sagte: „Ein bockiges Kind, ganz im Gegensatz zur Schwester Wiltrud."

Die Neunzehnjährige schrieb 1933 (handgeschriebene Aufschriften meiner Mutter): „Ich wollte das Leben in die eigene Hand nehmen, wollte auf alles Gewohnte, das schon zur Selbstverständlichkeit geworden war, verzichten, wollte fort aus dem mich behütenden Elternhaus, rudern, Tennis spielen und reiten und alles, was sich bisher nur auf mich bezog, aufgeben und die großen Ideen des Nationalsozialismus in mir und durch die Tat verwirklichen. Die Gedanken,der Einzelne ist nichts, das Volk ist alles' und,Arbeit für Volk und Vaterland veredelt den Menschen' begeisterten mich und führten zu dem Beschluss, im Freiwilligen Deutschen Arbeitsdienst meinem Volk zu dienen und anschließend Fürsorgerin zu werden."

Die Eltern waren mit diesen Plänen gar nicht einverstanden und hatten viele Vorschläge und auch konkrete Angebote, etwas Angemesseneres zu beginnen. Aber Tilla setzte sich durch, und nach einem Monat hatte sie endlich die Unterschrift des Vaters auf ihrem Antrag zur Aufnahme in den Freiwilligen Deutschen Frauenarbeitsdienst, und einen Monat später kam der Gestellungsbefehl. Erst zwei Jahre später wurde ein sechsmonatiger verpflichtender Arbeitsdienst auch für Mädchen eingeführt.

Für Tilla wurden es sechs Monate, die ihr im späteren, immer schwerer werdenden Leben halfen, durchzuhalten. Das erste Arbeitslager war auf der Insel Rügen. Hier sollte der Arbeitsdienst sogenannten Neubauern helfen, um auf die Beine zu kommen. Es wurde eine sehr andere Welt, aber Tilla hatte es ja gewollt. Die harte Arbeit auf den Feldern mit anderen jungen Freiwilligen entsprach dem gesuchten Ideal. Der Kommandoton, die primitive Unterkunft und Verpflegung und das Ausschalten jegliche Privatheit war schon schwerer. Die Hauskleider, die die Mutter noch hatte nähen lassen, mussten abgegeben werden – sie waren zu elegant. Trotzdem, was es stattdessen gab – das knallblaue sackartige Kleid mit Strippengürtel, das rote Kopftuch, die knautschige Windjacke und als Krönung des Ganzen schwarze Stiefel und graue Männerwollsocken –, wurde mit einem gewissen Stolz getragen.

Freizeit an Wochentagen gab es nicht. Nach dem Waschen am Abend sanken die meisten völlig erschöpft von der schweren Arbeit auf ihre Strohsäcke. Zeitungen sah nur derjenige, der Sonnabendnachmittag den Bericht über die Ereignisse der Woche zu machen hatte. Tilla schreibt, dass sie zu zwei Gelegenheiten Radio hören durften. „Am 1. Juli 1934 hörten wir auf Ediths (die Leiterin) kleinem Volksempfänger die Berichte über die Röhm-Affäre, und Anfang August durften wir die Trauerfeier für den verstorbenen Generalfeldmarschall und Präsidenten des Deutschen Reiches, von Hindenburg, anhören. Beide Ereignisse bewegten mich sehr. Dass sie zu einem Wendepunkt in unserer deutschen Geschichte wurden, konnte ich nur ahnen."

Es kam dann noch zu einer Überweisung in ein Lager am Rhein, wo es Tilla möglich war, vorbereitend auf ihrem vorgesehenen Beruf als Fürsorgerin eingesetzt zu werden. Als Einzige fuhr sie jeden Morgen mit der Bahn von dem ländlichen

Schlösschen, wo diesmal ein wunderschönes Lager war, in ein Armenviertel in Mönchen-Gladbach. Sie hatte bei einer arbeitslosen und kränklichen Familie mit drei Kindern im Täglichen zu helfen, vor allem beim Kochen und Wäschewaschen auf dem Hinterhof. Ein kleines Erlebnis aus dieser Zeit ist auch sprechend. „Gern nahm ich die Einladung einer Arbeitskameradin an, das eine Wochenende, an dem alle nach Hause fahren durften, mit ihr bei ihren Eltern, in ihrem Zuhause zu verbringen. Ich fand es nicht nur interessant, eine Handwerkerfamilie kennenzulernen, es tat wohl. Die kleine Wohnung in Köln-Düren blitzte vor Sauberkeit, und die Eltern nahmen mich auf, als gehörte ich zur Familie. Rechtschaffene, offene Menschen und so deutsch und national, das war eine Freude."

Zurück in Berlin, fing bald, zur Überbrückung bis zum Fürsorgestudium, eine achtmonatige freiwillige Dienstzeit als Hospitantin bei der Familienfürsorge im Rathaus Friedenau, nicht weit von ihrem Zuhause, an. Tilla, jung und schick, tatendurstig und lernbegierig, brachte bestimmt ein paar Sonnenstrahlen in die kleinen, sehr provinziellen Büros, besetzt mit freundlichen, mittelaltrigen Damen. Die Hospitantin begleitete auf Hausbesuchen und war bei den Sprechstunden dabei. Nur von Armut, Elend und Krankheit war bei den Bittstellern, die zur Sprechstunde kamen, die Rede – Verzweiflung in einer Stadt mit so viel Glanz.

Dass Tilla bald allein auf Hausbesuche geschickt wurde, war wohl ein Zeichen ihrer Selbstständigkeit und Einsatzbereitschaft. Es ging vor allem darum, dass Kinder in schwierigen Haushalten richtig versorgt wurden. Tilla schreibt von einem Fall, der ihr immer gegenwärtig bleiben wird, eine Aufgabe, die man eigentlich niemandem zumuten sollte, bestimmt nicht einer Zwanzigjährigen. Mit Ausweis und offiziellem Brief vom Bezirksamt musste sie in eine Wohnung, die Kinder übernehmen und in ein Kinderheim bringen. Sie schreibt: „Auf einem Küchenstuhl saß, nein, hing der Mann, völlig betrunken. Die Mutter las den Brief. Kein Schrecken, kein Entsetzen. Sie holte die beiden Jungs, zog sie an und übergab sie mir – wortlos. Erschütternd!"

1935. Tilla schreibt jetzt von dem schweren, so sehr belastenden Dienst im Rathaus Friedenau. „Ganz schlimm und für mich kaum zu verkraften wurde es. Durch neue Gesetze der nationalsozialistischen Regierung fielen uns in der Familienfürsorge neue Aufgaben zu, Aufgaben, die so entsetzlich schwer waren. Geistig Kranke mussten sich sterilisieren lassen, so befahl es das Gesetz. Und wir mussten die Briefe schreiben. Erst erfolgte eine Untersuchung der Betroffenen durch die Amtsärzte, und dann entschieden Amtsarzt und Fürsorgerin gemeinsam über jeden einzelnen Fall. Eine Welle von Hilfesuchenden überflutete uns. Im Bezirk Friedenau handelte es sich um schizophrene Frauen. Nicht um Geld oder Mietenschutz baten sie, sondern um Verhinderung der Sterilisation. Welch Glück, dass ich nur Hospitantin war und nicht die Verantwortung für das Schicksal so vieler Menschen zu tragen brauchte!'

1935 kam es zur Verlobung mit Eberhard Braune aus Schwerin und Student der Forstwissenschaften. Als Tilla im Juni ihren Eltern eine Verlobung ankündigt, waren diese hocherfreut. Schon am nächsten Tag fuhr ihr Vater zur Direktorin des Pestalozzi-Fröbelhauses, um Tillas Ausbildung als Fürsorgerin zu beenden. Die Mutter: „Du wirst jetzt etwas anderes lernen, als arme Leute zu betreuen und dich dabei kaputtzumachen. Du musst nun lernen, wie man einen großen Forst und Gutshaushalt führt."

1938 war dann endlich die lange Verlobungszeit zu Ende, und es konnte geheiratet werden. Tilla schreibt hierzu: „In der Geschichte unseres deutschen Volkes war das Jahr 1938 ein Jahr der Freude und der Hoffnung, aber auch ein Jahr des Bangens um unsere Zukunft. Österreich wurde im März 1938 dem Deutschen Reich einverleibt, zur Freude von 99 % aller Österreicher. Ein Traum wurde Wirklichkeit. Der Einmarsch der deutschen Truppen in Österreich glich einem Triumphzug. Deutschland wurde zu Groß-Deutschland. Aber unser Vaterland stand am Rande des Krieges. Das Münchner Abkommen zwischen Adolf Hitler und Chamberlain, dem britischen Außenminister, im September 1938 erlöste uns deutsche Menschen und wohl auch das englische und französische Volk von der Angst eines bevorstehenden Krieges. Wir schöpften wieder Hoffnung, glaubten an Völkerverständigung und an den Sieg der Vernunft. Durch die Eingliederung des sudetischen Gebietes mit seinen deutschen Menschen wurde Deutschland noch größer. Wir waren stolz, Deutsche zu sein."

Ein Jahr später kam es zu dem Zweiten Weltkrieg. Das Glück war zu Ende.

Zu einer Partei kam meine Mutter erst unter dem nächsten Regime. Sie hatte sich 1946 in der nun russischen Zone zur Lehrerausbildung gemeldet. Sie schreibt: „Einige Monate nach Beginn der Studienzeit wurden wir aufgefordert, uns einer Partei anzuschließen. Meinen inneren Widerstand gegen eine Parteimitgliedschaft musste ich überwinden, um Aussicht zu haben, zum Examen zugelassen zu werden. Ich fügte mich und wurde Mitglied der Liberal-Demokratischen Partei. Es gab noch die sozialdemokratische, die kommunistische und die Bauern-Partei. Die beiden Erstgenannten schlossen sich später zu der SED (Sozialistische Einheitspartei) zusammen. Ich wurde in meiner Partei sofort in den Vorstand gewählt, und man machte es mir zur Aufgabe, Reden zu halten. Es wurden keine flammenden Reden, aber so nach und nach wurde ich sicherer und versuchte den Menschen, meist Frauen, durch Eingehen in ihre Probleme, die ja auch meine waren, Durchhaltekraft und Hoffnung zu geben."

Die Jugend meines Vaters Eberhard Braune wurde stark durch die Bündische Jugend geprägt, weil sein Vater, Major Alfred Braune, sehr früh an Leukämie gestorben war. Eberhard wurde der Helfer der Mutter in Erziehungsfragen und bestimmte, dass alle vier Jungs sich der Bündischen Jugend anschlossen. Aus Dokumenten, die zehn Jahre einschließen, wird klar, was für eine formende Rolle die Großdeutsche Jugend für diese Jungen und heranwachsenden Männer gespielt hat. Die Bündische Jugend war im 1. Weltkrieg aus der Wandervogelbewegung entstanden. Eine Zeitschrift der Nationalen Jugend vom Jahre 1925 (Eberhard war 14 Jahre alt) ist von den Jungen des Schweriner Stamms zusammengestellt. In einem Artikel an die Eltern steht: „Unser

Ziel ist zwar durchaus ein nationales, aber weit entfernt von allem rechts- oder linkspolitischem Bestreben: Wir wollen eine an Leib und Seele gesunde und ihrer deutschen Art und Aufgabe bewusste Jugend heranziehen. Dazu aber ist vor allem nötig, daß die Jugend erst einmal aus der gesundheitlich und moralisch verdorbenen Stadtluft herauskommt! Wollt ihr uns dabei helfen?" Aus den Artikeln erkennt man ein großes Sehnen dieser Jugend nach einer verlorenen Heimat. Die Titel sagen alles: „Aus dem deutschen Grenzland", „Nach Danzig!", „An den deutschen Rhein!" „Ihre Hoffnung setzen die Brüder und Schwestern in allen Grenzländern auf die deutsche Jugendbewegung. Und du, kannst du da gleichgültig und untätig abseits stehen?"

Beim Forststudium in München spielt die Bündische Jugend wieder eine große Rolle. Eberhard gehört mit verschiedenen Schwerinern der großdeutschen Hochschulgilde „Hagen von Tronje" an. Ziel ist „Erziehung zur Verantwortung gegenüber Volk und Staat, Vertiefung der völkischen Idee und Kampf für Großdeutschland." In den Jahren 1931 und 1932 ist Eberhard der Kanzler (Schriftführer) seiner Gilde. In den langen Semesterberichten geht es hauptsächlich um jede Art von sportlicher Betätigung, Vorträge zum Tagesgeschehen, viele Fahrten (Burg Hoheneck, Tegernsee, Südtirol, Lettland usw.) und natürlich viele Aktivitäten mit den Füchsen. Zu der politischen Lage wird nur sehr vorsichtig Stellung genommen, doch kann man zwischen den Zeilen Zeitgeschichte lesen:

„1930: Am Bayrischen Landesthing nahm auch der Herr Admiral (Admiral von Trotha, ehemaliger Admiral in der Kaiserlichen Marine, nun Schirmherr der Bündischen Jugend) teil. Es gab rege Aussprache zu Referaten über Außen- und Innenpolitik – sehr interessant, da der Admiral viel dazu beitrug.

1930: Unsere Gilde hat sich zusammen mit dem Stahlhelm und der Deutschnationalen Studentengruppe zur Wahl von Vertretern an der Uni gestellt. Doch bekam unsere Liste nur 2 Sitze. Die Nationalsozialisten, dagegen, haben ihre Sitze in der TH und in der Universität von 10 auf 21 vermehrt.

1932: Zu einem Heimabend im Januar hatte jemand das Thema Nationalsozialismus und Kirche vorbereitet, las Stellen aus
dem ‚Mythus des 20. Jahrhunderts‘ von Rosenberg vor, weiter
aus Nagels ‚Nationalsozialismus und Christentum‘ und ähnlichen
Schriften. Die Aussprache war sehr lebhaft. Der Heimabend be-
stätigte das, was wir im Thing festgestellt hatten."

Es wird in dieser Zeit viel an der Zusammenarbeit verschiedener Jugendbewegungen gearbeitet – z. B. die Münchner Gilden
und die Akademische Freischar mit der Deutsch-Akademischen
Gildenschaft (DAG) und, noch weitläufiger, die protestantische
akademische Jugend mit der katholischen.

Der Hintergrund dieser Einheitsbestrebungen ist heute Geschichte (Hermann Giesecke: Vom Wandervogel bis zur Hitlerjugend. Juventa, München 1981.). Im März 1933 entstand der
Großdeutsche Bund, ein kurzlebiger Zusammenschluss unter
der Führung des Admirals von Trotha, aus zahlreichen Bün-
den der Bündischen Jugend. Sein Ziel war es, ein Gegengewicht
zur Hitlerjugend zu bilden, um das Überleben eigenständiger
Jugendbünde sicherzustellen. Aber es war schon zu spät. Bei
dem ersten großen Bundestreffen des Großdeutschen Bundes
auf dem Truppenübungsplatz Munster an Pfingsten 1933 wurde die Presse informiert, dass die deutsche Jugend Adolf Hitler
Treue geschworen hatte. Die versammelte Jugend protestierte,
sang „Ein feste Burg ist unser Gott" und „Lever dot als slav",
aber auch Spottverse auf Baldur von Schirach. Polizei und Hamburger SA und HJ umstellten das Lager, und die 15 000 Teilnehmer wurden nach Haus geschickt. Am 17. Juni 1933 wurde
der Großdeutsche Bund einschließlich seiner Mitgliedsbünde
durch Baldur von Schirach, dem neu ernannten „Jugendführer
des Deutschen Reiches", aufgelöst. Seine etwa 50 000 Mitglieder
wurden in die Hitlerjugend eingegliedert. Die Hoffnung vieler
Bündischer, ihre Denk- und Arbeitsweise in die Hitlerjugend
einbringen zu können, zerschlug sich recht bald.

Ein Interesse, das mein Vater in den Krieg mitnehmen konnte, war Familiengeschichte. Ein großer Teil seiner Dokumente
sind Auszüge aus Geburts-, Tauf-, Trau- und Sterbeurkunden, die

ihm von evangelischen Pfarrämtern aus vielen Teilen Deutschlands zugeschickt worden waren, vom Kirchenbuchführer und selbst vom Pfarrer unterschrieben. Noch mitten im Krieg geht das Suchen weiter – so eine Postkarte vom 1.4.1941 von dem evangelischen Pfarramt Berlin-Zehlendorf an den Herrn Leutnant Braune, Feldpostnummer 00282: „Kein Erfolg diesmal, aber die Kirchenbuchführerin macht den Nachfrager darauf aufmerksam, dass es noch ein drittes Zehlendorf in Mecklenburg gibt."

Eine Schrift von der langenscheidtschen Buchdruckerei steckt mitten zwischen den Dokumenten: „Wie man Familienforschung betreibt". Neben dem Wie ersehe ich daraus auch ein bisschen von dem Warum und kann so etwas mehr über meinen Vater erfahren. Da heißt es in der Einführung: „Dem heutigen Geschlecht tut ein wenig mehr Familienachtung und -liebe Not, wenn es nicht ganz zerfallen soll ... Es ist eben doch etwas anderes, wenn man weiß, auf welchem Ast des Familienbaumes man als Blättlein festsitzt, als wenn man so geschichtslos vom Winde verweht wird. Deutschland in seiner unvergleichlichen Geschichte, in seiner Größe und seinem Leid, in der vielfachen Spielart seiner Stämme ist nicht das Werk eines Stammes oder einzelner Stände oder Kasten. Deutschlands Geschichte wurde unter seinen Fürsten und Führern von jeher geschrieben durch das deutsche Volk in allen seinen Gliedern. So ist die Familiengeschichte, in der rechten Weise erforscht, stets ein wertvolles Mosaiksteinchen im Gesamtbilde der deutschen Geschichte" – (Emil Frommel, 1828-1896).

Wie schrecklich ist dieser Familien- und Volkssinn, von dem Emil Frommel spricht, unter den Nationalsozialisten missbraucht worden! In dem Ahnenpass meiner Mutter, mit vielen Stempeln beglaubigt vom Standesamt in Berlin-Steglitz, lese ich, dass man schon laut Reichsbeamtengesetz von 1933 einen Nachweis der arischen Abstammung bringen muss, der sich auf Eltern und Großeltern des Nachweispflichtigen erstreckt. Dieser Abstammungsnachweis gilt auch für Ärzte, Rechtsanwälte, Schriftleiter und höhere Schüler sowie für viele Verbände und Körperschaften. 1935 übernimmt auch das Wehrgesetz diese

Bestimmungen. Der urkundliche Nachweis arischer Abstammung ist spätestens bei der ersten Beförderung zu erbringen. Jedem Angehörigen arischer Abstammung ist außerdem das Eingehen einer Ehe mit einer Frau nichtarischer Abstammung verboten. 1935 wurde Vater Eberhard zum Gefreiten befördert, 1938 wurde er Forstassessor – also Beamter, und im selben Jahr heiratete er meine Mutter. Ahnenforschung war also damals für jeden eine Lebensnotwendigkeit. Mit den Nürnberger Gesetzen von 1935 wurde dann die rechtliche Grundlage für die Verfolgung der Juden in Deutschland geschaffen, unter anderem mit dem Blutschutzgesetz und dem Reichsbürgergesetz. Antisemitismus war fortan nicht nur legal, sondern gesetzlich verordnet.

Der Rassegrundsatz.

Die im nationalsozialistischen Denken verwurzelte Auffassung, daß es oberste Pflicht eines Volkes ist, seine Rasse, sein Blut von fremden Einflüssen rein zu halten und die in den Volkskörper eingedrungenen fremden Bluteinschläge wieder auszumerzen, gründet sich auf die wissenschaftlichen Erkenntnisse der Erblehre und Rassenforschung. Dem Denken des Nationalsozialismus entsprechend, jedem anderen Volke volle Gerechtigkeit widerfahren zu lassen, ist dabei niemals von höher- oder minderwertigen, sondern stets nur von f r e m d e n Rasseneinschlägen die Rede.

Der Begriff der arischen Abstammung.

Da nach den Ergebnissen der Rassenlehre das deutsche Volk neben dem bestimmenden Einfluß der nordischen Rasse auch in geringerem und rechnungsmäßig nicht erfaßbarem Umfange andere mehr oder minder verwandte Rassenbestandteile enthält, die auch die Bausteine der europäischen Nachbarvölker sind, hat man für diesen übergeordneten Begriff der Gesamtheit der im deutschen Volke enthaltenen Rassen die Bezeichnung a r i s c h (abweichend von der Sprachwissenschaft!) gewählt, und damit das deutsche und das diesem eng verwandte Blut zu einer rassischen Einheit zusammengefaßt.

Arischer Abstammung ist demnach derjenige Mensch, der frei von einem, vom deutschen Volke aus gesehen, fremdrassigen Bluteinschlage ist. Als fremd gilt hier vor allem das Blut der auch im europäischen Siedlungsraume lebenden Juden und Zigeuner, das der asiatischen und afrikanischen Rassen und der Ureinwohner Australiens und Amerikas (Indianer), während z.B. ein Engländer oder Schwede, ein Franzose oder Tscheche, ein Pole oder Italiener, wenn er selbst frei von solchen, auch ihm fremden Bluteinschlägen ist, als verwandt, also als arisch gelten muß, mag er nun in seiner Heimat oder in Ostasien oder in Amerika wohnen oder mag er Bürger der U.S.A. oder eines südamerikanischen Freistaates sein. Daß uns dabei z.B. für eine Eheschließung der deutsche Volksgenosse, das Mädchen r e i n deutscher Abstammung näherstehen als ein anderer Arier entfernterer Rasseverwandtschaft, ist selbstverständlich.

Regierung und Partei gingen daher im planvollen Ausbau des als richtig erkannten Grundsatzes daran, durch das B e r u f s b e a m t e n g e s e t z (Gesetz zur Wiederherstellung des Berufsbeamtentums vom 7. 4. 1933, RGBl. I. S. 175 § 3 und Durchführungsbestimmungen), die Fehler des vergangenen Systems auszumerzen und den staatswichtigen Berufsstand des Beamtentums vor allem von denjenigen Trägern fremdrassiger Blutsteile zu reinigen, die unter der Herrschaft des Novemberstaates eingedrungen waren. Aehnliche Reichsgesetze wurden dann für andere einflußreiche und für das gesamte Volksleben wichtige Berufsstände (Rechtsanwälte, Notare, Patentanwälte, Aerzte u. a.) erlassen, die gleich dem Berufsbeamtengesetz

Der Ahnenpass der Mutter, Mathilde Schmidt

181

NS-Ideologie dringt in jede Berufssparte. In einem Aufsatz meines Vaters aus der Forstreferendarzeit zum Thema „Forstarbeiterschulung" heißt es in der Einführung: „Die Revolution des Nationalsozialismus im Jahre 1933 wurde in erster Linie getragen von der Schicht der arbeitenden Menschen, der Arbeiter, und wandte sich gegen die bürgerliche Welt, die mit Verachtung auf die Arbeit und die Träger der Arbeit, die Proletarier, herabsah. Der Nationalsozialismus brachte in dieser Verachtung der Arbeit eine grundsätzliche Wandlung. Das deutsche Volk lernte wieder, die Arbeit zu achten und zu ehren. Mit Grauen denken wir heute nur noch an die Zeit zurück, wo Arbeit gewissermaßen eine Schande war, wo Deutschland ein Millionenheer von Arbeitslosen hatte, das Millionen dem Staat kostete und keine Arbeit leistete. Der deutsche Mensch braucht die Arbeit, er liebt sie, und dementsprechend ist es heute, wo das deutsche Volk wieder zu den Wurzeln seines Wesens zurückgefunden hat, eine Schande, wenn jemand nicht arbeiten will. Der Arbeiter ist nicht mehr ein Mensch zweiter Klasse, er ist heute gleichberechtigt, wie jeder deutsche Volksgenosse. Nicht darauf kommt es an, was für Arbeit der Einzelne leistet, sondern wie er seine Arbeit tut. Nach Leistung allein wird der Mensch bewertet. Das deutsche Volk braucht heute die Leistung mehr denn je in dem beispiellosen Kampf um seine Selbstständigkeit, seine Unabhängigkeit vom Ausland, von ausländischen Rohstoffen und Devisen."

Dann kommt es zum Thema des Aufsatzes: Die Forstwirtschaft beschäftigte bisher ungelernte Arbeiter. Heute geht die Entwicklung immer mehr dahin, aus dem Forstarbeiter einen Facharbeiter zu machen. Dazu gehört Schulung der Arbeiter, die wiederum nur auf einer vorangehenden Schulung der Beamten aufbauen kann. Zu dieser Schulung gehört nicht nur die technische und die körperliche Schulung, sondern auch das Verstehen des Arbeitsziels, im Holzwirtschaftlichen sowohl wie im Landespolitischen. Dem Aufsatz liegt eine Zeitungsseite (Neue I. Z. vom 10.12.1936) bei. „Ein Beitrag zum neuen Vierjahresplan – Mehr Erfolg ohne Mehrarbeit". Auf verschiedenen Bildern sieht man den

Försternachwuchs beim Lernen im Wald und im Hörsaal. Auffallend der militärische Haarschnitt bei all den jungen Referendaren. Die letzte Wehrdienstübung kann nicht lange zurückliegen.

Die sechs Kriegs- und Schreckensjahre der NS-Zeit will ich nur in ein paar Zeilen aus den Niederschriften meiner Mutter andeuten.

„In der Nacht zum 26. August 1939 wurde Eberhard der Gestellungsbefehl überbracht. Ich meine heute noch das grelle Klingeln und das Bummern an der Haustür zu hören. Krieg, bisher nur ein erschreckendes Wort, wurde nun Wirklichkeit. Alle vier Braune-Söhne wurden innerhalb der ersten Kriegswochen eingezogen. Es gab kein Fahnenschwenken, kein Blumenwerfen und kein Hurra wie zu Beginn des 1. Weltkrieges."

„Für uns Frauen änderte sich das Alltagsleben sofort. Alle auf uns zukommenden Schwierigkeiten hatten wir nun allein zu meistern – das lange Anstehen mit Lebensmittelkarten, Verdunkelungen wegen Fliegergefahr in allen Zimmern und im Treppenhaus anbringen. Am 11. Februar 1940 starb unser Sohn Trutz-Volker, gerade sechs Monate alt. Aus einer Bronchitis war eine Lungenentzündung geworden. Sein Vater war an der Front. Apathie und Depressionen hielten mich in ihren Krallen. In der Erinnerung ist alles dunkel um mich. Meine Mutter versorgte und verpflegte uns."

„In mir war alles tot – bis euer Vater plötzlich bei uns war. Juli 1940 – der Krieg im Westen war siegreich beendet, und euer Vater hatte 18 Tage Urlaub. Ich fing an aufzuleben, konnte mich wieder freuen und begann ein normaler Mensch zu werden. Die glückliche Geburt meines zweiten Sohnes Wolf-Rüdiger war die letzte größte und tiefste Freude über viele Jahre. Einen Monat später, im Mai 1941, geschah ein Wunder! Plötzlich stand dein Vater vor der Tür! 3 Tage konnte er bleiben.

Im Juni 1941 begann der Krieg gegen Russland. Auf allen Straßen Schwerins wurde das Furchtbare durch Lautsprecher verkündet. Die Menschen blieben stehen, stumm, mit ernsten Gesichtern. Mir liefen die Tränen. O Gott, vor welche Prüfungen stellst du uns?"

„Ende August erhielten wir die furchtbare Nachricht, dass Wilfried, der zweitälteste Braune, am 12.8 in Russland gefallen war. Er war direkt von seinem Studium in Danzig eingezogen. Im gleichen Monat fiel auch sein Vetter Heinz Lange. Mutter Hanna zog zu ihrer Schwester Trudchen Lange nach Bernburg, im Leid um ihre gefallenen Söhne vereint."

„In diesem Kriegswinter waren die Lazarette und Krankenhäuser der Stadt voll von frostgeschädigten Soldaten aus Russland, deren Füße und oft auch Beine amputiert werden mussten. Wir packten zusammen Feldpostpäckchen an Euren Vater und an Onkel Axel."

Was kann ich, der ich nicht dabei war, dazu noch sagen. Die nächsten drei Jahre sollten noch viel schwerer werden. Spät im Leben bekam ich durch Freunde einen kleinen Gedichtband – von Herbert Schaffner im Rückblick geschrieben. Er war dabei – 1942 Abitur in Berlin und dann schon 1943, als 19-Jähriger, schwer verwundet zurück aus Russland. Er schaffte es, Arzt zu werden, praktizierte in Ostberlin und durfte 1957 als Invalide nach Westberlin umsiedeln. Ein Gedichtband – ‚Was mir Geist und Herz bewegt' – erschien 1984, fünf Jahre bevor die Berliner Mauer fiel. Seine Gedichte sprechen mich tief an. Ich höre eine verlorene Jugend, die trotzdem weitermachen will, die es als eine Verantwortung der nächsten Generation gegenüber sieht.

„Mit *Vaterland* und *Heimattreue*
ward schon mancher Mensch gerührt,
den mit Demagogenschläue
dann aufs Schlachtfeld man geführt.

Laßt uns endlich unterscheiden
zwischen wahrem Freund und Feind,
daß nichts nützt ihm das Verkleiden,
wenn der Wolf als Schaf erscheint!

Reißt den Schafspelz ihm vom Leibe
und die Maske vom Gesicht,
daß nie wieder Unheil treibe
als *Biedermann* ein Bösewicht!"

Meine Eltern gehörten dazu. Es tut weh, im Rückblick nur alles Schlechte zu hören. Ich bin dankbar, ein Gesamtbild meines Vaters als jungen Menschen seiner Zeit zu haben – es stammt aus einem Beileidsbrief, den General Kempf, kommandierender General des 48. Panzerkorps und ein guter Freund der Familie Braune, im September 1942 an meine Mutter schrieb:

„... Seit 20 Jahren habe ich Ihren Gatten gekannt. Schon als Kind war er von höchster Pflichterfüllung beseelt. Ich weiß, wie er in jugendlichem Alter seiner Mutter zur Seite stand, und ich weiß, in welch vorbildlicher Weise er als junger Führer im großdeutschen Jugendbund jahrelang tätig war. Ich weiß dann ferner, mit welcher Energie und Zähigkeit er die Jahre seiner Ausbildung für seine geliebte Forstlaufbahn ausgenutzt hat, um in seinem Lebensberuf voll und ganz seinen Mann stehen zu können. Schließlich habe ich in den vergangenen Wintermonaten, wo ich oft die Freude hatte, den lieben Eberhard und den guten Axel bei mir zu sehen (im Korpshauptquartier), immer wieder gesehen und erlebt, in welch treuer Pflichterfüllung er seinen soldatischen Dienst erfüllte und welch ausgezeichneter Adjutant er seinem Kommandeur war. ... Mein größter Wunsch, den ich in der für Sie so schweren Stunde hege, ist, dass Ihre Kinder ein Ebenbild ihres für unser Vaterland gefallenen Vaters werden."

Kirche unter dem Nationalsozialismus

„Alle Ideologien legen das Gewissen an die Kette."
Hans-Jürgen Quadbeck-Seeger

*„Böses darf man nicht nur denen zur Last legen,
die es tun, sondern auch denen, die es nicht verhindern,
obwohl sie dazu in der Lage wären."*
Thukydides

Wie konnte es in einem Deutschland in unserer Zeit zu dem schrecklichen Dritten Reich kommen? Der junge Graf Lehndorff, Chirurg während der Besetzung von Königsberg, 1945, durch die Russen, schrieb in seinem „Ostpreußischen Tagebuch": „Kann man überhaupt von diesen Dingen schreiben, den furchtbarsten, die es unter Menschen gibt? Ist nicht jedes Wort eine Anklage gegen mich selbst? ... Was wir erlebten, hat nichts zu tun mit einem bestimmten Volk oder einer Rasse – das ist der Mensch ohne Gott, die Fratze des Menschen."

Dabei muss ich unweigerlich an das „gottgläubig" meiner Eltern denken. Im Wehrpass meines Vaters, eines seiner Dokumente, die mit nach Afrika kamen, ist 1938 bei Religion „evangelisch" durchgestrichen und „gottgl." handschriftlich eingetragen. Im beglaubigten Ahnenpass meiner Mutter steht unter Bekenntnis „evangelisch", aber in einem nur handgeschriebenen Ahnenpass ist sie als „gottgläubig" eingetragen. So konnte ich mir vorstellen, dass die beiden sich vor ihrer Hochzeit, 1938, entschlossen hatten, aus der Kirche auszutreten – es tut weh, das zu wissen, vor allem, wenn man nicht den Grund kennt.

		I. Angaben zur Person	
1	Familienname	◯ Braune	
2	Vornamen (Rufname unterstreichen)	Eberhard	
3	Geburtstag, -monat, -jahr	26. April 1911	
4	Geburtsort Verwaltungsbezirk (z. B. Kreis, Reg. Bezirk)	Schwäb. Gmünd	
5	Staatsangehörigkeit	Dtsch. Reich	
6	Religion	evangelisch gottgl.	
7	Familienstand	ledig verheiratet 26. II. 38	
8	Beruf (nach Berufsverzeichnis)	erlernter Forstreferendar ausgeübter	
9	Eltern	Vater (Rufname, Familienname) Alfred Braune Beruf Major a. D. † 1925	Mutter (Rufname, Familienname) Marie Braune (Mädchenname) Lange

(eigenhändige Unterschrift des Inhabers – Rufname, Familienname)

Vater Eberhard – evangelisch wird gottgläubig

In den Papieren des Vaters fand ich dann aber noch ein aufschlussreiches Dokument. Ein Brief vom Pfarramt, der den Austritt aus der Kirche bestätigt, unterschrieben mit „Heil Hitler"! Ich konnte es nicht fassen, so etwas mit eigenen Augen zu sehen. War das der Grund des Kirchenaustritts? Leider ist Eberhards Brief mit dem Antrag nicht mehr vorhanden. Aber es war noch etwas vorhanden. Eberhard hatte an den Brief vom Pfarramt drei kleine Zeitungsausschnitte angeheftet, die sich jeweils mit einer Religion befassten, nämlich „Gottgläubig", „Ludendorffer" und „Bekennende Kirche". Laut diesen Berichten sind die „Ludendorffer" eine kleine religiös-völkische Weltanschauungsgemeinschaft, 1937 von Mathilde Ludendorff gegründet. „Gottgläubig" sollte all denen, die in dieser Zeit aus der Kirche austraten, die Möglichkeit geben, nicht automatisch als „glaubenslos" klassifiziert zu werden. Die „Bekennende Kirche" hatte sich 1934 gebildet, um sich gegen den Einfluss des Nationalsozialismus in der evangelischen Kirche zu wehren. Ab 1935 hatte der Staat die Ausbildung von Pastoren durch die BK verboten, und 1937 wurde ihr Leiter verhaftet und kam ins KZ. Und so kam es zum Bekenntnis meiner Eltern als „Gottgläubig".

Über das Internet hatte ich mit der Zeit immer mehr über Religion und die Kirche im Dritten Reich erfahren. Der Anspruch des NS-Regimes, alle Bereiche des öffentlichen wie des privaten Lebens mit nationalsozialistischer Ideologie zu durchdringen, erstreckte sich auch auf das Religiöse. Die beiden großen christlichen Kirchen sahen sich ab Frühjahr 1933 in Auseinandersetzungen mit dem NS-Regime verstrickt und dem Versuch der Gleichschaltung ausgesetzt. Die Nationalsozialisten vertraten keine einheitliche Religiosität. Einige propagierten als Deutsche Christen (DC) einen nationalistisch-antisemitischen Protestantismus, andere, wie Alfred Rosenberg, einen rassistischen Neopaganismus mit Bezügen zur germanischen Mythologie. Ein besonders scharfer Kritiker des Christentums in der NSDAP war der Reichsführer SS Heinrich Himmler. Himmler sah in der Überwindung des Christentums und in der Wiederbelebung einer „germanischen" Lebensweise eine zentrale Aufgabe der SS.

1936 initiierten die Nationalsozialisten eine Kirchenaustrittsbewegung. Zwischen 1937 und 1939 verlor die evangelische Kirche mehr als eine Million Mitglieder. Auch die katholische Kirche wurde in dieser Zeit durch zahlreiche Austritte geschwächt. Ideologisch begleitet wurde die Austrittsbewegung durch Schriften des Parteiideologen Alfred Rosenberg, insbesondere durch seinen „Mythus des 20. Jahrhunderts" sowie durch Veröffentlichungen Erich Ludendorffs und seiner Ehefrau Mathilde. Der Ausdruck „gottgläubig", gedacht als positiver Gegensatz zu „ungläubig", sollte echt religiöse oder nur scheinbar religiöse, konfessionell ungebundene Personen mit ideologischer Nähe zum Nationalsozialismus positiv kennzeichnen. „Gottgläubig" wurde zu der Zeit definiert als „amtliche Bezeichnung für diejenigen, die sich zu einer artgemäßen Frömmigkeit und Sittlichkeit bekennen, ohne konfessionell-kirchlich gebunden zu sein, andererseits aber Religions- und Gottlosigkeit verwerfen". Da sowohl die Zugehörigkeit zu einer Religionsgemeinschaft als auch „Freidenkertum" im Nationalsozialismus nicht als karrierefördernd galten, bot die durch Erlass des Reichsinnenministers vom 26. November 1936 offiziell eingeführte Bezeichnung „Gottgläubig" für konfessionslose Nationalsozialisten einen Ausweg, um so zu dokumentieren, dass man durch einen Kirchenaustritt nicht automatisch „ungläubig" bzw. freidenkerisch-liberal werde.

Der Nationalsozialismus verstand seine rassistische Ideologie als vom Führerstaat in allen Gesellschaftsbereichen durchzusetzende „Weltanschauung". Dieser totalitäre Absolutheitsanspruch tendierte auf Konflikte mit anderen „Bekenntnissen". Einerseits garantierte das NSDAP-Programm, wie auch Hitler in „Mein Kampf", den Großkirchen den Bestandschutz und innerkirchliche Selbstverwaltung, andererseits strebte man ihre Begrenzung auf unpolitische Belange und weitreichende Eingriffe in kirchliche Strukturen an. Noch 1933 bejahte Hitler das Christentum in seinen Regierungserklärungen, aber nur aus machttaktischen Motiven, um die Unterstützung der Großkirchen für den Aufbau des gleichgeschalteten „Führerstaats" zu erhalten.

Die Ideen Hitlers fanden in der evangelischen Kirche anfangs großen Anklang: Er schuf das Bollwerk gegen einen Liberalismus und besonders gegen den Kommunismus. Auch der Antijudaismus wurde – zumindest stillschweigend – in großen Teilen der Kirche gebilligt. Besonders durch die Gruppierung der „Glaubensbewegung Deutsche Christen" fanden die Ideen der NS-Ideologie Eingang in das kirchliche Denken. Nach massiver Propaganda gewannen die Deutschen Christen 1933 die Kirchenwahlen in der neu geschaffenen einheitlichen Reichskirche und stellten damit die Bischöfe in fast allen evangelischen Landeskirchen.

Das Ziel dieser Bewegung war die Deutsche Evangelische Kirche (DEK) im Sinne einer konfessionslosen, zentral gelenkten Reichskirche zu vereinheitlichen und ideologisch dem Nationalsozialismus anzugleichen. In ihrem Bekenntnis zum „positiven Christentum" nahmen sie ein Stichwort aus dem Parteiprogramm der NSDAP von 1920 auf. Mit diesem Schlagwort wurde ein arisches, germanisches Christentum der Tat verstanden. Das Alte Testament wiesen sie als „Verjudung" des Christentums zurück und versuchten, es abzuschaffen. Anders als die DC glaubte Hitler nicht, dass sich die „jüdische Wurzel" des Christentums kappen und dieses vollständig „entjuden" lasse. Hitler unterstützte daher intern die Kritiker des Christentums in der NSDAP. Er äußerte diesen Standpunkt aber bewusst nie öffentlich, weil er befürchtete, seinen Rückhalt in der Bevölkerung zu verlieren.

Gegen diese Anschauungen richtete sich der Protest vieler Kirchenmitglieder. Die Bekennende Kirche entstand 1934 als Gegenbewegung zu den Deutschen Christen, nachdem der Dahlemer Pfarrer Martin Niemöller gemeinsam mit Dietrich Bonhoeffer schon 1933 den Pfarrernotbund als Opposition initiiert hatte. Die Bekennende Kirche verstand sich mit ihrer Barmer Theologischen Erklärung als „rechtmäßige evangelische Kirche" in Deutschland und sah das Programm der Deutschen Christen und die Befürwortung des „Arierparagraphen" als Verfälschung der christlichen Lehre an. Dies wurde von der Seite des Staates als politischer, von Seiten der „bekennenden" Christen aber als theologischer Konflikt gesehen. Der Kirchenkampf lässt sich daher nur bedingt als Konflikt zwischen Kirche und Staat auffassen, er war im Kern ein Kampf um das Selbstverständnis der evangelischen Kirche mit politischen Wirkungen und nicht ein politischer Widerstand gegen den Nationalsozialismus, von seltenen Ausnahmen abgesehen. Die Verfolgung der Bekennenden Kirche nahm zu, als im August 1936 eine Denkschrift an Hitler öffentlich wurde, in der sie die Existenz von Konzentrationslagern (KZ) anprangerte und die „nationalsozialistische Weltanschauung" verwarf.

Die NS-Regierung reagiert sofort. Es kam zur staatlichen Einsetzung von Kirchenausschüssen, um die evangelische Kirche zu kontrollieren. Damit wird die Barmer-Erklärung faktisch unterlaufen. Ab 1937 kommt es zu Unterdrückung durch Verhaftung führender Mitglieder der Bekennenden Kirche und zu vielen anderen Repressionen. Als Niemöller zum zweiten Mal verhaftet wird und ein Protestgottesdienst in seiner Jesus-Christus-Kirche in Berlin-Dahlem staatlich verboten wird, singen über 1000 Gottesdienstbesucher auf der Straße, von Polizisten umringt, „Ein feste Burg ist unser Gott". Martin Niemöller blieb während des ganzen Krieges in Haft, in verschiedenen Konzentrationslagern, und überlebte wahrscheinlich nur, weil er im Ausland schon damals als Symbol des Widerstands gegen Hitler galt.

Mit der internationalen Katholischen Kirche musste Hitler anders umgehen. Im Reichskonkordat von 1933 gewährte er dem Vatikan und den deutschen Bischöfen 1933 die Freiheit des Bekenntnisses, konfessionelle Schulen und Universitäten, solange die römisch-katholische Kirche dafür auf jegliche politische Aktivität verzichte. Die katholische Zentrumspartei löste sich auf, und neu eingesetzte Bischöfe mussten nun einen Treueid auf die Reichsregierung leisten. Das Konkordat wurde Hitlers erster großer außenpolitischer Erfolg.

Aber bald kam es zu immer mehr Verstößen gegen das Konkordat durch die NS-Regierung, mit Maßnahmen, die darauf abzielten, die Kirche aus ihrem öffentlichen Wirkungskreis zurückzudrängen. Äußerst empfindlich reagierte die Regierung im Jahr 1937 auf die Veröffentlichung der Enzyklika „Mit brennender Sorge", in der Papst Pius XI. diese Rechtsbrüche anprangerte und auch die NS-Rassenlehre offen verurteilte. Nach der Verlesung der Enzyklika von den Kanzeln kam es immer mehr zur Verfolgung von katholischen Geistlichen. Der Beginn des Zweiten Weltkriegs, im September 1939, brachte zunächst eine gewisse Atempause. Hitler strebte eine Art Burgfrieden mit den Kirchen an, um die Unterstützung für den Krieg an der „Heimatfront" nicht zu gefährden.

Allerdings rief das ungefähr zeitgleich mit dem Weltkrieg gestartete „Euthanasie"-Programm – die systematische Ermordung von geistig und körperlich Behinderten – sehr bald deutliche kirchliche Kritik hervor. Vor allem die Bischöfe von Galen (katholisch) und Theophil Wurm (evangelisch) wandten sich gegen das staatliche Morden. Als daraufhin auch in der Bevölkerung die Proteste gegen die „Euthanasie" immer mehr zunahmen, wurden die Mordaktionen offiziell gestoppt, sie wurden jedoch heimlich weitergeführt.

Eine ähnliche kirchliche Protestbewegung gegen die Behandlung der Juden im Dritten Reich hat es nie gegeben. Selbst angesichts der Reichskristallnacht oder der unzähligen Deportationen blieb die Kirche stumm. Weder in den Artikeln der Barmer Erklärung der Bekennenden Kirche noch in der „Mit-brennender-Sorge"-Anklage des Vatikans kam das Schicksal der Juden Deutschlands zur Sprache. Offener Protest oder gar Widerstand gegen das Regime blieb auf einzelne mutige Laien und Priester beschränkt. Von Dietrich Bonnhoeffers Protest und seinen Gedanken aus dieser Zeit soll an anderer Stelle noch die Rede sein.

Nicht von ungefähr schrieb Martin Niemöller 1976 in einem Gedicht:

> *„Als die Nazis die Kommunisten holten,*
> *habe ich geschwiegen; ich war ja kein Kommunist.*
> *Als sie die Gewerkschaftler holten,*
> *habe ich geschwiegen, ich war ja kein Gewerkschaftler.*
> *Als sie die Juden holten,*
> *habe ich geschwiegen, ich war ja kein Jude.*
> *Als sie mich holten, gab es keinen mehr,*
> *der protestieren konnte."*

Und katholische Bischöfe schrieben schon in einem Hirtenwort vom 23. August 1945: „Viele Deutsche, auch aus unseren Reihen, haben sich von den falschen Lehren des Nationalsozialismus betören lassen, sind bei den Verbrechen gegen menschliche Freiheit und menschliche Würde gleichgültig geblieben; viele leisteten durch ihre Haltung den Verbrechen Vorschub, viele sind selber Verbrecher geworden."

Während einer Gebetsreise nach Deutschland, an der ich 2019 teilnahm und von der in der „Dritten Reise" noch etwas erzählt werden soll, beschäftigte uns das Versagen der Kirche im Dritten Reich sehr. Wir erfuhren von einer Berliner Erklärung vor nun schon mehr als hundert Jahren, die den geistlichen

Aufbruch Anfang des 20. Jahrhunderts, der über USA (Azusa Street) und Norwegen (Oslo) nach Deutschland kam, stark ablehnte. War dies nicht „eine Betrübung" und „ein Dämpfen" des Heiligen Geistes, und wurden die Erklärer hier nicht schwer schuldig an dem Heiligen Geist Gottes?

In vielen Teilen der Welt hatte es Anfang des 20. Jahrhunderts gleichzeitig und unabhängig voneinander „pfingstliche" Aufbrüche gegeben. Eine „neue Geistesausgießung" in Los Angeles, USA, wird ein Tor zur Welt. Auf europäischem Boden wird Oslo zum Ausgangspunkt einer raschen Ausbreitung über Skandinavien, England und die Schweiz. Auch im Deutschen Reich hatte es bereits Jahrzehnte zuvor regionale Erweckungen gegeben. Gläubige sind von einer großen Sehnsucht nach der Fülle des Geistes und seinen Gaben erfüllt. Seit 1901 gehen intensive Aufrufe zum Gebet um Erweckung durch pietistische Kreise. „Es herrscht ein weit verbreitetes Gefühl, dass eine Neubelebung der Kirche nahe sei."

Diese neue Bewegung ruft den 13. August 1727 in Erinnerung, den „Tag der Ausgießung des Heiligen Geistes über die Gemeinde", den die Herrnhuter ihren „Pfingsttag" genannt hatten. Die erlebte Gemeinschaft im heiligen Geist wurde damals von hier in die ganze Welt getragen. Die Jahre 1907-1910 werden von einer immer weiteren Ausbreitung der Pfingstbewegung in Deutschland geprägt. Mächtige Geistausgießungen erfolgen, aber die Schlagzeilen macht Kassel, wo schwach geleitete Versammlungen tragischerweise in Tumult und Chaos enden. Es kommt zu einem Riss, in dem sich die landeskirchliche Gemeinschaftsbewegung und die Evangelische Allianz in der „Berliner Erklärung" von 1909 scharf von der gerade entstehenden Pfingstbewegung distanziert und die Erweckung als teuflisch verdammt.

Die Resolution ist eine weltweit einzigartige Erklärung, da es in keiner anderen Nation zu einer derartigen, tiefen und lang andauernden Distanzierung zwischen der evangelischen Kirche und dem Heiligen Geist gekommen ist wie in Deutschland. Wo zu der Zeit die Hoffnung auf einen weltweiten Aufbruch im

Raum gestanden hatte, war der Geist auf deutschen Boden auf Unreife, Ehrgeiz, Machtstreben und Verhärtung gestoßen und hielt eine geistliche Entwicklung an Gebet und Mission auf, wie ihn die ganze Welt seitdem erlebt hat. Jegliche Sehnsucht nach einem „Mehr" an persönlicher Geisterfahrung stand fortan unter dem Generalverdacht des „Schwarmgeistigen", und der ganze dritte Glaubensartikel wurde zum Stiefkind deutscher Pietisten.

In seinem Buch „Der Geist über Deutschland" schreibt Siegfried Fritsch hierzu noch 1985: „Der Streit um den Heiligen Geist ist der größte Fluch über Deutschland. Dem antibiblischen Geist der Antike gelingt es mit Aufklärung weitgehend, im deutschen Volk die Ablehnung Jesu zu zementieren. Die Berliner Erklärung markiert einen zweiten, tiefen Einbruch des Widersachers in unserem Lande: die Ablehnung des Heiligen Geistes. Deutschland ist nun seines spirituellen Schutzes weitgehend beraubt, die Katastrophen des 20. Jahrhunderts unvermeidlich geworden. … Deutschland bekehre dich von der Finsternis zum Licht! Es ist später, als du denkst, aber noch nicht zu spät."

Am schwersten hatte der Osten Deutschlands ohne Gott zu leiden – nach zwölf Jahren unter dem Nationalsozialismus kamen dann noch vierzig unter dem Kommunismus hinzu. Auch nahm die kommunistische Regierung keine Schuld für die schrecklichen Vergehen des Dritten Reichs an, wie es in Westdeutschland bald nach dem Krieg geschah. In den 1950er-Jahren wurde der wissenschaftliche Atheismus zur offiziellen Staatspolitik, als die Sowjets die neuen Behörden bildeten. Die staatliche Politik der Deutschen Demokratischen Republik (DDR) war auch weiterhin auf die Förderung des Atheismus ausgerichtet, was sich auf das Wachstum der Bürger ohne Religion von 7,6 % im Jahr 1950 auf 60 % im Jahr 1986 auswirkte. *Ab 2012 war das Gebiet der ehemaligen Deutschen Demokratischen Republik die am wenigsten religiöse Region der Welt!*

Endlösung

*„Wie soll man den Kult von Hass und Tod begreifen,
der in Ihrem Lande herrschte?"*

Elie Wiesel – Augenzeuge

Die heute übliche Bezeichnung „Holocaust" leitet sich von einem griechischen Adjektiv ab, das „vollständig verbrannt" bedeutet und ein vollständig auf Altären verbranntes Tieropfer bezeichnet. Im heutigen Sprachgebrauch wird hiermit der Völkermord an 6 Millionen Menschen bezeichnet, die das Deutsche Reich in der Zeit des Nationalsozialismus als Juden definierte. Eine schreckliche Bezeichnung, vor allem wenn ein Staat dies als Endlösung angesehen und ausgeführt hat.

„Ich kann dieses Geschehen nicht fassen." – Worte von einem Augenzeugen, Elie Wiesel am 27. Januar 2000 vor dem Deutschen Bundestag. Anlass ist die Erhebung dieses Tages seit 1996 zum Nationalen Holocaust-Gedenktag in Deutschland.

„Mein Volk hatte zahllose Feinde, seitdem es auf der Weltbühne auftrat. Wir erinnern uns ihrer aller. Aber keiner hat uns so tief verwundet wie Hitlerdeutschland. Im Verlauf der Jahrtausende haben wir Diskriminierung, Verfolgung, vielfältige Isolierung erlitten, die Kreuzzüge, die Inquisition, die Pogrome, die verschiedenen Folgen eingefleischten Judenhasses überlebt. Aber der Holocaust ging viel weiter. Ich sage es unter Schmerzen: Kein Volk, keine Ideologie, kein System hat je in so kurzer Zeit ein solches Ausmaß an Brutalität, Leid und Demütigung über ein Volk gebracht wie das Ihrige über das meine." ...

„Ich kann dieses Geschehen nicht fassen. Ich versuche es immer noch. Seit meiner Befreiung am 11. April 1945 habe ich alles gelesen, was ich dazu in die Hand bekommen konnte. Historische Abhandlungen, psychologische Analysen, Zeugenaussagen und Vermächtnisse, Gedichte und Gebete, Tagebücher von Mördern und Betrachtungen von Opfern, sogar an Gott adressierte Kinderbriefe. Doch bringe ich es auch fertig, mir die Fakten, Zahlen und technischen Aspekte der ‚Aktionen‘ anzueignen, so entzieht sich mir immer noch die unerbittliche Bedeutung, die allem innewohnt und es übersteigt. Die Nürnberger Gesetze, die judenfeindlichen Verordnungen, die Kristallnacht, die öffentliche Demütigung stolzer jüdischer Bürger, darunter auch tapferer Frontkämpfer des Ersten Weltkrieges, die ersten Konzentrationslager, die Euthanasie deutscher Bürger, die Wannsee-Konferenz, auf der die höchsten Beamten des Landes einfach den Wahnsinn hatten, die Gültigkeit, Legalität und Methoden der Vernichtung eines ganzen Volkes zu diskutieren. Und dann natürlich Dachau, Auschwitz, Majdanek, Sobibor – diese Hauptstädte dieses Jahrhunderts. O diese Namen … Wahrzeichen, Flaggen, schwarze Flaggen, der Welt zur Erinnerung an eine Welt, die damals war. Was hat sie ermöglicht? Wie soll man den Kult von Hass und Tod begreifen, der in Ihrem Lande herrschte?“ …

„Wie konnten intelligente, oft hervorragend gebildete junge Männer aus gutem Hause und mit Diplomen der namhaftesten deutschen Universitäten in der Tasche, die damals zu den angesehensten der Welt zählten, sich so sehr vom Bösen verführen lassen, dass sie ihren Genius, diesen Genius des Bösen, dafür einsetzten, jüdische Männer, Frauen und Kinder zu quälen und zu töten, die sie noch nie gesehen hatten? Sie taten es ja nicht etwa, weil diese Juden reich oder arm, gläubig oder ungläubig, politische Gegner, Patrioten oder Kosmopoliten waren, sondern einzig darum, weil sie als Juden geboren waren. Ihre Geburtsurkunde war de facto ihr Todesurteil. Haben sich ihre Henker wirklich stark und heldenhaft gefühlt, indem sie wehrlose Kinder mordeten? Konnten sie denn wirklich Angst haben vor alten und kranken Personen und kleinen Kindern, so dass sie sie zur erwählten Zielscheibe stempeln mussten? Was hatten sie denn an sich, das ihnen solche Angst einjagte? Ihre Schwäche, ihre Unschuld vielleicht? Waren die Mörder überhaupt noch Menschen? Diese Frage ist meine Zwangsvorstellung. Wo endet Menschlichkeit? Gibt es eine Grenze, jenseits der Menschlichkeit ihren Namen nicht mehr verdient?" ...

Deutschland hat schwer an dieser Schuld getragen. Wie wichtig die Worte des Bundespräsidenten Roman Herzog, als der Gedenktag am 3. Januar 1996 proklamiert wurde: „Die Erinnerung darf nicht enden; sie muss auch künftige Generationen zur Wachsamkeit mahnen." Als Kriegskind, heute im fernen Afrika, bewegen mich diese Fragen noch immer. Wenn ich einmal wieder Augenzeugen-Berichte der Anfänge und der immer größeren Willkür und Schikane bis zu der endgültigen Barbarei der Kriegsjahre lese oder höre, bleibe ich stets fassungslos im Angesicht der Schuld eines ganzen Volkes, dem Volk meiner Eltern und Großeltern.

Mit Hitlers Machtantritt, 1933, begann in Deutschland der Terror, die Freiheit wurde stranguliert. Noch gab es Widerstände in der Maschinerie, aber die Gleichschaltung hatte begonnen. Die Hass- Propaganda lief auf Hochtouren. Wichtige Stationen waren der „Judenboykott" vom 1. April 1933 und das Gesetz zur Wiederherstellung des Berufsbeamtentums vom 7. April 1933, das die Entlassung aller „nichtarischen" Beamten vorsah und so erstmals ein Rasse-Kriterium in ein Staatsgesetz einführte. Es leitete die gesellschaftliche Ausgrenzung von Juden aus Berufsverbänden, Unternehmen, Vereinen, Schulen und dem Kulturleben ein. Ebenfalls 1933 errichtete das NS-Regime Konzentrationslager (KZ), zunächst für politische Gegner. Diese Lager waren ein Modell für spätere Arbeits- und Vernichtungslager für Juden und andere rassistisch verfolgte Gruppen. Verhungern, Folter und willkürliche Morde gehörten schon in den ersten KZs zum Alltag. Jüdische Lagerhäftlinge wurden dort bereits besonders schikaniert und hatten die höchsten Sterblichkeitsraten. Am 12. April 1933 wurden im Konzentrationslager Dachau erstmals auch Juden ermordet.

1933 – WILLKÜR – Dr. Fritz Ball, Berlin

„Wir zählen den 30. März 1933. Ich komme vom Gericht zurück. Tiefe Depression herrscht im Anwaltszimmer. Es heißt, dass alle ‚nichtarischen' Rechtsanwälte, Richter, Staatsanwälte ihren Beruf verlieren. Gerüchte laufen um, dass sich der Jüdische Frontkämpferverband an Hindenburg um Schutz gewandt hat.

... Um vier beginnt die Sprechstunde. Ich höre die Glocke läuten. Das Bürozimmer ist voll von SA-Leuten. ‚Herr Doktor ist verhaftet', flüstert meine Bürodame bleich. Ein Sturmbannführer: ‚Ziehen Sie sich an, kommen Sie mit.' ‚Haben Sie einen Haftbefehl?' ‚Mund halten, Mantel anziehen', kommandiert der Braune barsch."

In einem Büroraum der SA-Kaserne, in die er gebracht wird, ist Dr. Ball sofort von einem Dutzend ganz jungen SA-Leuten umringt: „Sind Sie Jude?" „Ja." „Ihr Beruf?" „Rechtsanwalt am Kammergericht und Notar." „Das seid ihr zum Längsten gewesen", schreit einer hinter mir aus der Menge. „Morgen werdet ihr Judenschweine alle aus den Gerichten gejagt. Ihr habt es nur unserem Führer zu verdanken, dass ihr bis heute noch gelebt habt."

Ball wird schikaniert, wird über Nacht in einen Keller geworfen, hört einen Schuss, hört Schreie, Gefangene versuchen, ihm Botschaften für ihre Familien mitzugeben. Nach der Schreckensnacht wird morgens sein Name gerufen und ihm erklärt, dass er entlassen ist. „Darf ich fragen, warum ich verhaftet worden bin?" „Diese Frage kann ich Ihnen nicht beantworten, wir geben unsere Informationen nicht preis, seien Sie vorsichtig, reden Sie nicht, das kann heute jedem passieren. Die Zeiten sind unruhig, wir haben eine Revolution."

Gerhard Schoenberner (1962). Wir haben es gesehen – Augenzeugenberichte über die Judenverfolgung im Dritten Reich. Im Bertelsmann Lesering.

14. November 1939 – STEIGERUNG – Kalisch, Polen
Verordnung vom 14. November 1939

§ 1
Als besonderes Kennzeichen tragen Juden ohne Rücksicht
auf Alter und Geschlecht am rechten Oberarm unmittelbar unter der Achselhöhle eine 10 cm breite Armbinde in
judengelber Farbe.
§ 2
Juden dürfen im Verwaltungsbereich des Regierungsprä-
sidenten von Kalisch in der Zeit von 17-8 Uhr ihre Wohnung ohne meine besondere Genehmigung nicht verlassen.
§ 3
Zuwiderhandlungen gegen diese Verordnung werden mit
dem Tode bestraft.

15. November 1940 – STEIGERUNG – Warschauer Ghetto
Heute wurde das jüdische Ghetto offiziell eingerichtet. Es
ist den Juden verboten, sich außerhalb seiner Grenzen zu
bewegen, die von bestimmten Straßen gebildet werden. Es
herrscht große Aufregung. Die Menschen eilen nervös in
den Straßen hin und her und geben flüsternd Gerüchte weiter, eines fantastischer als das andere.
Den Juden, die bisher in den „arischen" Stadtteilen wohnten, war mitgeteilt worden, dass sie bis zum 12. November
ausziehen müssten. Viele haben bis zum letzten Augenblick
gewartet, weil sie hofften, dass die Deutschen durch Proteste oder Bestechungen dazu gebracht werden könnten, den
Befehl zur Einrichtung des Ghettos zu widerrufen. Aber
diese Hoffnung erfüllte sich nicht, und viele unserer Leute
mussten ihre schön möblierten Wohnungen von einer Minute zur anderen verlassen. Nur mit ein paar Bündeln in
der Hand kamen sie im Ghetto an.

23. September 1941 – STEIGERUNG – Warschauer Ghetto

Ach, unsere Befürchtungen vor den Feiertagen waren nur zu berechtigt. Gestern, am Vorabend zu dem jüdischen Neujahr, riefen die Deutschen den Gemeindevorstand mit Ingenieur Czerniakow an der Spitze zu sich und forderten von ihm die sofortige Auslieferung von fünftausend Mann für die Arbeitslager. Der Vorstand weigerte sich, diesen Befehl zu befolgen. Daraufhin brachen die Deutschen ins Ghetto ein und organisierten einen richtigen Pogrom. Die Menschenjagd dauerte den ganzen gestrigen Tag bis heute Morgen an. Das Ergebnis war eine riesige Menschenmenge, militärisch in Reihen aufgestellt vor dem Arbeitsamt an der Ecke Leszno-Zelazna Straße. Die meisten waren junge Männer zwischen achtzehn und fünfundzwanzig. Sie standen mit gesenkten Köpfen da, als ob sie zur Schlachtbank geführt würden. Tatsächlich haben sie kaum andere Aussichten, als geschlachtet zu werden. Die Tausende, die bisher in die Arbeitslager geschickt wurden, sind spurlos verschwunden.

Juli, August 1942 – INFERNO – Massenvernichtung von Juden in Slonim

Im Jahre 1942 begann dann bei unserem Einsatzstab die Judenvernichtung. Der Befehl kam von Berlin, und die Durchführung wurde den Gebietskommissaren nach Belieben überlassen. Die Schilderung hier ist von einer Exekution bei Schirowitz, einem Vorort von Slonim, bei der der Autor, Alfred Metzner, in der Verwaltung im Einsatzstab, mitschießen durfte.

Der Exekutionsort war außerhalb der Ortschaft hinter einem Wäldchen. Einige Tage vor der Exekution wurden Schießproben an Ort und Stelle durchgeführt, um festzustellen, ob die Bevölkerung der Ortschaft den Schall der Exekution hören könne. Gruben, 4 m breit, 5 m tief und 60 bis 80 m lang, waren schon vorbereitet.

Bei dieser Aktion wurden Gruppen von 500 Personen zu Fuß an den Vernichtungsort geführt. Sie wurden gezwungen, sich am Rand der Grube auszuziehen und sich in die Grube hineinzulegen. Als die erste Schicht, ungefähr 100-120 Mann, die Grube gefüllt hatte, setzte Kreuzfeuer mit Schnellfeuergewehren, Karabinern, Maschinenpistolen, ganz nach Belieben, von beiden Seiten ein. Die zweite Schicht musste sich nun so auf die toten Körper legen, dass der Kopf auf den Füßen der unteren Leichen zu liegen kam. In einer Grube wurden etwa 5-6 Schichten aufeinandergeworfen, und so betrug die Anzahl der Juden in einer Grube etwa 400-400 Personen. Es war erstaunlich, wie die Juden in die Gruben hineingingen, nur mit gegenseitigen Tröstungen, um sich dadurch gegenseitig zu ermuntern und den Exekutionskommandos die Arbeit zu erleichtern. Die Exekution selbst dauerte 3-4 Stunden. Wir haben während dieser Zeit ziemlich viel Schnaps getrunken, um unseren Arbeitseifer anzuregen.

Eidesstattliche Erklärung von Alfred Metzner,
Einsatzstab Rosenberg bei dem Gebietskommissar Slonim

1943 – INFERNO – Auschwitz-Birkenau

Die der Gaskammer zugeteilten Männer und Frauen müssen sich entkleiden, wobei der Eindruck erweckt wurde, dass die Kleider nach dem angekündigten gemeinsamen Duschen zurückgegeben würden. In der Mitte des hell erleuchteten Saales, im Abstand von etwa dreißig Metern, stehen Säulen, deren Wände wie ein Drahtgitter durchlöchert sind. Die Opfer entdeckten, dass die vermeintlichen Duschen nicht funktionierten. Nach dem Schließen der Türen wird das Licht von draußen ausgeschaltet. In jede Säule wird über einen Betonschornstein von einem SS-Mann mit Gasmaske Zyklon B in die Gaskammer eingeführt. Die körnige Masse verwandelt sich bei der Berührung mit Luft sofort in Gas.

Zwanzig Minuten später werden die elektrischen Entlüftungsapparate eingeschaltet und entfernen rasch das Gas. Aber die kleinsten zurückgebliebenen Mengen rufen selbst nach mehreren Stunden noch einen erstickenden Husten hervor. Deswegen sind die Männer vom Sonderkommando, die als Erste die Gaskammern betreten, mit Gasmasken ausgerüstet. Ein grauenerregendes Bild bietet sich ihnen.

Die Leichen befinden sich turmartig angehäuft, manche in sitzender und halb sitzender Position, Kinder und ältere Menschen zuunterst. Das Gas vergiftet zuerst die unteren Luftschichten. Wer es schafft, eine höhere Stellung zu erreichen, wird erst einige Augenblicke später von dem Gas erreicht. Man tritt einander zu Boden, einer klettert auf den anderen. Welch schrecklicher Kampf ums Leben. Die Haut der Leichen ist rosafarben, teilweise steht Schaum vor den Lippen, oder es hat Nasenbluten eingesetzt. Einige Leichen sind mit Kot und Urin bedeckt, bei manchen schwangeren Frauen hat die Geburt eingesetzt. Das jüdische Sonderkommando bespritzt den Leichenberg aus dicken Wasserschläuchen und beginnt die Lostrennung der verschlungenen Leiber. Abschließend werden die Leichen zu den Krematorien abtransportiert.

Eidesstattliche Erklärungen: Raul Hilberg, Miklos Nyiszli

Der Holocaust war kein Projekt einer Einzelbehörde und wurde nicht nur von bestimmten dazu beauftragten Tätern durchgeführt, sondern von vielen Institutionen aller deutschen Gesellschaftsbereiche ermöglicht, mitgetragen, geplant, organisiert und vollzogen. Bei der Wannsee-Versammlung am 20 Januar 1942 waren alle relevanten deutschen Regierungsstellen vertreten – Innen-, Außen-, Justizministerien, zusammen mit Partei und Reichssicherheitsdienst. Die Juden in Deutschland und den besetzen Gebieten waren aufgezählt, und alle einigten sich zu der Endlösung, die Reinhard Heydrich auf den Tisch legte. Obwohl das Wort Vernichtung nicht im Protokoll steht, wussten alle, worum es ging. Die anderen Lösungen, Aussiedlung nach Osten oder nach Madagaskar, waren schon alle als erfolglos bewiesen. Viele Wirtschafts- und Industrieverbände und Unternehmen profitierten von der Zwangsarbeit und vom Aufbau der Vernichtungsindustrie in den Lagern und wirkten daran mit. Die Deportationen vollzogen sich auf öffentlichen Plätzen und Bahnhöfen. Sie wurden offiziell als „Umsiedlungen" in Arbeitslager dargestellt. Die deutsche Bevölkerung nahm die Verschleppung der jüdischen Mitbürger mit sehr wenig Widerstand hin. Das NS-Regime achtete bei der Ermordung der deportierten Juden auf strengste Geheimhaltung. SS-Angehörigen war es unter Androhung der Todesstrafe verboten, darüber zu berichten.

Dass all dies mit Bürgern von vielen verschiedenen europäischen Ländern passieren konnte (Norwegen. Dänemark, Frankreich, Holland, Belgien, Luxemburg, Polen, Slowakei, Russland, Österreich, Italien, Bulgarien, Rumänien, Ungarn, Griechenland, Jugoslawien, Deutschland), wird immer ein Schandfleck in der deutschen Geschichte bleiben.

Ein Augenzeugen-Bericht aus Birkenau spricht von diesem Unfassbaren.

„Irrsinn – oder fast Irrsinn – ergreift die ‚Glücklichen‘, die zu verstehen beginnen, dass ihre Nächsten verbrannt worden sind oder gerade in diesem Augenblick verbrannt werden. Eine Jüdin aus Lodz steht zwischen den Frauen, den Blick starr auf die Rauchsäule gerichtet. Immer wieder wiederholt sie das eine: Die Deutschen sind doch Menschen. Und wir Juden sind auch Menschen. Ja, wir Juden sind Menschen, und die Deutschen sind auch Menschen."

Seweryna Szmaglewskas Bericht aus Birkenau, 1943

Ja, die Deutschen sind auch Menschen. Aber sie müssen Menschen ohne Gott gewesen sein – ein Volk, nicht mehr stark im Glauben nach einem Jahrhundert der Aufklärung, war gleichgeschaltet worden in ein gottloses System. Im Vergleich zu so vielem Königlichem von Gottes Gnaden in der deutschen Geschichte war der Aufruf von Goebbels an das deutsche Volk, „Wollt ihr den totalen Krieg?", im 20. Jahrhundert etwas Diabolisches, tief Barbarisches. Es spricht von höchster Ichbezogenheit statt Gottesfurcht, von Hass und Menschenverachtung statt Nächstenliebe, von Stolz und Hochmut statt Bescheidenheit, ja, es spricht von Wahnsinn.

Das Dritte Reich musste fallen, so wie gottlose, unmenschliche Reiche schon in der Bibel fallen mussten. Die neue Welt der Erkenntnis und des Humanismus hatte Gott auf die Seite geschoben – ihn nicht mehr für nötig erachtet. Mehr noch. Die Machthaber hatten sich selbst als Menschen und Völker gottgleich gestellt oder selbst höher. Im Dritten Reich durfte kein Gott neben Hitler bestehen. Die Kirche Luthers war laut Bonhoeffer fast nicht mehr zu erkennen in der Kirche im Deutschland der 30er-Jahre. Sie fanden einen Führer, der Gott verachtete und sich selbst zum Idol machte – mit schrecklichen Folgen.

„Es war die Verneinung Gottes.
Es war die Verneinung des Menschen.
Es war die Vernichtung der Welt in Miniatur."

Hugo Gryn, ein Überlebender von Auschwitz

Zusammenbruch

„Rette sich wer kann!"

Deutsche Nachrichtenagentur, Berlin, 2. Mai 1945

Deutschland hatte den tiefsten Punkt seiner Geschichte erreicht. Das ganze Gewebe aus großdeutschen Träumen und lügenhaften Parteiparolen war mit einmal zerrissen. Nicht die Ungarn-, Mongolen- und Hussiten-Einbrüche, nicht das Faustrecht und die Pestilenzen des späten Mittelalters hatten eine solche Wirrnis verursacht, wie sie jetzt, 1945, bestand. Deutschland ist schrecklich gestraft worden. Im Osten war es am schrecklichsten – die Massenvertreibung durch die Russen, aber auch schon Dresden und am Ende Berlin.

Am 25. April 1945 treffen US- und Sowjet-Vorausabteilungen bei Torgau an der Elbe zusammen. General Eisenhower erteilt den US-Armeen den Haltebefehl und überlässt damit den Sowjets das Gebiet östlich der Elbe. Deutschland wird in vier Zonen unter den jeweiligen Besatzungsmächten aufgeteilt, und der Raum bis zur Oder-Neiße-Linie wird polnisch oder kommt unter polnische und sowjetische Verwaltung.

Schon 1943, auf der Konferenz in Teheran, wurden Aufteilungs- und Abtretungspläne besprochen. Von dieser Konferenz ist das „Hölzchengespräch" zwischen Churchill und Stalin in die Geschichte eingegangen. In dem Gespräch zog Churchill eine Streichholzschachtel heraus und entnahm ihr drei Hölzchen, die Weltgeschichte machten. Eines stand für Russland, das Zweite für Polen, das Dritte für Deutschland. Das Russische schob Churchill von rechts nach links. Da müssten die beiden anderen auch nach links rücken. Vier Fünftel von Pommern erhält Polen, ganz Hinterpommern und einen Streifen von Vorpommern. Ostpreußen – ohne das Gebiet mit Königsberg, das an Russland fällt –, Westpreußen und Schlesien bekommt Polen ebenfalls. Aus diesen Gebieten wurden 8.4 Millionen Deutsche vertrieben. Insgesamt müssen 12 Millionen Deutsche ihre Heimat verlassen. Über zwei Millionen Menschen sterben während der Vertreibung und der Flucht.

Es war in den letzten, bitterkalten Januartagen 1945, als der große Treck der deutschen Zivilbevölkerung in Ostpreußen vor der heranrollenden Roten Armee begann. Es wurde ein Treck in die Ungewissheit, in einem erbarmungslosen Winter. Nach Kriegsschluss folgte die systematische „Aussiedlung", die einer rücksichtslosen Vertreibung gleichkam. Unrecht wurde mit Unrecht vergolten. Bald waren alle Straßen mit langen Kolonnen von Pferdewagen überfüllt, kurz hinter der zurückweichenden deutschen Front. Auf den Wagen hockten Frauen und Kinder neben Koffern und Bündeln. Dazwischen ziehen Menschen jeden Alters und Standes ihre Rodelschlitten oder schieben vollbepackte Kinderwagen vor sich her – niemand schaut zurück. Ein eisiger Nordost pfiff über das Land. Bald heulten Flugzeuge mit dem fünfzackigen Sowjetstern an Flügeln und Rumpf über die fliehenden hinweg. Ihre Geschosse prasseln auf die Trecks. Der Strom der Flüchtlinge hinter und zwischen der zurückweichenden deutschen Front konnte zunächst noch über Elbing nach Danzig gelangen. Aber bald hatten die Russen diesen Fluchtweg abgeschnitten. Züge kommen zurück. Man erfährt von den schrecklichen Bombenangriffen auf Dresden und von den Zehntausenden von Flüchtlingen, die verbrannt sind. Wo sollen die Menschen noch hin? Man wagt nicht, daran zu denken. Nach drei Monaten fiel mit dem Ostseehafen Pillau auch die letzte Fluchtmöglichkeit über die Ostsee. Als die Kanonen schwiegen, waren von den 2,4 Millionen Ostpreußen noch eine halbe Million in der Heimat zurückgeblieben.

„Geschichte ist immer eine Geschichte von Menschen", schreibt Peter Treichel über die Vertreibung aus Pommern. Sie zog sich über Monate hin, in einer quälenden Ungewissheit. Sie bewirkt Angstzustände, wenn man nicht weiß, was morgen passiert und wenn man nicht weiß, wie das endet, was sich gerade ereignet. Noch am 8. Februar 1945 veröffentlichte die Pommersche

Zeitung, parteiamtliches Blatt für den Gau Pommern, in großen fetten Buchstaben den Ausspruch Friedrich des Großen: „Wie gewaltig die Zahl meiner Feinde sein mag, ich vertraue auf die Tüchtigkeit meiner Truppen." „Die Bevölkerung Südpommerns hat die Aufgabe der Stunde erkannt, die Front steht und wird ständig stärker."

Am 26. Februar trat Schukow zum Angriff auf Pommern an und durchstieß in wenigen Tagen die deutsche Front – Panzer ohne Sprit und ohne Munition, Panzerabwehr auf Fahrrädern mit ein paar Panzerfäusten. Auf einer Breite von vierzig Kilometern wälzten sich seine Panzerkorps auf Neustettin und Kolberg zu und walzten über die flüchtende Zivilbevölkerung hinweg. Auf einmal waren die Menschen von allen Informationen abgeschnitten. Es gab weder Radio noch Zeitung. Niemand wusste, dass Pommern schon längst komplett erobert war, und man hörte auch später nichts vom Selbstmord Hitlers und von der Kapitulation. Nur zwei Sätze von russischen Soldaten hörten wir irgendwann häufiger, die etwas ahnen ließen: „Hitler kaputt, woina kaputt."

„Die Vertreibung begann in Etappen. Viele waren vor den Russen geflüchtet, irgendwo wieder überholt worden und oft in ihr Heimatdorf zurückgeschickt. Oft standen sie vor leeren Bauernhöfen und Chaos in ihren Häusern. Dann wurden Frauen abgeholt – keiner wusste wohin, für die zurückgebliebenen Kinder wohl das Schlimmste. Dann kamen die Polen. Schon Mitte Mai verkündeten sie: ‚Die Oder ist Grenze, alle Deutschen haben das Grenzgebiet auf eine Tiefe von 8 km zu verlassen.' Wir glaubten ihnen nicht. In einzelnen Dörfern wurden die Bewohner kurzfristig herausgejagt. ‚In 20 Minuten alle Deutschen raus', hieß es in Rörchen. Wer sein Anwesen nicht verlassen wollte, wie die alte Müllersfamilie, denen gab man einen Spaten und befahl ihnen, ihr Grab selbst auszuheben. Als Tote hätten sie bleiben dürfen. Wer sein Haus nicht verlassen wollte, wurde einfach hinausgeprügelt."

Wer weiter im Westen lebte und noch hoffte, wurde sich spätestens seiner Lage bewusst, wenn die ersten Trecks aus dem

Osten vorbeizogen. Peter Treichel schreibt: „Ende Juni, Anfang Juli mag es gewesen sein, eine genaue Zeitrechnung hatten wir nicht mehr, da kamen sie. In lang gezogener Reihe, die Köpfe tief gebeugt, es waren wohl einige tausend Frauen, Kinder und greise Männer, die auf der Chaussee am Püttkrug vorbei nach Süden, der Oderbrücke zu, getrieben wurden. Man hörte förmlich ihre schlürfenden Schritte und konnte erahnen, wie viel Verzweiflung, Not und Hunger mit ihnen zog. Was ihnen als Besitz noch verblieben war, schleppten sie in Beuteln, Taschen und Rucksäcken mit sich – es war nicht mehr viel – nur wenige hatten ein Handwägelchen oder einen Kinderwagen. Für manche Mütter waren nur noch die Kinder der einzige Besitz. Was hatten sie in den vergangenen Wochen schon alles erleben müssen?"

Etwa ein Fünftel der Vertriebenen überlebte die Flucht und Vertreibung bzw. die damit zusammenhängenden Umstände nicht, die Überlebenden waren schwer traumatisiert. Die häufigsten Todesursachen waren Gewalteinwirkung (Beschuss von Trecks, willkürliches Erschießen nach Einmarsch, Tod durch Deportation nach Russland, Hunger, Infektionskrankheiten, vor allem Typhus, Ruhr und Diphtherie usw.)

Die es in den Westen schafften, wurden sich erst viel später bewusst, was sie verloren hatten. Peter Treichel hierzu: „Nach Güterzugs- und Schiffsfahrt erreichten wir die Auffangstation auf einer großen Wiese vor den Toren Lübecks. Empfang mit dicker Graupensuppe und dazu Weißbrot mit Honig. Wir sind frei. Wir sind in Sicherheit. Wir werden nicht mehr bedroht. Es gibt Menschen, die sich um uns kümmern. Aber es flüstert auch eine innere Stimme: Wir sind heimatlos. Diese Stimme wurde im Laufe der Zeit immer lauter."

Nach einem Jahr, im Februar 1946, waren bereits zwei Drittel der Bevölkerung Pommerns vertrieben. 23 Jahre lang waren Menschen noch auf der Suche nach Angehörigen. Frauen suchten ihre Männer, Männer ihre Frauen, Eltern ihre Kinder und Kinder ihre Eltern. Allein 500 000 Kinder waren in der Chaoszeit unmittelbar nach Kriegsende von ihren Eltern getrennt worden. Großartige Arbeit hat dabei der Suchdienst des Deutschen

Roten Kreuzes geleistet. Von damals 14 Millionen Suchanträgen waren bis 1950 bereits 8,8 Millionen geklärt.

1945 wurde es auch an der Heimfront immer schwerer. Viele deutsche Städte waren durch Bombenangriffe in Trümmerhaufen verwandelt. Berlin wurde von beiden Seiten geschlagen. ‚Der letzte Kampf‘ von Cornelius Ryan bringt das erschreckende Bild dieser Stadt. Über dreihundert alliierte Luftangriffe hatte die Stadt zu ertragen, sporadische Angriffe in den ersten Kriegsjahren, doch dann wird die Stadt fast pausenlos bombardiert – bei Tag von den Amerikanern und bei Nacht von den Engländern. Die Zerstörungen überstiegen jedes Maß. Fast die Hälfte der 1 562 000 Wohnungen in Berlin war beschädigt und jedes dritte Haus völlig zerstört oder unbewohnbar. Um den Schutt von den Straßen zu entfernen, hätte man 120 000 Güterzüge benötigt. Berlins Antlitz war von Ruß geschwärzt und durch Tausende von Kratern entstellt. Im Zentrum der Hauptstadt waren ganze Wohn- und Geschäftsviertel verschwunden. Wo einst breite Straßen und Alleen gewesen waren, schlängelten sich jetzt Trampelpfade durch die Trümmerberge und das bizarre Gewirr verbogener Eisenträger. Überall, in kilometerweitem Umkreis, starrten ausgebrannte, fensterlose Häuser in den Himmel.

Es schien unglaublich, dass in dieser Wüstenei überhaupt noch Menschen lebten. Die Zahl der Bombenopfer wird auf 52 000 Tote und doppelt so viele Schwerverletzte geschätzt. Aber nach jedem Bombenangriff tauchten überall in der Stadt die Menschen wieder auf – aus den U-Bahn-Schächten, aus den Schutzräumen öffentlicher Gebäude und aus den Kellern ihrer schwer beschädigten Häuser. Von den verbliebenen Einwohnern waren etwa zwei Drittel Personen weiblichen Geschlechts jeder Altersstufe. Das Drittel der männlichen Zivilbevölkerung machten vor allem Kinder und Jugendliche bis zum Alter von 16 Jahren und ältere Männer über 60 Jahre aus.

Jeder wusste, dass aus dem Osten der Russe Schritt für Schritt näherkam. Am 21. April war es soweit. Die ersten russischen Granatensalven schlugen in der Wilhelmstraße ein. Berlin war Front. Am Morgen hatten angloamerikanische Bomber noch einen 1000-Bomber-Angriff gegen die Stadt geflogen, der zwei Stunden dauerte. Die Bomber ließen Berlin wie betäubt, still und zerstört zurück. Wasser gab es nur noch an den Pumpen auf der Straße, sodass das Schlangestehen nach Wasser im Freien während des restlichen Kampfes um Berlin zu einem Überlebensrisiko wurde.

Endlich, am 2. Mai, kapitulierte Deutschland bedingungslos, nachdem Hitler sich am 30. April und sein Stellvertreter Goebbels am nächsten Tag das Leben genommen hatte. Die letzten Tage brachten noch entsetzliche Kämpfe in der Innenstadt. Die Verluste der russischen Infanterie hatten die schwindelnde Höhe von 90 % erreicht. So verbittert kämpften die letzten SS Einheiten und Volkssturm–Bataillone, um die Reichskanzlei zu verteidigen und den Weg in Richtung Westen freizuhalten.

Die letzte Botschaft der deutschen Nachrichtenagentur lautete: „Rette sich wer kann!" Die Berliner befolgten diesen Rat. Lange Kolonnen von Panzern, Soldaten, Autos, Pferdefuhrwerken, Lieferwagen, Sturmgeschützen und Menschen zu Pferde und zu Fuß strömten über die nach Spandau führenden Brücken aus Berlin heraus. Die gewaltige Flucht dauerte bereits Stunden. Immer wieder schlugen zwischen den Menschenmassen Granaten ein. Die russische Artillerie im Norden und Süden hatte offenbar noch nicht den Befehl erhalten, das Feuer einzustellen. Insgesamt sind bei dieser panischen Flucht schätzungsweise zwanzigtausend Menschen getötet oder verletzt worden. Dann hörte der Artilleriebeschuss endlich auf. Menschen marschierten noch ein Stück weiter, dann ließen sie sich einfach zu Boden fallen. Männer, Frauen und Kinder schliefen, wo sie hinfielen – auf Äckern, in Straßengräben, in leeren Häusern, in verlassenen Fahrzeugen, am Straßenrand, auf der Straße selbst. Sie waren in Sicherheit. Der letzte Kampf war zu Ende.

Meine Mutter erlebte diese Zeit in Schwerin:

„Im Mai kam es zur Kapitulation des Deutschen Reiches. Betrachtungen nachzugehen über die Bedeutung des Zusammenbruchs, über die allgemeine Auflösung der Ordnung oder über Hitlers Tod, hatten wir keine Zeit. Es ging ums Überleben, um unser und um das von verzweifelten Freunden. Am Anfang stand Schwerin unter amerikanischer Besatzung. Die Tag- und Nachtfliegeralarme hörten schlagartig auf. Wir konnten schlafen und taten es. Die Amerikaner kümmerten sich nicht um eine neue Verwaltung oder eine neue Ordnung. Jeder musste sehen, wie er alleine durchkam. Zu essen gab es nichts. Die Geschäfte öffneten zwar wieder, aber sie hatten nichts zu verkaufen. Wir lebten von dem, was wir hatten. Und das war so gut wie nichts. Unter den Flüchtlingen im Schlossgarten setzte das große Sterben ein, Alte und Kleinkinder waren die Opfer. Hunger, Krankheiten und das Fehlen jeglicher Medikamente waren die Ursache. Aber, unter den in Tücher eingehüllten Toten, die die Angehörigen im kleinen Handwagen zum Friedhof gebracht hatten, befanden sich auch solche, die den Freitod gewählt hatten.

Nach ein paar Wochen wurde die amerikanische Besatzung durch englische Truppen abgelöst. Die 4 Siegermächte in Berlin hatten eine andere Verteilung Deutschlands beschlossen, wovon die Bevölkerung nichts erfuhr. Dann das Gerücht: die Russen kommen. Bald bekamen wir die Schreckensherrschaft unter der russischen Besatzung zu spüren, die zum Grauen der Zivilbevölkerung wurde und für viele, sehr viele den Tod bedeutete. Als die Ausgangssperre aufgehoben wurde, sahen wir in allen Teilen der Stadt russische Soldaten mit geschultertem Gewehr. Das ganze Schlossgartenviertel wurde abgeriegelt und die, die noch in ihren Häusern hatten bleiben dürfen, mussten sie innerhalb von Stunden räumen. Wie ein Lauffeuer ging dieser Befehl durch die Stadt. Ich lieh mir einen größeren Handwagen und eilte, so schnell ich nur konnte, zu Hanna. Ein weiter Weg, wohl eine Stunde. Straßenbahnen verkehrten ja schon lange nicht mehr. Als ich fast erschöpft dort ankam, hatte mein Vater schon alles organisiert, um wenigstens Teile von Hannas kostbarem Besitz zu retten. Pferd und Wagen standen bereit, und meine Mutter packte Hannas Meissner Porzellan, Silber, Bett- und Tischwäsche und Garderobe und Decken darauf. Hanna selbst rannte verwirrt und ziellos hin und her.

Hanna kam am Ostdorfer Ufer bei Schütz, den Schwiegereltern ihres Sohnes Karl-Heinz, unter, den wir noch irgendwo in Russland am Leben erhofften. Ein paar Tage später beschlagnahmten die Russen die Villen und Häuser des Ostdorfer Ufers. Schütz und Hanna mussten räumen. Ich konnte mich um nichts kümmern, nicht einmal Erkundigungen einziehen. Die russischen Soldaten wüteten überall in der Stadt. Ihnen war Stadt und Land zur Plünderung freigegeben, und nicht nur das: Frauen waren Freiwild. Über Wochen lebten wir in ständiger Angst. Helfen konnte keiner dem anderen, wenn die Soldaten wie wilde Tiere in Wohnungen eindrangen, alles zerstörten, Möbel aus den Fenstern warfen oder Frauen einfingen. Dauernd hörte man Schüsse.

Die Jagd auf der Suche nach Parteigenossen begann schon einige Tage nach der russischen Besetzung. Alles lief nach Plan der bolschewistischen Obrigkeit. Fand man diese Menschen, PGs, wurden sie von bewaffneten Soldaten abgeholt und verschwanden ohne Wiederkehr. Eine Welle von Selbstmorden folgte. Tausende erschossen oder ertränkten sich. Viel später erfuhr ich, dass aus dem Inselsee bei Güstrow, an dem wir einige Jahre danach wohnten, 700 Leichen geborgen wurden.

So nach und nach erhielten wir so etwas wie eine Verwaltung, Russen und russenhörige Deutsche, darunter viele KZler, übernahmen die Einführung vieler neuer Bestimmungen. Auch einen neuen Namen bekamen die russisch besetzten Gebiete: DDR = Deutsche Demokratische Republik. Ein Hohn! Von Demokratie keine Rede, auch wenn sich Parteien bildeten. Dieser Name wurde nie gebraucht. Wir sprachen von russischer Zone und später von Ostzone. Zu den neuen Bestimmungen gehörten aber nicht etwa Schutz vor den Übergriffen der Soldaten oder Schutz vor den plötzlich überall auftauchenden Banden, die im Geleitschutz von 1 oder 2 Soldaten in Wohnungen und Häuser einbrachen, alles verwüsteten und stahlen und auch mordeten. So kam Onkel Richard, meines Vaters ältester Bruder, ums Leben. Unter seinem Bett erschlagen liegend wurde er gefunden. Im Inneren des Hauses nur Trümmer. Von den Meldungen meines Vaters bis nach Berlin kam nichts.

Strom und Gas gab es wieder, die Straßenbahn fuhr auch und sogar Züge nach Berlin, zwar demoliert, Scheiben und Sitze kaputt, aber sie fuhren. Eine Zeitung hatte zu erscheinen. Das Papier wurde von der russischen Kommandantur geliefert. Was gedruckt wurde, stand unter ihrer Kontrolle. Der Postverkehr innerhalb der Zone lief wieder, aber nach außen, in andere Teile Deutschlands, bestand noch keine Verbindung. Wir, in der von Russen besetzten Zone, waren völlig isoliert. Neue Lebensmittelkarten wurden ausgegeben. Ob man die darauf angegebenen Nahrungsmittel erhielt, stand auf einem anderen Blatt. Wenn einer von uns mit 6 Karten in der Hand nach Brot anstand – Vater, Mutter, Mädchen und ich wechselten uns ab, weil das Anstehen so anstrengend war –, bekam er, wenn er Glück hatte, d. h. wenn das Brot nicht gerade kurz vor ihm ausgegangen war, nicht 6, sondern nur 1 Brot.

Gute Nachrichten gab es wenig. Ich bekam eine Karte von meiner Bank. Ich wurde gebeten, meinen im Tresor gelagerten Koffer abzuholen. In den Kellerräumen der Bank glaubte ich dann meinen Augen nicht zu trauen: alle Tresore aufgebrochen, Koffer lagen und standen herum, zum Teil mit Messerstichen, der Fußboden bedeckt mit Papieren und Akten. Also hatte die russische Soldateska auch hier gewühlt. Ich fand meinen großen Überseekoffer. Er war leer. Dann eine Zeitungsnachricht, die jeden Deutschen betraf. Ab sofort wurden alle Konten, alle Sparguthaben, alle Aktien gesperrt. Nun waren wir alle völlig mittellos. Eine neue Freitodwelle war die Folge. Dunkel und im Tiefsten erschüttert, ging für uns das Schreckensjahr 1945 zu Ende."

Wo war Gott in dieser dunklen Zeit? Könnte es irgendwo schlimmer gewesen sein als in diesem Jahr in Ostpreußen? Trotzdem benutzt ein Augenzeuge in dem Vorwort seiner Aufzeichnungen das Bibelwort „Wir sahen seine Herrlichkeit". Der junge Graf Lehndorff war 1945 Chirurg am Insterburger Krankenhaus. Mit der Verlegung seiner Patienten nach Königsberg erlebte er dort die Besetzung der Stadt durch die Russen. Sein „Ostpreußisches Tagebuch" brachte er nach Jahren zur Veröffentlichung, um diese schwere Zeit „als ein Stück Vergangenheit zu begreifen und dem Leben dienstbar zu machen, das täglich seine Forderungen an uns stellt". Unter unbeschreiblichen Umständen setzte er den ärztlichen Dienst fort. Tausende von Verwundeten, eng zusammengepfercht in Notunterkünften, mussten betreut werden. Hunger und Seuchen zogen in die von Flüchtlingen überfüllte Stadt und in die von Russen errichteten Massenlager ein.

Auf der einen Seite sieht Lehndorff, wie überall in solcher Zeit das Schlechteste im Menschen zum Vorschein kommt, bei Feind und Freund – „Triebe, die in Zeiten des Chaos aus dem Dunkel des menschlichen Individuums ungebändigt hervorbrechen – Gewalttätigkeit, Habsucht, Verrat." Für Lehndorff hat dies nichts zu tun mit einem bestimmten Volk oder einer Rasse – „... das ist der Mensch ohne Gott, die Fratze des Menschen." Auf der anderen Seite erlebt er Gott in seiner ganzen Liebe und Gnade – Gott, der den Menschen niemals verlässt! Dazu erlebt er, wie gläubige Menschen auf dieses Versprechen reagieren.

Aufgrund seiner Schilderungen kann ich mir den Pfingstgottesdienst am 20. Mai 1945 in einem Operationsraum im Lager Rothenstein bildhaft vorstellen. „Durch die beiden weit geöffneten Fenster des Operationsraumes fluten Sonnenlicht und Wärme. Die Wände sind mit frischem Grün verkleidet. Rechts und links neben dem Altartisch stehen in Steintöpfen ein paar große, voll blühende Goldregenzweige. Sogar ein Kruzifix hat sich gefunden. Unser Pflegepersonal hat es fertiggebracht, frische Wäsche anzuziehen, was für ein festliches Bild! Etwa hundert Menschen drängen sich herein. Pfarrer Reiss, der sich nur mit Mühe aufrecht hält, hat die Liturgie übernommen, während Giese die Predigt hält. Für eine Stunde ist alle Erdenlast aufgehoben."

Auch Lehndorff schöpft wieder Mut, zu den Kranken über einen Bibeltext zu sprechen. „Sind nicht die Worte Jesu ‚Der Mensch lebt nicht vom Brot allein, sondern von einem jeglichen Wort, das aus dem Munde Gottes geht' eine ganz nüchterne Feststellung und kennzeichnend für eine Verpflichtung, um die wir gar nicht herumkommen?" Immer wieder trifft er neue Menschen um sich – Schwestern, Hilfspersonal, Ärzte, Pfarrer, selbst einen polnischen Pfarrer. „Ist es nicht einzig und allein noch der Gehorsam gegenüber dem Liebesgebot unseres Heilands, der sie in die Lage versetzt, ihren Mitarbeitern Vorbild zu sein und ihre Patienten zu versorgen, die mit innigem Vertrauen an ihnen hängen?"

„Wir sahen seine Herrlichkeit" – spricht dies nicht, im Gegensatz zu unserer Machtlosigkeit in diesem Chaos, von Gottes Allmacht im Laufe der Welten, in Aufgang und Untergang, in Leben und Tod, in Schuld und Sühne, von seiner Liebe und seinem Liebesgebot?

Zurück nach Jerusalem

„Wünschet Jerusalem Glück!
Es möge wohlgehen denen, die dich lieben!"
Psalm 122, 6

Zu meinem eigenen „Unterwegs mit Gott" hatte ich am Schluss geschrieben. „Wir wissen aber, dass denen, die Gott lieben, alle Dinge zum Besten dienen, denen, die nach dem Vorsatz berufen sind' (Römer 8, 28) – der Gott, der die Schicksale der Welten und Nationen lenkt, ist gleichsam wirksam im Leben von Geschlechtern, von Familien und von Einzelnen." Hier sind wir nun bei Gottes Geschichte Deutschlands. 1945 liegt das ohne Gott geplante Tausendjährige Reich hoffnungslos am Boden. Aber im selben Gottesmoment war Deutschland schicksalhaft an der Geburt des Staates Israel beteiligt. Diese Geburt, im Jahre 1948, kann nur als ein Wunder beschrieben werden – Gott, der sich souverän in der Länder- und Weltgeschichte bewegt, um Israel neu aufzubauen, hat es gemäß seines Versprechens bewirkt. Gott liebt sein Volk Israel und Jerusalem. Das ist die Geschichte des Alten Testaments.

„Aber Jerusalem habe ich erwählt,
dass mein Name daselbst sei,
und David habe ich erwählt,
dass er über mein Volk Israel Herr sei."
2. Chronik 6:6

„So habe ich nun dies Haus erwählt und geheiligt,
dass mein Name dort sein soll ewiglich,
und meine Augen und mein Herz
sollen dort sein allezeit."
2. Chronik 7:16

Vor 2000 Jahren lag Israel in Schutt und Asche. Immer wieder hatten Propheten des Herrn das Haus Israel vor dem gewarnt, was geschehen würde, wenn sie schlecht waren. Mose prophezeite: „Der Herr wird dich unter alle Völker verstreuen, vom einen Ende der Erde bis zum anderen Ende der Erde" (5. Mose 28,64.). Trotz dieser Warnungen übertraten die Israeliten ständig Gottes Gebote. Sie kämpften untereinander, teilten sich in zwei Reiche und beteten wieder die Götter ihrer Nachbarn an. So kam es zu der babylonischen Gefangenschaft und, 586 v. Chr., schon einmal zu der Zerstörung Jerusalems. Immer wieder erklärt Gott, warum er sein Volk so hart strafen muss. Dabei kommt aber auch immer wieder seine unendliche Liebe zum Ausdruck. So brachte Gott die Überlebenden nach 70 Jahren in der Verbannung zurück, und sie bauten Jerusalem wieder auf.

Die letzte Verbannung des Judenvolkes kam durch die Römer. Im Jahre AD 70 belagerte Titus Jerusalem monatelang. Eine schreckliche Hungersnot brach aus, die in Geschichtsbüchern aufgezeichnet ist. Als die brutale Kraft der Römer endlich den Widerstand überwunden hatte, wurde die Stadt total vernichtet, sodass „kein Stein auf dem anderen liegen blieb" (Matthäus 24,1-2). Juden, die mit dem Leben davonkamen, wurden in die ganze damalige Welt zerstreut.

Aber über Jahrhunderte haben Juden dann mit einer Ausdauer und Zähigkeit sondergleichen an der Erinnerung an das biblische Königreich, aus dem sie AD 70 verdrängt worden waren, festgehalten. In ihren Gebeten, in ihrem Ritual, zu jedem passenden Zeitpunkt in ihrem Kalender haben sie sich an das Gelobte Land erinnert und an die nur zeitliche Trennung, die sie zu durchstehen hatten. Sie liebten Jerusalem. Für sie ist es die Stadt, wo Himmel und Erde sich treffen. Immer beteten sie mit dem Psalmendichter David um eine Rückkehr nach Zion:

„Vergesse ich dich, Jerusalem,
so verdorre meine Rechte."
Psalm 137:5

So wie Gott Strafe verheißen hat, so hat er auch immer wieder verheißen, dass er Israel nach Zion zurückführen wird. Hier nur zwei der Prophezeiungen, die des Jesaja (um 700 BC) und des Hesekiel (um 570 BC).

„Fürchte dich nicht, denn ich habe dich erlöst ...
So fürchte dich nun nicht, denn ich bin bei dir.
Ich will vom Osten deine Kinder bringen
und dich vom Westen her sammeln,
ich will sagen zum Norden: Gib her!
Und zum Süden: Halte nicht zurück!
Bring her meine Söhne von ferne und
meine Töchter vom Ende der Erde."
Jesaja 43:1; 5-6

„Darum sage: So spricht Gott der Herr:
Ich will euch zusammenbringen aus den Völkern
und will euch sammeln aus den Ländern,
in die ihr zerstreut seid,
und will euch das Land Israel geben."
Hesekiel 11:17

Und dann erfüllte sich, durch die Schrecken des Holocausts, die größte Prophezeiung unserer Zeit. Nach fast 2000 Jahren der Verbannung und des Verlusts Jerusalems wurde der Staat Israel am 14. Mai 1948 gegründet, und die Juden durften wieder aus der ganzen Welt in ihre Heimat zurückkehren.

In ihrer 2000 jahrelangen Diaspora gab es immer wieder Verfolgung. Dies war der Fall in ganz Europa und hatte sehr oft mit dem Wachsen der neuen Religion des Christentums zu tun, die dieselben alttestamentarischen Wurzeln hatte wie die der Juden. Die Pogrome in Russland und Polen, gegen Ende des 19. Jahrhunderts, können als blutige Meilensteine auf dem Weg zu Hitlers Gaskammern gesehen werden. Ohne diesen schrecklichen

Höhepunkt in der Judenverfolgung hätten sich die Sieger des Zweiten Weltkriegs und die internationale Gemeinschaft der Vereinigten Nationen niemals zu einem eigenen Heimatland für die Juden geeinigt.

Der wachsende Antisemitismus hatte schon zum Ende des 19. Jahrhunderts zu der Vision des Zionismus geführt. Die 1897 gegründete Zionistische Weltorganisation verkündete als zentrales Ziel die „Schaffung einer öffentlich-rechtlich gesicherten Heimstätte in Palästina". Verwirklicht werden sollte dieses durch die „Besiedlung Palästinas mit jüdischen Ackerbauern, Handwerkern und Gewerbetreibenden". Zunächst schien Theodor Herzls Vision in weiter Ferne zu liegen. Seit dem 16. Jahrhundert beherrschten Türken große Teile des Mittleren Ostens einschließlich Palästinas. Schon Sultan Saladin hatte Juden nach Jerusalem zurückgebracht, und dies wurde von den ottomanischen Türken fortgesetzt. Als Herzl 1895 anfing, seinen zionistischen Traum zu träumen, waren schon 30 000 von Jerusalems 50 000 Einwohnern jüdisch. Der derzeitige osmanische Sultan Abdul Hamid II. lehnte das zionistische Projekt jedoch ab. Aber dann beteiligen sich die Türken an der Seite Deutschlands am Ersten Weltkrieg und wurden von den Alliierten besiegt. Britische Truppen besetzten im Dezember 1917 Jerusalem und erreichen, zusammen mit Frankreich, eine führende Rolle im Nahen Osten, einschließlich Palästina. Zur Absicherung ihrer strategischen und wirtschaftlichen Interessen hatten die Briten noch vor Kriegsende Geheimgespräche mit teilweise widersprüchlichem Inhalt über das weitere Schicksal Palästinas geführt. Den Arabern versprachen sie die Gründung eines arabischen Großreichs (Hussein-MacMahon-Briefwechsel von 1915/16) und der zionistischen Bewegung sicherten sie britische Unterstützung für „die Schaffung einer nationalen Heimstätte in Palästina für das jüdische Volk" zu (Balfour-Deklaration, 1917).

2. November 1917

Verehrter Lord Rothschild,
ich bin sehr erfreut, Ihnen im Namen der Regierung Seiner Majestät die folgende Erklärung der Sympathie mit den jüdisch-zionistischen Bestrebungen übermitteln zu können, die dem Kabinett vorgelegt und gebilligt worden ist:
Die Regierung Seiner Majestät betrachtet mit Wohlwollen die Errichtung einer nationalen Heimstätte für das jüdische Volk in Palästina und wird ihr Bestes tun, die Erreichung dieses Zieles zu erleichtern, wobei, wohlverstanden, nichts geschehen soll, was die bürgerlichen und religiösen Rechte der bestehenden nicht-jüdischen Gemeinschaften in Palästina oder die Rechte und den politischen Status der Juden in anderen Ländern infrage stellen könnte.
Ich wäre Ihnen dankbar, wenn Sie diese Erklärung zur Kenntnis der Zionistischen Weltorganisation bringen würden.

Ihr ergebener Arthur Balfour

Im Jahr 1922 erhielt Großbritannien vom Völkerbund, dem Vorgänger der UNO (United Nations Organization), das Mandat für Palästina. Die Araber lehnten das britische Mandat als völkerrechtswidrig ab. Die Juden dagegen läuteten unter den Briten eine intensive zionistische Aufbauphase ein: Insbesondere Juden aus Osteuropa wanderten ein. Der jüdische Anteil an der Bevölkerung stieg von elf Prozent im Jahr 1922 auf rund 30 Prozent im Jahr 1936. Die jüdische Einwanderung war anfangs stark von der Kibbuz-Bewegung geprägt. Zahlreiche Einwanderer aus Osteuropa wirkten am Aufbau von Kibbuzim mit. Nach der Machtübernahme der Nationalsozialisten und der einsetzenden Judenverfolgung ab 1933 stieg die jüdische Einwanderung beträchtlich an, wurde jedoch 1939 durch die britische Mandatsverwaltung teils gewaltsam zurückgedrängt.

Als nach 1945 das Ausmaß und der Schrecken der jüdischen Tragödie in Europa langsam bekannt wurde, gab es nur noch ein

Bestreben des Weltjudentums, nämlich um die Überlebenden des Holocausts so schnell wie möglich in Palästina zu sammeln und dort eine Gesellschaft zu festigen, die auf eigenen Füßen stehen und sich gegen jegliche Ausschreitungen wehren konnte. Dies Bestreben fand immer mehr internationale Unterstützung. Die UN-Generalversammlung beschloss am 29. November 1947 die Teilung Palästinas in einen arabischen und einen jüdischen Staat, wobei Jerusalem als „Corpus separatum" unter UN-Verwaltung stehen sollte. Der Beschluss wurde von den meisten Juden in Palästina akzeptiert und von den meisten Arabern als Imperialismus empfunden. Sie hatten einen ungeteilten arabischen Staat angestrebt, in dem Juden als eine Minderheit leben durften.

Das britische Mandat über Palästina endete am 14. Mai 1948. Die guten Vorhaben konnten nicht erfüllt werden. Krieg stand vor der Tür. Am Nachmittag desselben Tages proklamierte David Ben Gurion im Stadtmuseum von Tel Aviv den Staat Israel. Dieser wurde nur wenige Stunden später von den USA und der Sowjetunion diplomatisch anerkannt. Golda Meir, die Tischlertochter aus Kiev und spätere Ministerpräsidentin, drückte die Gefühle der Nation bei den Freudeausbrüchen in Jerusalem so aus: *„Zweitausend Jahre haben wir auf unsere Befreiung gewartet. Nun, wo der Augenblick da ist, ist er so wunderbar und überwältigend, dass menschliche Worte es nicht fassen können."*

Aber schon in der Nacht marschierten die Armeen Ägyptens, Transjordaniens, Syriens, des Irak und des Libanon in Palästina ein, um die Proklamation des jüdischen Staates rückgängig zu machen. Nicht zuletzt dank heimlicher Waffenlieferungen aus der Tschechoslowakei sowie finanzieller Unterstützung aus den USA und anderen Ländern endete der erste Nahostkrieg gegen eine gewaltige Übermacht im Januar 1949 mit dem militärischen Sieg Israels.

In diesem „Unabhängigkeitskrieg" verlor Israel den alten Teil von Jerusalem an die Araber und damit ihren wahrscheinlich größten Schatz, die Restmauer der beiden zerstörten Tempel. Die Wiedergewinnung der „Klagemauer" durch israelische

Soldaten und die Vereinigung Jerusalems während des Sechs-Tage-Krieges von 1967 zählt, mit der Unabhängigkeit, zu den großen Momenten der jüdischen Geschichte.

Bei all den Wundern geschah noch etwas ganz Erstaunliches – die Wiedergeburt des Hebräischen als gemeinsame Sprache. Im zweiten Exil der Juden wurde Hebräisch immer seltener gesprochen, da die Juden die Sprachen ihrer Exilländer annahmen. Die Wiederbelebung der hebräischen Sprache als gesprochene Sprache im 19. Jahrhundert wird Eliezer ben Yehudah zugesprochen. Eliezer reiste 1881 aus Litauen nach Palästina und widmete sein ganzes Leben der Belebung der Sprache seiner Vorfahren. Dank seiner Bemühungen wurde Hebräisch allmählich von den Siedlern in der weiteren Umgebung verwendet. Einer der modernen Förderer war David Green, Herausgeber der zionistischen Gewerkschaftszeitung. Bei seinem ersten Besuch in Jerusalem war er schockiert, dass die Juden hier in vierzig verschiedenen Sprachen zueinander sprachen und die wenigsten sich verständigen konnten. In seiner Zeitung arbeitete er von nun an an der Wiederbelebung des Hebräischen als vereinendes Element. Als Erstes gab er sich statt Green einen Hebräischen Namen, Ben-Gurion – „Sohn eines Löwenjungen". 1948 wurde David Ben-Gurion der erste Ministerpräsident, und Hebräisch wurde die offizielle Sprache des neuen Staates.

1950 verabschiedete die Knesset das Rückkehrgesetz, das allen Juden in der Welt das Recht gibt, nach Israel einzuwandern. Schon vor der Verabschiedung dieses Gesetzes kamen Einwanderer in Scharen nach Israel, was große finanzielle und logistische Probleme verursachte. So kamen von 1947 bis 1950 etwa 250 000 Holocaust-Überlebende ins Land. Und so brachte die „Operation fliegender Teppich" zwischen 1949 und 1950, in geheim gehaltener Operation, etwa 49 000 jemenitische Juden in etwa 180 Flügen von Aden nach Israel.

Gleichzeitig leben seit dem UN-Teilungsplan von 1947 und dem folgenden Palästinakrieg bis heute rund 1,5 Millionen arabische Flüchtlinge und ihre Nachkommen in Flüchtlingslagern außerhalb Israels, in Jordanien, Syrien, im Libanon, im

Gazastreifen und im Westjordanland. Das Einzige, was sie haben, ist Hass. Und der Hass wird immer wieder geschürt, wenn jüdische Siedler die ehemaligen arabischen Gebiete besiedeln. Bis die Welt sich zur Lösung dieses Problems durchringt, kann es keinen endgültigen Frieden für Israel geben.

Was in Israel seit 1948 an Aufbauarbeit geschehen ist, konnte ich persönlich erleben, von meiner Südwestafrika-Regierung geschickt zur Erkundung der Wasserentwicklung dort und dann durch weitere Zusammenarbeit meines Landes mit Israel. Mein Ausgangspunkt war die „Ben Gurion University of the Negev". Nach ihrem Gründer benannt, sollte diese Universität leitend dazu beitragen, den Süden des Landes und die Negev-Wüste für menschliche Besiedlung zu erschließen. Wie die Wasserforscher der Universität systematisch auf den Spuren der Ureinwohner und selbst der Bibel nach den besten Möglichkeiten der Entwicklung der geringen Wasservorräte suchten, hat mich immer wieder begeistert.

Projekte wie die Wiedergewinnung der städtischen Abwässer von Tel Aviv durch Infiltration in die Dünen der Umgebung und ihrer Neuentwicklung durch Bohrbrunnen sind einmalig. Dank neuester Technik, eines klugen Managements und jahrzehntelanger kollektiver Anstrengung eines ganzen Landes ist Wassermangel in Israel heute Vergangenheit, das Land hat in vielen Aspekten der Wasserwirtschaft eine globale Vorreiterrolle übernommen. Die Trinkwasserversorgung geschieht schon zu mehr als 70 Prozent aus dem Mittelmeer, mittels gigantischer Meerwasserentsalzungsanlagen. Weiterhin wird kein Tropfen trinkbares Wasser mehr für die Landwirtschaft verwendet. Landesweit werden mehr als drei Viertel aller Abwässer gesäubert und der Landwirtschaft zur Bewässerung durch riesige Fernleitungen zugestellt. Ein Satellitenbild zeigt Israel mit einer üppigen, grünen Vegetation im Kontrast zu der trockenen Landschaft ringsherum. Über 240 Millionen Bäume hat man schon gepflanzt, und selbst die kargen Hügel der nördlichen Negev-Wüste sind mit kleinen grünen Oasen übersät. Der junge Staat ist sich seiner Geschichte bewusst.

„Jedes Fleckchen Erde, jeder Tropfen Wasser muss genutzt werden für die Söhne und Töchter, die noch immer aus der ganzen Welt nach Jerusalem zurückkehren." Ben Gurion nannte es *„die große und schicksalhafte Aufgabe"*.

Zum Schluss will ich versuchen, diesen Moment in Israels Geschichte noch in ein größeres Bild aus Gottes Geschichte mit uns, wie man sie bei den biblischen Propheten findet, anzudeuten. Wir leben in der „Endzeit", in der es zu der Wiederkunft Jesu kommen wird. Am Ende der Bibel heißt es „Er kommt bald", aber niemand weiß wann! Der Prophet Hesekiel, von dem schon am Anfang dieser Israel-Geschichte die Rede war, sagt in seinem Buch, im 37. Kapitel, einiges über Israels Rückkehr in die alte Heimat voraus. Das ist nun gerade in unserer Zeit, nach fast 2000 Jahren, geschehen. Im selben Kapitel steht dann: „Und mein Knecht David soll ihr König und ihrer aller einiger Hirte sein." Das weist auf Jesus den Messias hin, der dann auch Hirte des Volkes Israel sein wird. Danach folgt im 38. und 39. Kapitel der Angriff eines riesigen Völkeraufgebots von „Gog aus Magog" (aus dem fernen Norden) auf das wieder in der judäischen Heimat lebende Gottesvolk, und es kommt zu einer endgültigen Entscheidungsschlacht zwischen Gott und seinem Widersacher. Das können wir uns gut vorstellen, denn den Hass, von dem der geografisch unscheinbare Staat Israel in der ganzen Welt umgeben ist, erfahren wir täglich in den Nachrichten. Wir können uns auch vorstellen, wie dieser Hass eines Tages zur Explosion kommen wird und Welten gegeneinander führen wird. Wo wird Deutschland in dieser Zeit stehen? Muss man da nicht wie der Evangelist Lukas fragen?

„Seid auch ihr bereit! Denn der Menschensohn kommt zu einer Stunde, da ihr's nicht meint."
Lukas 12, 40

225

Neuanfang

„Ich, ich bin der HERR, und außer mir ist kein Heiland.
... Denn siehe, ich will ein Neues schaffen ..."
Jesaja. 43: 11, 19

Gott liebt die Völker, wie er sein Volk Israel liebt. Er liebt Deutschland. Das größte Wunder unserer Zeit wird für mich immer der Mauerfall und die Wiedervereinigung sein, als Deutsche in Ost und West wieder Brüder wurden. Nur Gott hatte gewusst, wohin es führen würde, als ein paar Menschen sich 1982 zum Friedensgebet in der Leipziger Nikolaikirche zusammenfanden, als dies jeden Montag weitergeführt wurde, als sie eines Tages das Friedensgebet auf der Straße fortsetzten, mit Kerzen in der Hand, als dies binnen Wochen zu Großdemonstrationen anwuchs, bis dann die Demonstrationen nach Berlin überschlugen – am 4. November 1989 waren bis zu 500 000 auf dem Alexanderplatz in Ost-Berlin, bis am 9. November die Mauer fiel.

Schon das schnelle und unerwartete Wirtschaftswachstum in der Bundesrepublik Deutschland, wenige Jahre nach nach dem zweiten Weltkrieg, wurde als ein ‚Wirtschaftswunder' bezeichnet. Das Wunder wird erst klar, wenn man ein Bild von Deutschland am Ende, 1945, bekommt – hier eine Bilanz unmittelbar nach der Kapitulation.

„Das Ende Deutschlands ist da! Das ist der Erfolg eines Systems, das in ungeheuerlicher Selbstüberhebung und Verblendung aus unserem herrlichen Vaterland ein einziges Leichen- und Trümmerfeld gemacht hat. Äußerlich und innerlich ist unser Deutsches Reich vernichtet, eine ungeheure Not ist über deutsches Land und seine Menschen gekommen, ein unsagbarer Jammer hat die Familien zerrissen, bis ins Mark getroffen, die Grundlagen unseres Daseins überhaupt, das sittlich-religiöse Leben unseres Volkes, zerbrochen zugunsten einer

sogenannten ‚NS-Weltanschauung'. Das ist das Erbe des verbreche-
rischen Hitlerregiments! Statt eines ‚Herren'-Volkes eine Herde von
Sklaven ohne Würde, das ist das Bild des einst so stolzen Volkes heute!"
Hamburger Schulleiter Peter Meyer, 1945: Chronik des ersten
Nachkriegshalbjahres

1945 herrschte in Deutschland Zerstörung, Hunger, Hoffnungslosigkeit und Chaos vor. Die Infrastruktur war fast komplett vernichtet, Wohngebiete teilweise ausgelöscht, und Groß-
städte wie Köln und München waren kaum mehr zu erkennen.
Eine Hauptbeschäftigung war, die riesigen Trümmerberge auf-
zuräumen. Über zwölf Millionen deutsche Flüchtlinge mussten
eine neue Heimat finden, und mehr als acht Millionen Deutsche
waren in Kriegsgefangenschaft. All dies ist überhaupt nur im
Wahnsinn und der Gottlosigkeit des Dritten Reiches zu verstehen. Die Gottesurteile in biblischen Zeiten können nicht schrecklicher gewesen sein.

Auf der Potsdamer Konferenz, Juli/August 1945, einigten
sich die vier Siegermächte auf politische Grundsätze für die Behandlung Deutschlands: Entmilitarisierung, Entnazifizierung,
Dezentralisierung, Dekartellisierung und Demokratisierung.
Außerdem wurde beschlossen, die deutschen Gebiete östlich
von Oder und Lausitzer Neiße bis zu einem Friedensvertrag unter polnische sowie sowjetische Verwaltung zu stellen und die
dortige deutsche Bevölkerung ebenso wie die Deutschen aus der
Tschechoslowakei und Ungarn auszusiedeln.

Man hat die damalige Situation der Deutschen als „Stunde Null" charakterisiert: Fast alles war zerstört, die materiellen und die immateriellen Werte. Die Hauptsorge der meisten
Menschen galt der unmittelbaren Existenzerhaltung. Wenn
man auch hoffte, die Vergangenheit völlig hinter sich lassen
und mit der Gestaltung der Zukunft bei null anfangen zu können, konnten Fragen nach den Ursachen der Gegenwartsmisere
und nach den Schuldigen nicht ausbleiben. Ungleich dramati-
scher als 1918 stellte sich 1945 die Frage nach dem moralischen
Scheitern der deutschen Gesellschaft und dem Sinnverlust der
eigenen Geschichte.

Mit den Verbrechen des Dritten Reiches waren viele Deutsche spätestens direkt vor Kriegsende oder kurz danach persönlich konfrontiert worden, als die Todesmärsche der ausgemergelten Insassen der geräumten Konzentrationslager Städte und Dörfer passierten und, nach der Befreiung der Lager, die alliierten Truppen die Einwohner der nächstgelegenen Orte zwangen, die Schinderstätten des Systems zu besichtigen. Im Laufe der Nürnberger Prozesse, 1946-49, bekam das deutsche Volk dann gnadenlos das ganze Ausmaß von Hitlers Wahn und dessen schreckliche Folgen gezeigt.

Die Entnazifizierung der deutschen Bevölkerung (1946-48) war ein zentrales Kriegsziel der Alliierten gewesen. Wichtigstes Instrument war ein aus 131 Fragen bestehender Fragebogen, mit dem die alliierten Behörden Informationen über den Grad der NS-Beteiligung der Betroffenen erheben wollten. Die Angaben konnten durch die überraschende Rettung der NS-Hauptkartei überprüft werden. Angst vor einer gerichtsverwertbaren Selbstbezichtigung führte zu einem durchgängig zu beobachtenden Verhalten: Ausflucht und Entschuldigung oder einfaches Verschweigen kompromittierender Tatsachen in der Hoffnung, sie blieben verborgen oder ließen sich mit dem formalen Entnazifizierungsbescheid zudecken. „Wir haben nichts davon (den Verbrechen, Anmerkung des Verfassers) gewusst" und: „Wir konnten nichts machen."

Bei Kriegsende führte die NSDAP-Kartei 6,5 Millionen Mitglieder. Vor allem die Staatsdiener waren eng mit der Nazi-Herrschaft verbunden. Über 65 Prozent der Beamten, mehr als 80 Prozent aller Richter und Justizbeamten waren Parteigenossen. Der NS-Lehrerbund meldete 491 000, der Ärztebund 72 000 Gefolgsleute. Es war die breite deutsche Mitte, die sich Hitler und seiner Politik verschrieben hatte.

Aus dieser Sicht meinte der Philosoph Karl Jaspers, der sich 1945/46 intensiv mit der Schuldfrage auseinandersetzte, dass für ihn ein geistig-moralischer Neuanfang nur möglich war, wenn ihm eine Selbstreinigung des Einzelnen vorausging. Jaspers unterschied zwischen vier Arten von Schuld:

1. Kriminelle Schuld wegen individuell zurechenbarer Verbrechen,
2. politische Schuld als Staatsbürger eines Staates, der Verbrechen anordnete und beging,
3. moralische Schuld, die sich aus Handlungen oder Unterlassung von Handlungen des Einzelnen ergab: Anpassung, Nichtwiderspruch gegen Unrecht, Trägheit des Herzens – diese Schuldkategorie traf nach Jaspers auf die meisten Deutschen zu,
4. metaphysische Schuld als Mensch, der als solcher mitverantwortlich ist für Unrecht und Ungerechtigkeit.

Wie stand es damit in Deutschland? Die neu entstandenen deutschen Staaten, die Bundesrepublik Deutschland (BRD) und die Deutsche Demokratische Republik (DDR), gab es erst ab 1949. So war es die Kirche, die im Oktober 1945 den Anfang mit dem Stuttgarter Schuldbekenntnis versuchte. Der von Martin Niemöller eingefügte Kernsatz lautete: „Durch uns ist unendliches Leid über Länder und Völker gebracht worden ..." Darin kamen weder die Juden noch der besondere christliche Antijudaismus vor.

Die Katholische Kirche hatte es schwer, den Abschluss des Reichskonkordats mit Hitler zu erklären, und so fehlte ihnen das identifizierende „Wir" von Stuttgart. Dagegen waren die Schuldzuweisungen im ersten Hirtenbrief der Fuldaer Bischofskonferenz (23. August 1945) schon differenzierter: *„Furchtbares ist schon vor dem Kriege in Deutschland und während des Krieges durch Deutsche in fremden Ländern geschehen. Viele Deutsche, auch aus unseren Reihen (die katholischen Gläubigen, Anmerkung des Verfassers), haben sich von den falschen Lehren des Nationalsozialismus betören lassen, sind bei Verbrechen gegen menschliche Freiheit und menschliche Würde gleichgültig geblieben, leisteten durch ihre Haltung Vorschub den Verbrechen, viele sind selbst Verbrecher geworden."*

1947 benannte der noch bestehende Bruderrat der Bekennenden Kirche mit dem Darmstädter Wort die Ursachen des Nationalsozialismus in der Geschichte Deutschlands und die Irrwege der Kirchen konkreter: „Das Bündnis der Kirche mit den konservativen Mächten hat furchtbare Folgen gezeitigt. Wir haben die christliche Freiheit preisgegeben, Lebensformen zu ändern, wenn das Leben der Menschen solche Wandlungen erfordert. Wir haben das Recht zur Revolution abgelehnt, aber die Entwicklung zur schrankenlosen Diktatur gutgeheißen." Trotz dieser in der Nachkriegszeit einzigartigen Einsicht unterblieb auch hier jeder Hinweis auf den Holocaust und den Antisemitismus – aus theologischen Gründen. Aber bereits diese allgemeinen Aussagen lösten in Westdeutschland weithin öffentliche Empörung und heftigen Widerspruch aus und fanden wenig Zustimmung.

Erst Grabschändungen auf jüdischen Friedhöfen in Deutschland und antisemitische Tumulte beim Prozess gegen Veit Harlan, dem Regisseur des NS-Propagandafilms „Jud Süß", brachten 1950 die erlösenden Worte. Bundesinnenminister Gustav Heinemann, der Präses der EKD-Synode, erklärte im Rundfunk, an den Juden seien „solch ungeheure Untaten und Verbrechen begangen worden, dass wir allesamt wahrlich nur einen Anlass hätten, nämlich uns der ganzen Tragweite dessen, was in unserem Namen geschah, vor Gott und den Menschen zutiefst bewusst zu werden und uns alle zur Umkehr rufen zu lassen".

So ist es erstaunlich, dass der erste Bundeskanzler, Konrad Adenauer, sich schon wenige Wochen nach seinem Regierungsantritt um Kontakte zu jüdischen Vertretern bemühte. Sein Interview mit dem Herausgeber der „Allgemeinen Wochenzeitung der Juden in Deutschland" im November 1949 war der Beginn einer nur allmählich und mühsamen zustande kommenden Beziehung zwischen der Bundesregierung und Vertretern des Staates Israel. *„Das deutsche Volk ist gewillt, das Unrecht, das in seinem Namen durch ein verbrecherisches Regime an den Juden verübt wurde, soweit wiedergutzumachen, wie dies nur möglich ist, nachdem Millionen Leben unwiederbringlich vernichtet sind. Diese Wiedergutmachung betrachten wir als unsere Pflicht."*

Der Kanzler betrieb das Entschädigungsprojekt mit Entschlossenheit. In Verhandlungen mit David Ben Gurion kam es 1952 zu dem Luxemburger Abkommen mit Unterstützungszahlungen für den Staat Israel, der als Rechtsnachfolger der ermordeten Juden betrachtet wurde. Zu einem weiteren Abkommen kam es mit der „Conference of Jewish Material Claims against Germany" (JCC) zur Unterstützung, Eingliederung und Ansiedlung jüdischer Opfer der NS-Verfolgung außerhalb Israels. In Israel war der Abschluss dieser Vereinbarung seinerzeit hoch umstritten wegen der Frage, ob der Staat Israel bzw. die internationale jüdische Gemeinschaft überhaupt Geld von Deutschland („Blutgeld") annehmen solle. Aber noch im Jahre 2010 wurden etwa 29 000 Bundesrückerstattungsgesetz-Renten ausgezahlt – bis zum Lebensende an die Betroffenen bzw. den überlebenden Ehepartner.

Der Leiter der israelischen Delegation, der in Stuttgart aufgewachsene Felix Schinnar, nannte das Abkommen rückblickend eines der denkwürdigsten der Menschheitsgeschichte.

„Obwohl es sich um die Regelung eines materiellen Schadens handelte, stand hier selbstverständlich zur Diskussion die Wiederbegegnung zwischen dem deutschen Volk und dem israelischen Volk nach der Zeit des Unrechtes und der Gewalt unter Hitler."

Noch 1950 führte das israelische Außenministerium den Passvermerk ein „Für alle Länder gültig außer für Deutschland". Zur Aufnahme der diplomatischen Beziehungen kam es erst 1965. In dieser schweren Zeit wurde die Evangelische Marienschwesternschaft vielen ein Vorbild der wichtigen Beziehung Deutschland-Israel:

„Können wir nicht endlich unter unsere Vergangenheit einen Schluss-Strich ziehen?

Nein, denn beim Thema ,Israel' geht es um Vergangenheit, Gegenwart und Zukunft."

Bereits Mitte der 50er-Jahre entbrannte in Mutter Basilea das Verlangen, Israel, Gottes Bundesvolk, wohlzutun, um Wunden heilen zu helfen. Ab 1957 taten Schwestern Dienst an Holocaust-Überlebenden in Israel, zunächst im Norden des Landes, später in Jerusalem. 1958 erschien Mutter Basileas Buch „Israel – Mein Volk", das weltweit für viele zum Augenöffner wurde, um den Abgrund der Vergangenheit im Licht der Wahrheit zu erkennen. 1962 wurden weitere Schwestern ausgesandt, die jahrelang auf dem Ölberg – damals noch Ost-Jerusalem – einen Gebetsdienst ausführten. Umringt von arabischen Familien, hatten sie viele Möglichkeiten, herzliche Beziehungen aufzubauen. „Jeden Freitagabend beten wir das Israel-Gebet – ein Buß- und Segensgebet – in unserer Mutterhaus-Kapelle."

Wichtig im Gesamtbild der Wiedergutmachung ist zu wissen, dass die Deutsche Demokratische Republik (DDR) sich seit ihrer Gründung beharrlich geweigert hatte, dem Beispiel der Bundesrepublik Deutschland bei Wiedergutmachungsleistungen zu folgen. Sie sah sich nicht als Rechtsnachfolgerin des Dritten Reiches, sondern verortete sich in der Tradition des Kampfes gegen den Faschismus. Somit lehnte sie materielle Leistungen für im Ausland lebende NS-Opfer ab und verweigerte auch die moralische Mitverantwortung für die Verbrechen des nationalsozialistischen Deutschlands.

Aufgrund der demografischen Entwicklung wird ein Ende dieser aktiven und höchstpersönlichen Leistungen an die Überlebenden des Holocausts sichtbar. Die Bundesregierung ist der Auffassung, dass dies aus nationalen und internationalen sowie aus politischen und gesellschaftspolitischen Gründen keineswegs ein Ende der Wiedergutmachung im Sinne eines Schlussstriches unter dem Engagement der Bundesrepublik Deutschland bedeuten soll. Bundeskanzlerin Angela Merkel bekräftigte anlässlich eines Besuchs in Jerusalem im April 2007: „*Nur indem mein Land, nur indem Deutschland seine immerwährende Verantwortung für diese schrecklichste Zeit und für die grausamsten Verbrechen in seiner Geschichte voll und ganz annimmt, können wir die Zukunft gestalten – nur so und nicht anders.*"

Im Nachhinein sehe ich den Neuanfang Deutschlands schon in dem Widerstand gegen den Unrechtsstaat. In der schwersten Zeit, im Widerstand des 20. Juli 1944, stand das wirkliche Preußentum noch einmal auf. Unter den Trägern des Widerstands gab es viele Namen, die in der preußischen Geschichte einen ruhmreichen Klang hatten – Moltke, York, Tresckow, Kleist, Beck. Trotz des Missglückens des Attentats auf den Führer wird die Symbolkraft für Deutschland bestehen bleiben.

Der Kirche, die die Gefahr zum Teil wenigstens kommen sah, wurde der Kampf von den Nazis angesagt. Aus denen, die den Kompromiss mit Hitler suchten (70 %), entstanden die Deutschen Christen. Um Niemöller und Bonhoeffer bildete sich neu die „Bekennende Kirche". Bonhoeffer war ohne Kompromiss in dieser Zeit. Seine Studenten im Finkenwalde-Seminar forderte er auf: *„Wir müssen so über unseren Glauben sprechen können, dass sich Hände zu uns ausstrecken, schneller, als wir sie füllen können … Versucht nicht, die Bibel relevant zu machen. Sie ist es. Verteidigt Gottes Wort nicht, sondern bezeugt es … Vertraut dem Wort. Es ist ein Schiff, in derem Last nichts fehlt."*

Ein erstaunliches Zeugnis von Zivilcourage aus dieser Zeit entdeckte ich auf meiner Deutschlandreise 2010 in der lauenburgischen Stadt Mölln. Am Sonntag vor Ostern, 20. März 1937, machten sich etwa 1000 Menschen aus Lübeck gemeinsam mit einem Sonderzug heimlich auf den Weg nach Mölln. Der Anlass waren 169 Jugendliche aus Lübeck, die sich aus Protest gegen den hitlertreuen Bischof Erwin Balzer in dem etwa 30 Kilometer entfernten Mölln konfirmieren ließen. Ihre eigenen Pastoren der Bekennenden Kirche hatte Balzer unter Hausarrest gestellt. Die Geschichte aus Mölln wurde von der gleichgeschalteten deutschen Presse verschwiegen. Dennoch machte sie schnell die Runde und ermutigte die Bekennende Kirche in Deutschland. Die Reichskirche lenkte kurz darauf ein. Die eingesperrten Pastoren kamen wieder frei. Die Möllner Notkonfirmation gilt als ein Höhepunkt des Lübecker Kirchenkampfes.

Aber 1937 brachte auch das Unweigerliche. Die Nazis verhafteten über achthundert Pastoren der Bekennenden Kirche, und das Finkenwalde -Predigerseminar wurde geschlossen. Bis

1940 arbeitete Dietrich Bonhoeffer noch im Untergrund weiter und besuchte und beaufsichtigte seine ehemaligen Studenten in verschiedenen Vikariaten in Hinterpommern. Dann hatte er sich zu seinem schwersten Entschluss durchgerungen, um aktiv an dem militärisch/politischen Widerstand gegen Hitler teilzunehmen. Offiziell arbeitet er als ziviler V-Mann des militärischen Abschirmdienstes und nutzt auf Auslandsreisen seine alten ökumenischen Kontakte für die Konspiration. Im April 1943 wird er verhaftet und wird 1945, noch ganz kurz vor Kriegsende, nach zwei Jahren Haft auf Hitlers Anordnung im Konzentrationslager Flossenbürg umgebracht. Das Problem der Rassenungerechtigkeit hatte ihn schon als 25-jähriger Stipendiat am Union Theological Seminary in New York bei regelmäßigen Besuchen der Kirchengemeinden Harlems tief getroffen. 1933, zurück in Berlin, schreibt er in einem seiner bekanntesten Aufsätze „Die Kirche vor der Judenfrage" zu der Aufgabe der Kirche:

„1. *Die Kirche hat den Staat zu fragen, ob sein Handeln von ihm als legitim staatliches Handeln verantwortet werden könne ...*
2. *Die Kirche ist den Opfern jeder Gesellschaftsordnung in unbedingter Weise verpflichtet, auch wenn sie nicht der christlichen Gemeinde zugehören ...*
3. *Wenn die Kirche den Staat ein Zuviel oder ein Zuwenig an Ordnung und Recht ausüben sieht, kommt sie in die Lage, nicht nur die Opfer unter dem Rad zu verbinden, sondern dem Rad selbst in die Speichen zu fallen."*

Trotz der Gefahren gab es in Deutschland relativ viele lokale verdeckte Netzwerke von Helfern, die Menschen in Not (Flüchtlingen, vor allem Juden) halfen. Es waren in aller Regel Privatleute, die aus ihrem Gewissen heraus Menschen auf der Flucht versteckten oder anderweitig weiterhalfen und keine Rücksicht darauf nahmen, dass sie und ihre Familie, würden sie entdeckt, Schlimmes zu erwarten hätten. Solche Netzwerke sind zum einen aus den verfolgten politischen Parteien und Organisationen heraus entstanden, zum anderen aus christlichen Gruppierungen heraus. Das Büro Grüber der Bekennenden Kirche half seit 1938 Christen jüdischer Herkunft, aber auch Juden zur Ausreise. Eine ähnliche Anlaufstelle gab es auch auf katholischer Seite.

Solche Rettungstaten waren mit ständiger Lebensgefahr verbunden. Am 16. November 1938 predigt Pastor J. von Jan vor seiner Gemeinde in Schwaben: „Gebetshäuser, die anderen heilig sind, wurden ohne Bestrafung niedergebrannt – Männer, die unserem Volk vor allem auf der untersten Ebene gedient und getreu ihre Pflicht erfüllt haben, sind in Konzentrationslager geworfen worden, nur weil sie einer anderen Rasse angehören. Diese Ungeheuerlichkeit unseres Volkes muß göttliche Strafe nach sich ziehen." Es konnte nicht ausbleiben, Pastor von Jan wurde brutal von einer Nazi-Menge verprügelt, das Pfarrhaus zerstört, und er landete im Gefängnis.

Zur Jahreswende 1943, noch als freier Mensch, fragt Bonhoeffer in „Nach zehn Jahren": „Wird unsere innere Widerstandskraft gegen das uns Aufgezwungene stark genug und unsere Aufrichtigkeit gegen uns selbst schonungslos genug geblieben sein, dass wir den Weg zur Schlichtheit und Geradheit wiederfinden?" Mich hat Bonhoeffer in dieser Zeit des Bösen in Deutschland unweigerlich an Abraham des Alten Testaments und an seine Fürbitte für die sündige Stadt Sodom erinnert. *„Wenn Du fünfzig, vierzig, ja selbst zehn Gerechte in der Stadt findest, Herr, wolltest Du der Stadt nicht vergeben." „Finde ich auch nur zehn Gerechte", antwortete der Herr, „so will ich um ihretwillen dem ganzen Ort vergeben."*

Wie unglaublich gut ist es, zu wissen, dass Gott immer wieder vergibt: „siebzig mal sieben mal" – und dass er dies auch den Menschen zum höchsten Gebot macht. Überall will man neue Wege gehen, selbst da, wo das Leid am schwersten war. So gab die Pommersche Landsmannschaft im Manifest der Pommern 1973 u. a. folgendes Bekenntnis ab: *„Wir Pommern wissen, dass dem polnischen und dem deutschen Volke nicht vergessenes Unrecht zugefügt worden ist. Wir wissen aber auch, dass nicht das Verharren in der Erinnerung an Leid und Unrecht den Weg in eine bessere*

Zukunft ebnet, sondern der gemeinsame Wille, das Recht zu achten und so künftige Aufgaben zu meistern."

Der neue demokratische Staat hat Werte und Normen früheren politischen Sozialverhaltens pragmatisch oder bewusst aufgegeben, so den Nationalismus, den Militarismus und den Autoritarismus. Über Parteigrenzen hinweg gaben seine Demokraten die Antwort auf Krieg und Gewaltherrschaft in Artikel 1 der neuen Verfassung:

„Das deutsche Volk bekennt sich darum zu unverletzlichen und unveräußerlichen Menschenrechten als Grundlage jeder menschlichen Gemeinschaft, des Friedens und der Gerechtigkeit in der Welt."

Wohl das Wichtigste steht schon in der Präambel des Grundgesetzes. Dazu gehört, zu wissen, dass nicht nur die Weimarer Reichsverfassung keinen Gottesbezug mehr hatte, sondern auch schon die Bismarck-Verfassung und die Paulskirchen-Verfassung:

„Im Bewußtsein seiner Verantwortung vor Gott und den Menschen, von dem Willen beseelt, als gleichberechtigtes Glied in einem vereinten Europa dem Frieden der Welt zu dienen, hat sich das Deutsche Volk kraft seiner verfassungsgebenden Gewalt dieses Grundgesetz gegeben."

Von der heilenden Kraft Gottes erzählt eine deutsche Legende. Die Erbauung der Stadt Hildesheim hat vor mehr als tausend Jahren der Kaiser Ludwig der Fromme befohlen. Auf einer Jagd hatte der Kaiser sein Pferd und sein Gefolge verloren. Er nahm von seiner Brust ein goldenes Kreuz, hängte es an einen wilden Rosenstrauch und betete inbrünstig, dass ihn Gott doch hier nicht in der Wildnis verkommen ließe. Nach seiner Errettung ließ er an dieser Stätte eine Kapelle bauen. Dies wurde das erste Gebäude in Hildesheim, die kleine Kapelle am Dom. Der Hildesheimer Dom wurde beim Bombenangriff am 22. März 1945 zerstört. Nur die Außenmauer und die Turmstümpfe blieben stehen. Aus dem erhaltenem Wurzelwerk des tausendjährigen Rosenstocks aber wuchsen junge Triebe hervor, und in neuer Schönheit rankt und blüht der alte Rosenstrauch (Heimatklang – Lesebuch für das 4. Grundschuljahr).

Die Vergangenheit können wir nicht verändern, wohl aber, mit Gottes Hilfe, die Zukunft. Das gilt für jeden Einzelnen und auch für Deutschland als Ganzes. Wie auch immer unsere Vergangenheit war, Gott möchte einen neuen Weg mit uns gehen. *„Denn siehe, ich will ein Neues schaffen"* (Jesaja. 43:19), verspricht der Herr. Gottes Güte ist beständig und währt ewiglich. Ja, wie im Alten Testament nimmt er die Israeliten als Volk wieder zu sich und gibt ihnen selbst ihre Weinberge zurück. Möge dies Wort für Deutschland zutreffen. Das ist meine Hoffnung.

Vater vergib

Ich habe schwer an meiner deutschen Vergangenheit getragen. Durch meinen Opa war ich Teil des Kaiser- und Kolonialreichs und durch meine Eltern Teil des Dritten Reichs. Dann wurde ich selber Teil des Apartheid-Geschehens. Lange war es mein Stolz, durch den ich nur das Gute sehen wollte und dabei das Böse übersah oder nicht wahrhaben wollte. Als die Erkenntnis kam, habe ich dann viele Jahre versucht, allein daran zu tragen. Vergebung finden, wie es Deutsche hier auf dem Gedenkstein in Dresden schon 1986 und früher taten, das kannte ich noch nicht.

IN SCHAM UND TRAUER
GEDENKEN CHRISTEN
DER JÜDISCHEN BRÜDER DIESER STADT.
1933 LEBTEN IN DRESDEN 4675 JUDEN.
1945 WAREN ES 70.
WIR SCHWIEGEN
ALS IHRE GOTTESHÄUSER VERBRANNT,
ALS JUDEN ENTRECHTET, VERTRIEBEN
UND ERMORDET WURDEN.
WIR ERKANNTEN IN IHNEN
UNSERE BRÜDER UND SCHWESTERN
NICHT.

WIR BITTEN
UM VERGEBUNG UND SHALOM.
November 1986

Wie konnten Deutsche so etwas tun? Wie konnten meine Vorfahren so handeln? Würde ich es nicht genauso machen? Wie kann das jemals vergeben und vergessen werden?

Auf einer Dienstreise von meinem Amt in Südwestafrika kam ich zum ersten Mal als junger Mensch nach Israel. Keiner kommt nach Israel, ohne in das Yad-Vashem-Zentrum in Jerusalem gebracht zu werden, und das ist gut so. Als Schüler, Student und Leser vieler Vergangenheitsbewältigungsliteratur wollte ich es nicht wahrhaben, dass unser Deutschland den schrecklichen Weltkrieg verschuldet hatte und dass Deutsche in diesem Krieg Millionen Juden systematisch ermordet hatten. Eher tat es mir gut zu wissen, dass es längst nicht so schlimm gewesen war, dass andere schon längst in der Geschichte die Weichen gestellt hatten oder genauso Schlimmes getan hatten.

Yad Vashem ist Israels zentrale Gedenkstätte für den Holocaust und das weltweit wichtigste Informationszentrum, das an die nationalsozialistische Judenvernichtung erinnert und sie wissenschaftlich dokumentiert. Die Geschichte der Judenverfolgung in Europa ist in neun unterirdisch angelegten Galerien dokumentiert. Anhand von Videoinstallationen, Fotografien, Exponaten, Dokumenten und Kunstwerken wird der Völkermord an den europäischen Juden dargestellt. Persönliche Gegenstände, die in den Ghettos gefunden wurden und auch Tagebuchaufzeichnungen lassen den Besucher immer wieder aufs Neue die Unfassbarkeit der damaligen Zeit erahnen. Mir kamen die Tränen der Erkenntnis endlich in der „Halle der Namen". Hier werden die Namen und persönlichen Daten der jüdischen Opfer des nationalsozialistischen Massenmordes gesammelt – jeder Name ein Zeichen eines Menschen mit Herz und Seele.

Inzwischen sind vier Millionen Namen dokumentiert. Von nun an wollte ich nicht mehr uninformiert sein, wollte die Wahrheit wissen und wollte mitreden können, wo es andere Meinungen gab. Aber es gehörte noch mehr dazu, mir die Schuldlast abzunehmen. Wie unglaublich froh war ich, als mich jemand auf das Versöhnungsgebet der Kathedrale von Coventry aufmerksam machte. Viele Jahre trug ich den Text, handgeschrieben, in meinem Portemonnaie mit, um mich daran zu erinnern.

Die Kathedrale, ein Kulturschatz der Engländer, war nach einem deutschen Bombenangriff auf die Industriestadt Coventry, 1940, nur noch ein Haufen Schutt und Asche. Schon am Tage nach dem Angriff formte der Aufseher der Kathedrale ein Kreuz aus den noch schwelenden Dachbalkenresten und richtete es auf einem Steinhaufen auf dem Grundstück auf. In einen der Steine ritzte er die Worte ein: „Vater vergib."

Coventry Cathedral wurde schon 1947 wieder aufgebaut, im Sinne eines nationalen Glaubensaktes. Die neue Kathedrale sollte die Geschichte vom Kreuz und von Christi Wiedergeburt, von Hoffnung in größter Verzweiflung, vom Sieg der Liebe Gottes über allen menschlichen Hass erzählen. So wurde das verbrannte Kreuz in die Kirche aufgenommen, und in die Steinwand wurden die Worte eingemeißelt: „Vater vergib." Das ganze Versöhnungsgebet steht auf einer schlichten Holztafel unter dem Kreuz.

DAS VERSÖHNUNGSGEBET
DER KATHEDRALE VON COVENTRY

„Alle haben gesündigt
und ermangeln des Ruhmes, den sie bei Gott haben sollten."
(Römer 3,23)
Darum beten wir:

Den Hass, der Rasse von Rasse trennt,
Volk von Volk, Klasse von Klasse:
VATER; VERGIB!
Das habsüchtige Streben der Menschen und Völker,
zu besitzen, was nicht ihr eigen ist:
VATER; VERGIB!
Die Besitzgier, die die Arbeit der Menschen ausnutzt
und die Erde verwüstet.
VATER; VERGIB!
Unseren Neid auf das Wohlergehen
und Glück der anderen:
VATER; VERGIB!
Unsere mangelnde Teilnahme an der Not
der Heimatlosen und Flüchtlinge:
VATER; VERGIB!
Die Sucht nach dem Rausch, der Leib und
Leben zugrunde richtet:
VATER; VERGIB!
Den Hochmut, der uns verleitet, auf uns selbst
zu vertrauen und nicht auf Gott:
VATER; VERGIB!

„Seid untereinander freundlich, herzlich und vergebt einer dem anderen, gleichwie Gott Euch vergeben hat in Christus." **(Epheser 4,32)** AMEN

Das Erstaunliche war, dass der englische Geistliche in diesem schrecklichen Moment, 1940, die Worte „Vater vergib" und nicht „Vater vergib Ihnen" niederschrieb. Das war keine normale menschliche Reaktion und konnte nur von Gott sein. Natürlich kannte er den Römerbrief, den Brief des Paulus an die ersten Christen in Rom, Menschen, die zu der Zeit schwer verfolgt wurden und zum Teil Sklaven gewesen waren. Er wusste, dass mit Gottes Maßstab wir alle Sünder sind, jeder Einzige. Das wurde dann dazu geschrieben, als der Stein in die Kathedrale kam: „Alle haben gesündigt!" Das wollen wir heute nicht mehr gerne wahrhaben. „Ich hab doch keinen ermordet, nie etwas gestohlen oder jemanden betrogen." Aber sehen wir uns die sieben Sünden in der Holztafel doch einmal näher an – Hass, Habsucht, Besitzgier, Neid, mangelnde Teilnahme, Sucht und Hochmut. Vor dem Heiligen Gott kann kein Hass, kann kein Stolz bestehen. Das waren doch gerade die Eigenschaften, die es zum Dritten Reich gebracht hatten.

In unserer Begeisterung für Erziehung und Aufklärung sind wir dem kindlichen Glauben an Gott entwachsen, sehen Moral als mensch-gemachte Regeln an und bewegen uns immer weiter weg von Gottes moralischem Kompass. Das ist gefährlich. Erst nach einer Katastrophe erkennen wir wieder: Gott hat uns gefehlt, wir hatten ihn vergessen, ja, selbst verhöhnt. Aber mit der Zeit siegt dann wieder unser stolzer Verstand. Immanuel Kant unterschied in dem Text „Was ist Aufklärung" zwischen einem freien, öffentlichen Gebrauch der Vernunft und einem, der an Institutionen (wie Gott) gebunden ist. Gebunden wollen wir heute ganz bestimmt nicht mehr sein.

Aber wir brauchen den Verstand nicht über Bord zu werfen, um ein moralisches Gesetz zu erkennen, das genau so fest steht wie die Naturgesetze. Dass unsere Welt durch einen Zufall entstanden ist, ist doch absurd. Die Ordnung, die absolute Genauigkeit, ja, die Schönheit – alles spricht von einem wunderbaren Entwurf und von festen Gesetzen. Wir Menschen unterliegen auch diesen Naturgesetzen, erkennen aber tief in uns noch etwas Weiteres, nämlich ein Gesetz, das mich drängt, etwas richtig zu tun, und das mich verantwortlich und ungemütlich fühlen lässt, wenn ich etwas Verkehrtes tue. Dieses uralte Gesetz soll das eigene Handeln regeln und das Zusammenleben mit den Menschen. Es ist ein gerechtes Gesetz, das keinen Unterschied zwischen reich und arm, mächtig und schwach kennt. Das ist so, glauben Christen, weil wir alle Geschöpfe Gottes sind, ihm alle gleich wertvoll. Und gleichzeitig sind wir Menschen alle sündig und bedürfen in gleichem Maße der Gnade und Vergebung Gottes.

Alles kommt von Gott: der Kosmos, das moralische Gesetz und auch die Freiheit, es zu brechen. Das erst macht uns zum Menschen. Uns leuchtet auch ein, was der Theologe und Existentialist Emil Cioran einmal schrieb: „Schüchtern, ohne Dynamik, ist das Gute unfähig, sich mitzuteilen, das viel eifrigere Böse will sich übertragen und erreicht es, denn es besitzt das zweifache Privilegium, faszinierend und ansteckend zu sein."

So sind wir denn ohne diesen Maßstab Gottes immer in Gefahr, weiter in das Böse abzurutschen, etwas, was mit dem Holocaust die schreckliche Spitze des Bösen in der Menschheitsgeschichte erreicht hatte. Das „radikal Böse" nannten es die Philosophen unserer Zeit. „Das radikal Böse ist das, was nicht hätte passieren dürfen, d. h. das, womit man sich nicht versöhnen kann, was man als Schickung unter keinen Umständen akzeptieren kann, und das, woran man auch nicht schweigend vorübergehen darf. Es ist das, wofür man die Verantwortung nicht übernehmen kann, weil seine Folgerungen unabsehbar sind und weil es unter diesen Folgerungen keine Strafe gibt, die adäquat wäre." „Das radikal Böse muss man als die vollständige Außerkraftsetzung der Moral interpretieren, die an ihre Stelle eine gänzlich neue, von Menschen gedachte Ordnung, setzt." So Hannah Arendt, 1965, in ihrem Buch „Über das Böse".

Der allmächtige Gott, der Mensch dazu, weniger als ein Staubkorn, seine Sünde und Gottes Vergebung – wie kann ein Mensch das jemals verstehen? Elie Wiesel hat es ein Leben lang versucht. Sein Buch, das die Welt erschüttert hat, heißt „Nacht". Es schildert das Erlebnis des strenggläubigen Fünfzehnjährigen einer

jüdischen Gemeinde aus Siebenbürgen in Rumänien in Auschwitz-Birkenau. Gleich bei ihrer Ankunft in Birkenau, 1944, verliert er seine Mutter und seine achtjährige Schwester, ermordet, und im Januar 1945, nach Arbeitslager und Todesmarsch
nach Buchenwald, verliert er auch den Vater, vor seinen Augen
erschlagen. Mitten in der schrecklichsten Sünde um sich emp-
findet der Junge noch sein eigenes Vergehen und kann sich nicht
vergeben, dass er, vor Angst gelähmt, zusehen musste, wie sein
Vater eines Tages, beim Anstehen in der Reihe, brutal getreten
und geschlagen wurde. „Nie werde ich mir vergeben können."

Er schreibt „ein Leben lang" an seinen Erinnerungen. Er
fühlt sich schuldig, überlebt zu haben. Endlich, 1958, überredet ein französischer Nobelpreisträger den Neunundzwanzig-
jährigen, seine Erinnerungen zu publizieren. 1986 erhält er den
Friedensnobelpreis, aber noch 2012 fragte er in der „Jüdischen
Allgemeinen": „Was habe ich schon erreicht?"

Am 27. Januar 2000 spricht Elie Wiesel vor dem Deutschen
Bundestag. Anlass ist die Erhebung dieses Tages zum Nationalen Holocaust-Gedenktag in Deutschland. Seine ganze Rede ist
so unglaublich tiefsinnig, dass man es eigentlich nicht darf, hier
und da Gedanken und Worte auszulassen. Aber vielleicht wird
gerade dadurch ein Leser hier und da veranlasst, dieses Dokument noch einmal als Ganzes zu studieren.

Elie Wiesel glaubt, zu diesem Anlass ein Gebet sprechen zu
müssen. Es stammt aus dem Buch Baruch und heißt: „Geprie-
sen sei der Herr, dass er mich heute hier sein lässt." ...

„Werden meine Worte Sie verletzen? Das ist nicht meine Absicht. Doch bitte ich Sie zu verstehen, dass, als ich dieses Hohe
Haus betrat, ich meine Erinnerungen nicht hinter mir ließ. Ihret-
wegen sind sie sogar lebhafter denn je. In diesem kurzen Augenblick will ich nichts anderes tun als mit wenigen Worten an ein
beispielloses Geschehen erinnern, das auf Generationen hin auf
dem Schicksal Ihres und meines Volkes lasten wird ..."

„Während meiner Vorbereitung auf meine heutige Begegnung
mit Ihnen – die ich (und Sie, Herr Bundestagspräsident, haben es
gesagt) auf mehr als nur einer Ebene symbolisch empfinde – habe

ich gewisse Berichte von Überlebenden und Zeugen wieder gelesen, die zum Teil noch leben, zum Teil schon tot sind. Und wieder traf mich mit voller Wucht die ewige Gleichartigkeit der grausamen Szenen. Es ist, als habe ein einziger Deutscher, immer derselbe, je und je immer nur ein und denselben Juden gequält und getötet, sechs Millionen mal. Und doch ist jede Episode so unverwechselbar einmalig, wie jeder nach Gottes Bildnis geschaffene Mensch einmalig ist …"

„Ich weiß, dass nicht alle Deutschen mitmachten, und auch an sie müssen wir denken. An jene, die den Mut hatten, sich gegen die amtliche Rassenideologie zu stellen. Jene, die dem totalitären Nazi-Regime widerstanden. Jene, die es zu stürzen versuchten und mit ihrem Leben dafür bezahlten. Zu Recht ehren Sie ihre Tapferkeit. Nur, leider, waren es wenige. Und die jüdischen Freunden und Nachbarn beistanden, waren noch weniger …"

„An diesem Ort versuchen die neuen Führer des deutschen Volkes tapfer und ehrenvoll ein neues Schicksal aufzubauen. Eine menschlichere Philosophie für die Lebenden, und wir sind gekommen zu sagen, wie sehr wir dies begrüßen. In jener Zeit kam der Beschluss, uns aus der Geschichte zu beseitigen, zwar von höchster Stelle, aber ausgeführt wurde er unten. Und wenn man die Opfer fragt, war alles deutsch – das Zyklongas war deutsch, die die Krematorien bauten, waren deutsch, die die Gaskammern bauten, waren deutsch. Die Befehle wurden auf Deutsch gegeben … Ich weiß, es fällt Ihnen schwer und schmerzt Sie, in solchen Kategorien zu denken. Sie sind eine neue Generation, keiner von Ihnen musste einen Eid auf Hitler leisten. Natürlich hat keiner von Ihnen ein Verbrechen oder eine Sünde begangen. Aber ich bin sicher, dass Sie sich in bangen Momenten fragen, wo waren damals unsere Eltern, wo standen sie?"

„Hier stehe ich und erinnere mich an vor 55 Jahren. Ich erinnere mich, und wenn ich sagen soll, woran ich mich erinnere, dann zittere ich. Reden wir also lieber von dem, was zu tun ist. Ich als Jude spreche natürlich von den jüdischen Opfern, von meinem Volk. Ihre Tragödie war einmalig, aber ich vergesse darüber die anderen Opfer nicht. Wenn ich als Jude von jüdischen

Opfern spreche, dann ehre ich auch alle anderen. Ich pflege zu sagen: Waren auch nicht alle Opfer Juden, so waren doch alle Juden Opfer. Ihrer zu gedenken, Herr Präsident, Herr Bundeskanzler, Herr Bundestagspräsident, hat dieses Parlament beschlossen, den 27. Januar zum Nationalen Holocaust-Gedenktag zu erheben, und diese Entscheidung macht Ihnen Ehre. Meine Anwesenheit heute soll Ihren Willen bezeugen, die Pforten der Erinnerung zu öffnen – und gemeinsam unsere Überzeugung und Entschlossenheit zu bekunden, dass es höchste Zeit ist, dass Kain aufhört, seinen Bruder Abel zu ermorden …"

„Bundespräsident Rau, vor ein paar Wochen haben Sie sich mit einer Gruppe von Auschwitz-Überlebenden getroffen. Einer davon erzählte mir, Sie hätten etwas sehr Bewegendes gesagt. Sie baten um Verzeihung für das, was das deutsche Volk ihnen angetan hat. Warum dies nicht auch hier tun, im Geist dieses feierlichen Tages? Warum soll nicht der Bundestag dies Deutschland und seinen Verbündeten und Freunden und insbesondere den jungen Menschen sagen? Haben Sie das jüdische Volk gebeten, Deutschland zu verzeihen, was das Dritte Reich in Deutschlands Namen so vielen von uns angetan hat? Tun Sie es, und es wird in der Welt widerhallen. Tun Sie es, und dieser Gedenktag erhält eine noch größere Dimension. Tun Sie es, und die Welt wird wissen, dass ihr Vertrauen auf Deutschland nun wahrhaft gerechtfertigt ist. Denn jenseits aller nationalen, ethnischen oder religiösen Erwägungen war in jenen dunklen Tagen die Menschheit als solche gefährdet. Ist es in gewisser Weise immer noch. Was immer das neue Jahrhundert bringen mag, und wir brauchen verzweifelt Hoffnung für das neue Jahrhundert und seine neue Generation – Auschwitz wird den Menschen weiterhin zwingen, die dunkelsten Abgründe seines Seins zu durchforschen und sich ihrer schwankenden Wahrheit zu stellen …"

Gott, in seiner unendlichen Gnade, kann vergeben, vergibt immer wieder und legt es uns Menschen ans Herz, auch zu vergeben. So kam das Kreuz von Coventry, 1987, als Geschenk der

Christen Englands, in die Kaiser-Wilhelm-Gedächtnis-Kirche in Berlin. Ein neuer junger Dekan hatte seine Kathedrale als ein Symbol des Glaubens und der Hoffnung erkannt, das mit der ganzen Welt geteilt werden sollte. Das geschenkte Kreuz war ein Nagelkreuz, das der damalige Pfarrer auch am Tage nach dem Angriff aus drei der Riesennägel, die die Dachbalken zusammengehalten hatten, gebildet hatte. In Berlin, in der Gedenkhalle, wo das Kreuz steht und die deutsche Übersetzung des Gebets angebracht ist, wird jeden Freitag, zur gleichen Zeit wie in Coventry, Versöhnung gebetet. Inzwischen stehen solche Nagelkreuze auch in der Frauenkirche in Dresden und in über fünfzig anderen Orten in Deutschland. Jeden Freitag sind die Gäste der Mittagsandacht eingeladen, gemeinsam die Versöhnungsliturgie zu sprechen. Die Bitte um Vergebung – nicht nur für andere, deren Schuld man schnell proklamieren könnte, sondern auch für einen selbst – steht im Zentrum des Gebets. Da, wo der Geist Gottes versöhnt und vereint, wird es ein Wort, das Freund und Feind zusammenbringen kann.

Wie dankbar bin ich, dass es bei mir noch zu einer dritten Reise nach Deutschland kommen konnte, auf der sich alles um diesen Gott drehte.

Die dritte Reise – im Gebet

„Das Gebet – ein un-glaubliches Vorrecht.“

Daniel Muhl, Prediger

*„Hände zum Gebet falten ist der Anfang eines
Aufstandes gegen die Unordnung der Welt.“*

Karl Barth

2019 kam es noch zu einer dritten Reise zurück nach Deutschland – einer Gebetsreise. Gott formt die Welt mit unserem Gebet. Beten ist sein Auftrag, schon im 2. Psalm: *„Fordere von mir, und ich will dir die Nationen zum Erbteil geben.“* Mir hat Gott Deutschland ans Herz gelegt. Worte, die mir Freunde aus Deutschland geschickt hatten, konnten meinen brennenden Wunsch nicht besser ausdrücken.

**„Wer Deutschland liebt,
der nimmt auch Verantwortung
und betet für Deutschland;
wer für Deutschland betet,
der liebt es immer mehr.”**

„Das Gebet – ein unglaubliches Vorrecht“ schreibt Daniel Muhl, freier Prediger in Frauenfeld, Deutschland. Das empfinde ich immer wieder. Gelernt, für die Völker zu beten, habe ich in Pretoria. Gerda Leithgöb, südafrikanische Farmerstochter, mit einem Österreicher verheiratet, hat es schon vor dreißig Jahren hier angeregt und verschiedene Male in Deutschland praktiziert. Leon Coetzee, Gebetslehrer in Pretoria, hat als junger Mann bei ihr gelernt, und seine erste Gebetsreise war mit Gerda nach Deutschland. Heute leitet er ein Gebetsnetz, „Unlimited Prayer

Frontiers", dessen Mitglieder sich vieler Länder der Welt im Gebet annehmen, z. B. Indien, Rumänien und Nordkorea. Vor einigen Jahren, nach einem seiner Gebetskurse, gab Leon mir das Wort: „Du wirst eines Tages eine Gruppe nach Deutschland leiten."

Eberhard (links) zurück auf Gebetsreise – hier in Erfurt

Dazu kam es 2019. Es wurde das Erlebnis meines Lebens. Ich merkte erst wirklich, dass ich vieles von meiner deutschen Vergangenheit noch nicht verkraftet hatte, als ich anfing, mich im Gebet intensiv mit Deutschland zu beschäftigen. Nach sechs Monaten Vorbereitung konnte die Reise in Berlin beginnen – mit sechs Betern aus Südafrika und zwei aus Deutschland. Dass es um den Glauben in Deutschland nicht gut bestellt war, wussten wir. „Die Evangelische Kirche in Deutschland (EKD) bereitet sich darauf vor, dass Christen und Kirchenmitglieder in absehbarer Zeit in Deutschland eine Minderheit sein werden. Noch gehören ihr oder der Katholischen Kirche rund die Hälfte der Deutschen an. Aber das wird sich in wenigen Jahren ändern – der Trend geht straff nach unten." Trends können sich ändern, aber was wir dann in den Konfessionsstatistiken entdeckten, war doch ein großer Schock. In den neuen Bundesländern sind bis zu 80 % konfessionslos – ohne Glauben –, und zwei Drittel der Befragten geben an, noch nie gebetet zu haben. Das wurde unser Gebetsziel im Großen. Aber wohin, in welche Gegend, in welche Stadt? Bei mir kamen wohl Gedanken an meine Geburtsstadt Schwerin auf, aber im Gebet kristallisierte sich langsam das Dreieck Berlin-Erfurt-Dresden/Herrnhut heraus.

Für diese Städte und ihre Umgebung haben wir uns dann gut vorbereitet, aber zu den eigentlichen Gebetszielen sollte Gott uns, zusammen mit unseren jeweiligen Partnern in Deutschland, hinleiten. Das war schon aufregend, z. B. morgens in Dresden, das keiner von uns kannte, ankommen und sich mit unseren Partnern, zum ersten Mal von Gesicht zu Gesicht, im Gebet zusammenzusetzen. Uns hatte Gott schon vor einigen Wochen etwas von Weihnachtsbäumen und einem großen Leichenberg gesagt. Gab es so was hier? Vom Turm der Frauenkirche konnten wir dann den großen Altmarktplatz überblicken, auf dem es zu Weihnachten überall Weihnachtsbäume gibt. In der Frauenkirche standen wir plötzlich vor dem Nagelkreuz mit dem Versöhnungsgebet, das von Coventry in England nach Deutschland gebracht worden war. Versöhnung, die vor allem in Ostdeutschland noch fehlt, weil die DDR sich nie zu den Vergehen des Dritten Reichs bekannt hat, wurde für uns ein besonderes Gebetsanliegen. Auf dem Marktplatz fanden wir dann auch nach vielem Fragen eine Plakette – 6865 Leichen mussten hier 1945 verbrannt werden, nach dem schrecklichen Bombenangriff auf Dresden. Die Tränen liefen, als unsere englischsprachige Louise den Pastor Michael von der Dresdner St. Pauli Kirche, als „Ruine" bekannt, um Vergebung bat für das, was Engländer hier getan hatten.

Mich traf die Erkenntnis der schweren Schuld schon in Erfurt. Während wir Luther und Reformation im Sinn hatten, führte Gott uns zu der alten Synagoge am Kartäuserring (heute Juri-Gagarin-Ring). Im Mittelalter hatte Erfurt eine der größten und bedeutendsten jüdischen Gemeinden im Heiligen Römischen Reich. Immer wieder hatte es Pogrome und Flucht gegeben, aber immer wieder kam es zu einer neuen jüdischen Bevölkerung. In einer großen Judenverfolgung 1349 wurden fast alle Juden getötet oder vertrieben. 1884 war es einmal wieder soweit, dass die „Große Synagoge" eingeweiht werden konnte. 1932 wurde Thüringen nationalsozialistisch, und der „Mustergau Thüringen" wurde ein Experimentierfeld des Bösen. In der Nacht vom 9. zum 10. November 1938 wurde das Gotteshaus, ein Kuppelbau mit 500 Plätzen, von Nationalsozialisten geplündert und anschließend angezündet. In der gleichen Nacht wurden 197 jüdische Männer verhaftet, in die Turnhalle der Humboldtschule gebracht, dort gefoltert und anschließend in das Konzentrationslager Buchenwald eingeliefert. Nur wenige Mitglieder der Erfurter Gemeinde haben in den Ghettos und den Vernichtungslagern überlebt. Eine kleine Gruppe, ganze fünfzehn, kehrte im Juni 1945 aus dem KZ Theresienstadt nach Erfurt zurück und wurde wieder maßgeblich an einer Neugründung der Gemeinde beteiligt.

Plötzlich überkam es mich, die Tränen liefen, und der ganze Körper schüttelte sich unkontrolliert.

„Wie konnte es hierzu kommen? Wo war die Kirche, und wie konnten meine Eltern in dieser Zeit ihren evangelischen Glauben aufgeben?" Etwas später standen wir vor dem Stasi-Gefängnis in der Andreas-Straße. Mehr als 5000 politische Häftlinge hatten hier während der DDR-Zeit gelitten. Hier überkam es unsere Jüngste, Judith aus Frankfurt. Sie hatte nicht in ihre Geburtstadt, Erfurt, zurückgewollt. „Wie konnten Christen dies alles zulassen?"

Für Judith und mich wurde die Gebetsreise ein Meilenstein in unserem Leben mit Gott. Gottes Gnade im Gebet zu erfahren, war für uns ein unglaublich heilendes Erlebnis. Später lernten wir, dass viele Menschen in Deutschland, ohne es zu wissen, unter einer „Decke des Schweigens" leben. Sie sind, wie ich, die Kinder, Enkel und Urenkel der Kriegsgeneration und tragen, durch deren Schweigen, die schuldhaften Verstrickungen vom Holocaust und vom Trauma unter dem Kommunismus heute noch mit sich. ,Die „Decke des Schweigens" (so heißt das 2012 erschienene Buch von Jobst Bittner) wird von Generation zu Generation weitergegeben und verhindert Versöhnung, Heilung und Wiederherstellung – bei uns persönlich, in Familien, in Kirchen und Gemeinden sowie in Städten und Nationen.

Hier hörten wir auch von den Stolpersteinen, die in verschiedenen deutschen Städten zum Gedenken verlegt worden sind an Orten, wo es einmal jüdische Nachbarn gegeben hat. Das Messing dieser „Steine" soll regelmäßig gereinigt werden und um Vergebung und Gottes Segen für die Nachfahren dieser Menschen gebetet werden. Vergebung ist so lebenswichtig, deswegen auch immer wieder stolpern und erinnern!

In Chemnitz hat unsere Gebetspartnerin, Elsita, ihr Haus für Beter geöffnet. Chemnitz, von 1953 bis 1990 Karl-Marx-Stadt und heute noch zu 86 % konfessionslos, braucht Gebete. Die fremdenfeindlichen Ausschreitungen und Demonstrationen und Auseinandersetzungen verschiedener politischer Gruppierungen, 2018 dort, deuten auf eine anhaltende geistliche Vernachlässigung Ostdeutschlands. Gottes Liebesgebot muss wieder neu empfunden werden. Die Idee eines Gebetshauses als gemeinsam gestalteter Ort, an dem es Menschen leichter haben, Gott zu begegnen und die schwierigen aktuellen Anliegen vor ihn zu bringen, hat uns besonders angesprochen.

Sonnabendmorgen im kleinen Herrnhut wollte es anfangs gar nicht klappen, weil zu unserem Termin die Kirche ein Treffen mit Kollegen aus Tschechien hatte und unsere persönlichen Kontakte alle irgendwie in einer großen Hochzeit am Ort engagiert waren. Am Abend vorher sagte uns dann doch noch jemand am Telefon zu, und wir trafen uns zum Frühstück in der Bäckerei. Langsam stellte sich heraus, dass Raymond, unsere Kontaktperson, der derzeitige Leiter des Jesus-Hauses dort war – wieder ein Gebetshaus, diesmal für alle Nationen. Und auf einmal hatten wir alle acht eine Einladung zu der Hochzeit! Vieles Wunderschöne, Reine und Symbolhafte an diesem Tag stärkte unser Gebet für eine neue Erweckungsbewegung in Deutschland.

Mitten im Wald in der Nähe des Ortes zeigte Raymond uns eine Quelle, die vor ein paar Monaten entdeckt worden war. Glasklares Wasser suchte sich einen frischen Weg durch Moos- und Blätterdecke. Hier sahen wir die Verbindung zu der Gebetsaktion 2019 – „Mögen die Quellen der Erneuerung in Europa sich wieder öffnen" –, von der deutsche Beter uns erzählt hatten. Auf einer Landkarte dieser Aktion von Irland im Westen bis weit hoch in Norwegen, bis Armenien im Osten und Zypern im Süden stellten wir fest, dass die meisten Orte, die eine solche Erneuerung an alten Erweckungsquellen suchen, im Osten Deutschlands und in England lagen. Städte und Länder um Herrnhut, am 3-Länder-Eck, zieht es nach Herrnhut als Ort einer neu erwarteten Erweckung. Für eine solche Erneuerung des Geistes, angefangen in Deutschland, wollen wir immer weiterbeten.

„Damals sang Israel dies Lied: Brunnen, steige auf!"
4. Buch Mose 21:17

Aber der Teufel kämpft schwer gegen jeden Erweckungsfunken. In jeder Stadt kamen wir auf die falschen Altäre – am Bismarck-Turm in Erfurt, auf der Heidenschanze in Dresden und auf dem Teufelsberg in Berlin. Angeregt wird hier das ichbezogene, das freie Leben, der Sex-Tourismus und immer wieder das Spiel mit dem Feuer und das Spiel mit dem „harmlosen" Teufel. Wir empfanden hier gewaltig Widerstand beim Gebet und wissen nun, dass noch ein schwerer Kampf im Geist vorliegt.

In Berlin, gänzlich von Humanismus und Wissensstolz geprägt, empfanden wir die Wut der Bevölkerung auf ihre selbstsüchtige Führerschaft in Politik und Wirtschaft. Wir beteten, dass Gott eine neue Führergeneration aufrichten wird, die wieder dienen möchte und in einem Geist der Wahrheit Licht in jede dunkle Ecke bringen wird. Vor der „Jerusalem Gemeinde" in der Stadtmitte beteten wir für die Kirche in Deutschland, von der die Erneuerung ausgehen muss. Noch ist sie tief gespalten durch Anti-Bibel- und Anti-Evangelium-Liberalismus, wie auch durch eine fortwährende Verneinung des Heiligen Geistes seit der Berlin-Erklärung von 1909. Wir glauben aber, 100 Jahre Stagnation in der deutschen Christenheit sind vorbei, und Gott hat noch viel mehr im Sinn für die Gemeinde Jesu in Europa, als wir uns vorstellen können.

Mit uns auf der Reise trugen wir eine Prophetie von Pastorin Danielle Dixon aus Australien. Sie spricht von einer neuen „Explosion" des Geistes Gottes über Deutschland, in dem eine junge Generation die Geschichte neu schreiben wird mit Lobpreis, Worten und Musik, die viele Völker befreien wird. Dass wir gerade Sonntagabend wieder in Berlin ankamen, musste Gott schon lange geplant haben. Durch eine zwanzig Jahre alte Verbindung der südafrikanischen Beterin Gerda hatten wir Kontakt zu der „Gemeinde auf dem Weg" bekommen, und so kamen wir gerade noch rechtzeitig zum Abendgottesdienst. Ich will diesen Abend um nichts missen. Zum ersten Mal in meinem Leben fand ich mich beim Lobpreisen auf den Zehen stehend und hoch in den Himmel reichend. Es war einfach zu überwältigend, zu schön, Gott in meiner Muttersprache zu erkennen und anzureden mit „Du bist der Einzige" „Du bist heilig" und „Mutig komm ich vor den Thron". Es war das Erlebnis der jungen Generation, auf die wir so hofften. Wir konnten es gar nicht genug singen und tun es noch immer, bei jeder Gebetsstunde für Deutschland zurück in Pretoria.

Eine Antwort auf das Gebet dieser Reise kam ganz unerwartet schon am Abend in Berlin. Siegfried und Bärbel von der „Gemeinde auf dem Weg" wollten uns noch unbedingt nach dem Gottesdienst ein Anliegen vortragen. Es wurden besondere Stunden bei Kaffee und Gebäck in Bärbels gemütlichem Zuhause. Bärbel dient seit Jahrzehnten im prophetischen Dienst und leitet den Heilungsdienst der „Gemeinde auf dem Weg". Siegfried ist Autor des „Geist über Deutschland" und will Gebet für Südafrika in Deutschland anregen. Wir sind überwältigt.

Es ist nicht beim Anregen geblieben. Bärbel war seitdem schon zweimal bei verschiedenen Gemeinden in Südafrika, um sie mit ihren Erfahrungen von erstaunlichen Erweckungen weltweit und mit ganz persönlicher Prophetie zu ermutigen. Und mit Siegfried bauen wir seitdem fast täglich an einer Geistesbrücke Deutschland/Afrika. Covid hat alles ein bisschen verzögert, aber in dem Moment, wo es wieder Flugverkehr gab, waren Siegfried und seine liebe Gattin Anja bei uns zum Brückenbau in Südafrika. Davon will ich ganz am Schluss noch erzählen.

Ohne den Kontakt zu dem „Wächterruf" Gebetsnetz in Deutschland hätten wir es bestimmt schwer gehabt, überall Gebetspartner zu finden. Ganz besonders war, dass jeder Kontakt irgendwie zu der evangelischen und katholischen Erneuerung gehörte und von Denomination gar nicht mehr die Rede war. Hier Worte dieser Geistlichen Gemeinde-Erneuerung (GGE): „Eine neue Generation wächst heran, die sich ebenso nach einer Erneuerung unserer Kirche sehnt und nach der Kraft des Heiligen Geistes fragt. ‚Kirche im Geist des Erfinders' – unter diesem Motto arbeiten wir …

- für eine Kirche, die Gott zur Hauptsache macht
- für eine Kirche, die inmitten aller Umbrüche mit Gottes Möglichkeiten rechnet
- für eine Kirche, die ihre geistlichen Quellen wiederentdeckt
- für eine Kirche im Geist ihres Erfinders Jesus Christus."

Ich will das Gebetsreise-Kapitel schließen mit Worten der Hoffnung – Worte von einer neuen Generation, junge Gebetsleiter und Lobpreisleiter im Gebetshaus Augsburg:

„Ich lebe hier meinen Traum: arbeiten auf dem Fundament des Gebets. Ich träume von einer Gesellschaft, in der Menschen ihren Durst nach dem höheren Sinn ihres Lebens wieder finden und stillen können – in einer erneuerten, fröhlichen Kirche Jesu."
Constantin Maasburg

„Ich brenne dafür, den Menschen zu zeigen, wie lebendig und modern christlicher Glaube sein kann und wie Jesus uns in die absolute Freiheit führt!"
Beke Riecken

„Mein Herz schlägt für die Einheit der Christen. Für eine Kirche, die von Jesus durchdrungen ist und eine unwiderstehliche Anziehungskraft hat."

Michael Beering

„Meine Vision ist es, in Europa eine Gemeinde zu sehen, die bereit ist für das Kommen von Jesus. Um für dieses Kommen mit Lobpreis und Hingabe einen Weg zu bahnen, dafür lebe ich."

Vivien Freude

Hoffnung für alle

„Ich glaube, daß die Bibel allein die Antwort auf alle
unsere Fragen ist und daß wir nur anhaltend und
demütig zu fragen brauchen,
um die Antwort von ihr zu bekommen."

Dietrich Bonhoeffer

„Hoffnung für alle" heißt eine moderne deutsche Bibelübersetzung. Kann man das überhaupt noch laut sagen? Wie oft habe ich gehört – ausgesprochen oder nur angedeutet: „Wo gibst denn das! Aber doch nicht in unserer heutigen Zeit. Die Bibel, dies uralte Buch, diese Legenden von fremden Völkern, dieses Moralpredigen, dies Produkt menschlicher Schwächen, dieses Weltfremde, diese Geschichte, die in Wirklichkeit kein Mensch mehr liest, das ist doch alles Quatsch – diese Geschichte soll mir heute noch etwas sagen, mir Hoffnung machen? Ich bitte dich! Werd doch mal realistisch, Eberhard!"

Ich liebe die Bibel. Ich habe gelernt, diese Kritik zu verstehen und habe vor allem gelernt, mich auf mein eigenes Erlebnis mit Gott und auf das Erlebnis vieler, denen ich vertraue, zu verlassen. Und eines Tages war ich soweit, dieses Erlebnis auch weiterzuerzählen. Ja, es stimmt, die Texte der Bibel sind 2000 bis 3000 Jahre alt! Und die Wurzeln dieser Geschichten, Lieder und Gebete reichen sogar noch viel weiter in die Vergangenheit zurück. Aber die Bibel ist eben so viel mehr als ein Buch. Wie ungeheuer dankbar bin ich, dass andere mir geholfen haben, die Bibel, das Buch aller Bücher, als Ganzes zu entdecken. Das Erbauende und Ermutigende, die Lebensweisheit, das unglaublich Schöne, die Ordnung, alles in einem Buch, das über Jahrhunderte geschrieben ist! In meiner wunderschönen englischen New King James Bibel steht im Vorwort: „Zum Abschluss möge der Leser ermutigt sein, die Bibel zu erfahren, nicht als das Wort von Menschen, sondern das, was sie immer war, das Wort Gottes, das nutzbar wirkt in denen, die glauben."

Der Verfasser der Bibel hatte Zeit. Er steht außer Raum und Zeit. Er will uns eine Geschichte erzählen – die Schaffung des Kosmos, darin unsere Welt, die Schaffung des ersten Menschen, er nannte ihn Adam, die Schaffung vieler Völker, seine Arbeit an einem Volk, Israel, als Vorbild, und endlich Gottes Sohn, Jesus Christus, der diese Welt für immer erlöst. Es ist die Geschichte des Menschen mit Gott, niedergeschrieben in den Wüsten des Sinai und Arabiens, an den Flussufern des Euphrat, als Israel dort im babylonischen Exil war, in den Dörfern und Städten Palästinas oder auf den Reisen des Apostels Paulus. Teile der Bibel entstanden hinter Gefängnismauern oder stammen aus der Verbannung auf der einsamen Insel Patmos im Ägäischen Meer. Die ältesten Dokumente stammen von Mose, etwa aus dem Jahr 1500 v. Chr. Die jüngsten von Johannes, etwa 100 n. Chr. Mehr als dreißig Autoren hat Gott die Hand geführt. Unter seiner göttlichen Inspiration war es ihnen möglich, die großen und endgültigen Wahrheiten zu erkennen und ihren Mitmenschen weiterzugeben. Ihre Namen werden oft gar nicht besonders hervorgehoben. Sie stammten aus den verschiedensten Zeiten, Kulturen, sozialen Schichten und Berufen. Die Bibel selbst sagt dazu: „Alle Schrift ist von Gott eingegeben." (2. Timotheus 3, 16).

Ein wichtiges Buch. 1997 schrieb die Daily Telegraph: „Die Bibel bleibt das meistgekaufte Buch der Welt, und die Nachfrage nimmt noch immer zu. Bücher der Bibel waren zu dem Zeitpunkt schon in 2200 Sprachen zugänglich. Mehr Länder hatten in den letzten 45 Jahren Zugang zu der Bibel bekommen als in den vorhergehenden 2500." Denn die entscheidenden Fragen, die uns bewegen, sind über die Jahrtausende hin dieselben geblieben. Menschen der Bibel erleben Freude und Leid, Hoffnung und Enttäuschungen, großes Vertrauen und quälende Zweifel. Sie fragen nach der Herkunft von Unrecht, Leid und Tod und nach den eigenen Grenzen, suchen nach dem Ziel ihres Lebens und stehen staunend vor den Schönheiten und Wundern unserer

Welt, hinter denen sie die Macht des Schöpfers am Werk sehen, der dies alles ins Leben gerufen hat und erhält. Was Gott für die Menschen damals war, das will und kann er auch für uns heute sein, wenn wir uns auf ihn einlassen: ein fester Halt und die Mitte unseres Lebens.

In jedem Kapitel, in jedem Gedanken dieses Buches steckt der Heilige Geist Gottes. Er springt einem oft buchstäblich ins Auge und dann ins Herz. Der Geist Gottes verändert uns – in täglichen Momenten und lebenslang. Ich erkenne mich, wie wunderschön, als befreit und als total neuer Mensch, seit ich Gottes Einladung, ihm zu folgen, angenommen habe. Mein Glauben bestimmt mein ganzes Leben. Aber ich erkenne auch meine eigenen Schwächen, die mich immer wieder zurückhalten – Stolz, Unsicherheit, Zweifel. Es braucht Disziplin und Mut, um in diesem Beziehungsabenteuer mit Gott zu wachsen. Ich muss den Geist Gottes bewusst, regelmäßig und mit offenem Herzen suchen – im Wort Gottes, im Gespräch mit ihm und im Teilen mit Gleichgesinnten. Bei dem biblischen Daniel in babylonischer Gefangenschaft gab es dreimal am Tag nichts anderes als den Blick nach Jerusalem und ein Ringen mit Gott, das dann aber Welten veränderte. Hätte ich doch nur ein bisschen von dieser Sehnsucht und dieser Ausdauer.

Gottes Nähe, seine Liebe und seinen Zuspruch will ich nicht mehr missen. Ich kann dies heute ganz nüchtern, auch als Wissenschaftler, sagen, fast so nüchtern wie Johannes Rau, Ex-Bundespräsident Deutschlands: „... man muss die Bibel und die Zeitung lesen. Man muss die Bibel lesen, damit man die Zeitung versteht. Die Zeitung verwirrt einen, wenn man sie nicht liest auf der Basis dessen, was die Bibel an Menschenbild und an Zukunftsperspektive hat. Wenn man das aus dem Blick verliert, dann wird man, wie der Apostel Paulus sagt,,hin und her getrieben vom Wind der Meinungen'."

Das Menschengeschehen, das geschildert wird, ist heute Teil der lebendigen Geschichte des Mittleren Ostens. In den letzten Jahrhunderten graben hier amerikanische, englische, französische und deutsche Gelehrte im Vorderen Orient, in

Mesopotamien und Palästina und in Ägypten. Die großen Nationen gründeten Institute und Schulen eigens für biblische Forschungsarbeiten, z. B. 1877 den Deutschen Palästina Verein und 1901 das Deutsche Evangelische Institut für Altertumskunde. Auf uralten Inschriften und Baudenkmälern begegnen den Forschern mehr und mehr Persönlichkeiten aus dem Alten und Neuen Testament. Archäologen fanden am Nildelta die Städte Pitom und Ramses, in denen Israel verhassten Frondienst leistete, legten die Brand- und Zerstörungsgeschichten frei, die den Weg der Kinder Israels bei der Eroberung des „Gelobten Landes" Kanaans begleiteten – und in Gibea die Bergfeste König Sauls, in deren Mauern der junge David ihm zur Harfe sang.

1929, nach sechs langen Winterhalbjahren und ungezählten Tonnen weggeräumtem Gerölls, bietet sich den Archäologen des Britischen Museums und des Museums der Pennsylvania University ein unvergessliches Bild. Vor ihnen liegt eine ganze Stadt in strahlende Sonne getaucht, nach einem langen Schlaf durch Jahrtausende, nun von ihnen wiederentdeckt – jenes Ur in Chaldäa, von dem die Bibel schon im 1. Buch Mose spricht! Aber das war noch nicht alles. Der erfahrene Expeditionsleiter, Sir Charles Leonard Woolley, lässt tiefer graben. Und noch immer kommen neue Schichten mit Scherben von Krügen, Töpfen und Schalen herauf. Endlich heißt es: „Wir sind auf dem Grund!" Um sich selbst zu vergewissern, lässt sich Woolley auf den Boden des Schachts hinab. Auf unberührtem Boden findet er die letzten Bruchstücke von Haushaltsgeräten und Spuren von Brandschaden. Aber dann stutzt er. Der Boden ist ja Lehm, reiner Lehm von der Art, wie er sich nur durch Ablagerungen im Wasser bildet! Sinkstoffe aus dem Euphrat konnten es nicht sein, denn der Schachtboden lag viele Meter über dem Stromspiegel. So graben sie weiter in die Schicht. Nach nahezuh drei Metern ist, genauso plötzlich, wie sie begann, die Lehmschicht zu Ende. Aber dann, was keiner erwartet hatte. Statt Mutterboden bringen die Ausgrabungskörbe erneut Schutt, wieder Schutt, Abfälle von einst, reich an Tonscherben.

An diesem Tage tickt ein Telegraph in Mesopotamien die unerhörte Nachricht: „Wir haben die Sintflut gefunden!" Eine große Flutkatastrophe, die an die Sintflut der Bibel, von Skeptikern häufig als Märchen und Sage abgetan, erinnert, war in historisch greifbare Zeit gerückt – um das Jahr 4000 v. Chr.! Davon steht schon im 6. Kapitel des 1. Buch Mose:

„Und Noah war 600 Jahre alt, als die Flut kam, Wasser über die Erde. Und Noah und seine Söhne und sein Weib und die Weiber seiner Söhne mit ihm gingen in die Arche vor den Wassern der Flut. Von dem reinen Vieh und von dem Vieh, das nicht rein ist, und von dem Gevögel und von allem, was sich auf dem Erdboden regt, kamen zwei und zwei zu Noah in die Arche, ein Männliches und ein Weibliches, wie Gott dem Noah geboten hatte."

Als Wasserforscher durfte ich selber staunende Blicke in die tiefe Vergangenheit biblischer Geschichte tun. Auf mehreren Arbeitsbesuchen in Israel konnten mir begeisterte Kollegen vom Fach manches Einmaliges zeigen. Jerusalem, die David-Stadt, ist auf einem Kalksteinhügel gebaut. Seit eh und jeh war die Gihonquelle die einzige Ganzjahresquelle in Jerusalem. Das Problem, schon immer, und oft in der Bibel beschrieben, war, dass die Quelle außerhalb der Stadtmauern unten im Kidrontal lag. Die Bibel berichtet, dass die Assyrer in der zweiten Hälfte des 8. Jahrhunderts v. Chr. Syrien und Palästina einnahmen und dabei auch Jerusalem bedrohten. Vorausschauend hatte König Hiskia (auch Hesekiah) einen 500 m langen Tunnel von der Quelle in den innerhalb der Mauern gelegenen Siloah-Teich angelegt und konnte somit der Belagerung durch den assyrischen König Sanherib standhalten. Das ist in den Königsbüchern, den Chronikbüchern und im Jesajabuch aufgeschrieben. Heute gehören das antike Tunnelsystem und der Teich zu einem einmaligen archäologischen Park. Ein Foto der hebräischen Inschrift des Hiskija-Tunnels, die 1880 entdeckt wurde, gehört in meine kleine „Wasser-im-Altertum"-Sammlung.

„… Und am Tag des Durchbruchs begegneten sich die Arbeiter, Mann gegen Mann, Hacke gegen Hacke, und das Wasser floss von der Quelle zum Teich, 1200 Ellen weit und 100 Ellen war die Dicke des Gesteins über den Köpfen der Arbeiter."

Die sechsundsechzig Bücher der Bibel wurden geschrieben von Männern in verschiedenen Sprachen, in verschiedenen Ländern und zu verschiedenen Zeiten. Aber, o Wunder, ihre Botschaft war immer die Gleiche. Der allmächtige Gott, der die Menschen, die er geschaffen hat, liebt, sie erzieht und ihnen immer wieder ihren Ungehorsam und ihre Abtrünnigkeit vergibt. Zuerst, im Alten Testament, seinem ersten Volk, Israel, und dann im Neuen Testament, durch den Kreuztod Jesu, allen Völkern dieser Erde. Es ist der Ewige, der dreieinige Gott, Vater, Sohn und Heiliger Geist, der schon immer da war und sich nun seinen Geschöpfen in der Bibel zu erkennen gibt. Wir dürfen ihn in seiner ganzen Herrlichkeit erahnen und in seiner ganzen Demut und Gnade als Jesus Christus, in seiner kurzen Erdenzeit, erleben. Ein Mysterium, das wir nie ganz verstehen werden.

Das Alte Testament wirft immer wieder in Bildern, wie ein Schatten, die Wahrheiten des Neuen Testaments voraus. Derselbe Gott, der Isaak im letzten Moment durch einen Opferwidder erlöst, bringt uns im Neuen Testament den Erlöser der Welt. Den Propheten hatte Gott vieles, was noch kommen würde, bekannt gemacht. Zu den hervorragendsten und am häufigsten angeführten Prophezeiungen gehören die im Buch Jesaja, in denen Einzelheiten über den kommenden Messias vorhergesagt wurden. Wer kennt nicht das wunderschöne Weihnachtslied „Es ist ein Ros entsprungen ..." Es erzählt von dem Messias, geboren als das Jesuskind, vorhergesagt von dem Propheten Jesaja. Der verheißene Messias wurde ganze 700 Jahre nach Jesajas Zeit geboren. Und dennoch sind die Beschreibungen in diesem alten Buch so detailliert und so genau, dass sie sich wie ein Augenzeugenbericht über Jesus' irdisches Leben und Sterben lesen. Aus diesem Grund wird das Buch mitunter als „fünftes Evangelium" bezeichnet. Eine Bestätigung dieses Wunders brachten Archäologen 1947 mit der Entdeckung der berühmten Jesaja-Rolle in den Qumran-Höhlen am Toten Meer, mit einem Radiokarbonalter um 200 v. Chr.

Die Bibel selber enthält die Ermahnung, dass niemand etwas dazusetzt oder wegnimmt von den Worten des Buches. Als sich Moses Tod näherte, wurde die Verantwortung für das Buch des Gesetzes den Leviten, einem der 12 Stämme Israels, übertragen. Auf allen Wanderungen wurde das Buch in der Bundeslade mitgetragen. Als dann, nach weiteren Jahrhunderten, der erste Tempel in Jerusalem gebaut war, wurde die Bundeslade mit den Buchrollen in dem Tempel untergebracht. Ganz erstaunlich war, was Gott von jedem neuen König Israels verlangte: *„Und es soll geschehen, wenn er auf dem Thron seines Königreiches sitzt, dann soll er sich eine Abschrift dieses Gesetzes in ein Buch schreiben, aus dem Buch, das den Priestern, den Leviten, vorliegt. Und sie soll bei ihm sein, und er soll alle Tage seines Lebens darin lesen, damit er den HERRN, seinen Gott, fürchten lernt, um alle Worte dieses Gesetzes und diese Ordnungen zu bewahren, sie zu tun, damit sein Herz sich nicht über seine Brüder erhebt und er von dem Gebot weder zur Rechten noch zur Linken abweicht, damit er die Tage in seiner Königsherrschaft verlängert, er und seine Söhne, in der Mitte Israels."* (5 Mose, 17)

Im Jahre 587 v. Chr. wurde Jerusalem von dem babylonischen König Nebukadnezar erobert und der Tempel zerstört. Die Heilige Schrift konnte gerettet werden und ging mit in die babylonische Gefangenschaft. Hier bekamen bestimmte Leviten den Auftrag, die Schrift zu kopieren und sie unter den in Babylon lebenden Israeliten zu verteilen. Mit großer Sorgfalt wurden diese Schriften immer wieder abgeschrieben und von Generation zu Generation überliefert. Aus Ehrfurcht vor dem heiligen Text des Wortes Gottes mussten die Juden, damals wie heute, beim korrekten Abschreiben eine Vielzahl von Regeln beachten. So wurden z. B. einzelne Buchstaben oder das Vorkommen bestimmter Wörter gezählt und immer wieder überprüft. Das brachte eine geradezu phänomenale Genauigkeit. Sogar die ältesten Teile der Bibel, die vor nahezu 3500 Jahren entstanden sind, wurden bis in unsere Zeit getreu überliefert und bewahrt. Die über 3000 bekannten alten Handschriften der hebräischen

Bibel stimmen in bewunderungswürdiger Weise überein und bestätigen den gedruckten Text. Und so entdecken wir beim Lesen
dieser zeitlosen Worte, dass die Wahrheiten aus lang vergangenen Zeiten heute noch genauso gelten.

Bis zum Mittelalter wurden Bibeln äußerst penibel abgeschrieben. In den Klöstern duplizierten die Mönche im Scrip-
torium die Bibeln handschriftlich. Das Abschreiben der Bibel
und anderer geistlicher Texte in diesen Schreibwerkstätten war
notwendig, galt aber zugleich auch als geistliche Übung für die
Mönche und Nonnen. Zunächst musste das Pergament zum
Beschreiben vorbereitet werden. Dazu wurden mit dem Line-
al hauchdünne Linien gezogen, um die genaue Breite des Tex-
tes und der Ränder und den Platz für die Initialen (die großen
Anfangsbuchstaben) festzulegen. Das Abschreiben einer ganzen Bibel dauerte Jahre. Sie wurden aufwändig verziert und
waren durch ihre Herstellung teure Einzelstücke. Nur wohlha-
bende Adelige, Fürsten, Könige oder Institutionen wie Kirchen
und Universitäten konnten sich somit eine eigene Bibel leisten.

Der Kanon des Alten Testamentes fing um das fünfte Jahrhundert vor Christus mit der jüdischen Tora an, und im zweiten Jahrhundert vor Christus hatten die prophetischen Bücher
einen ähnlichen Status. Als eines Tages die großen Gelehrten
die vielen alten Manuskripte, geschrieben in Hebräisch, Aramä-
isch und Griechisch, sammelten und in eine einzelne, moderne Sprache übersetzten, z. B. die lateinische „Vulgate" im vier-
ten Jahrhundert, entdeckten sie, dass Gottes Botschaft, seine
Versprechen, seine Anweisungen zum menschlichen Verhalten
sich nie verändert haben.

Das Wort Kanon bedeutete im griechischen Zollstock oder
Maßstab, und somit sollte die Liste und Struktur von Gottes
Worten der Maßstab für die Kirche werden. Hierzu gehörte das
Alte Testament. Jesus selbst sagte, dass die Schrift doch nicht
gebrochen werden könnte, „denn es muss alles erfüllet werden,
was von mir geschrieben ist im Gesetz Moses, in den Prophe-
ten und in den Psalmen" (Johannes 10,35 und Lukas 24,44).
Während das Alte Testament dem Menschen das Gelobte Land

und die Erlösung verspricht, kündigt das Neue Testament die Erfüllung an. Das Alte Testament ist die Vorbereitung auf das Neue, das Volk Israel der Vorläufer des Christentums der ganzen Welt, die Sündenopfer vieler Hohepriester der Wegweiser auf das Sühneopfer Jesu, ein für alle Mal.

Das Neue Testament fing auch mit vielen handgeschriebenen Texten an – die ersten Briefe an die Gemeinden: 49-51 AD, das Markus-Evangelium: 65 AD, Die Offenbarung des Johannes: 96 AD. Zum Ende des 1. Jahrhunderts zirkuliert die erste Sammlung der paulinischen Briefe in Gemeinden. Im 2.-4. Jahrhundert wurden verschiedene Kanon-Listen und kanonischen Schriften (z. B. der Kanon Muratori um das Jahr 200 in der römischen Kirche) von Kirchenvätern in verschiedenen Ländern zusammengestellt. Der 39. Osterfestbrief des Bischofs Athanasius von Alexandria aus dem Jahr 367 zählt die bis heute in allen christlichen Kirchen anerkannten 27 Schriften des Neuen Testaments auf und stuft sie als für die Kirche verbindlich ein.

Von dem Neuen Testament, das über einen Zeitraum von 300 Jahren zusammengestellt worden war, gab es damals schon mehr als 5000 Kopien in der griechischen Sprache, 10 000 lateinische und noch 9300 in anderen Sprachen. Von einem der meistgelesenen Bücher aus dieser Zeit, Julius Caesars ‚De bello Gallico‘, gab es, als Vergleich, nach 900 Jahren nur noch 10 Kopien. Das Erstaunlichste hierbei ist, dass christliche Literatur immer wieder verbannt und verbrannt wurde und sich trotzdem so verbreitet hat.

Der Übergang vom Mittelalter zur Neuzeit war von Umbrüchen und Innovationen geprägt. Mitte des 15. Jahrhunderts revolutioniert Johannes Gutenberg das Druckverfahren. Man hat den Buchdruck als größte Erfindung des zweiten Jahrtausends bezeichnet. Auch hat sie maßgeblich den Werdegang der Reformation beeinflusst. Die Gutenberg-Bibel, noch in Latein, war das erste bedeutende Werk abendländischer Kultur, das im Schriftsatz mit beweglichen Lettern gedruckt wurde.

Der Reformator Martin Luther (1483-1546) lebte in dieser Zeit des Umbruchs. 1522 geht das von Luther übersetzte Neue

Testament in Druck. Es kostet anderthalb Gulden – so viel wie ein ganzes Kalb –, trotzdem werden die ersten 3000 Exemplare in wenigen Wochen verkauft. Zwölf Jahre später, 1534, erscheint die erste Gesamtausgabe des Heiligen Buches – Altes und Neues Testament –, eine gewaltige Übersetzungsleistung, mit der Luther zum Wegbereiter der modernen deutschen Sprache wird. Bis zu Luthers Tod werden allein von der Gesamtausgabe der Bibel 100 000 Exemplare verkauft. Die eigene Wortgewalt und die revolutionäre technische Innovation des Buchdrucks werden zu Luthers wichtigsten Verbündeten im Kampf gegen die päpstliche Kirche.

Anders als seine Vorgänger übersetzt Luther nicht mehr Wort für Wort, nicht nach den Buchstaben, sondern frei, nach dem Geist. Er greift auf die Urtexte in griechischer und hebräischer Sprache zurück. Das zeugt von seinem unglaublichen Selbstbewusstsein, sieht er sich doch in der Lage, den wahren Geist der Bibel zu erkennen und ihn sprachlich verbindlich umzusetzen. Luthers Bibelübersetzung eignet sich nun auch gut zum Vorlesen. So können auch Menschen, die selbst nicht lesen können, erstmals direkt erfahren, was in der Bibel steht. Und damit ihn alle Menschen auch wirklich verstehen, geht Luther bei seiner Wortwahl und Ausdrucksweise pragmatisch vor, nach dem Motto: „Dem Volk aufs Maul schauen". Er orientiert sich also an der Alltagssprache. Das allein reicht ihm aber nicht. Wo er passende Wörter vermisst, schafft er neue, wie zum Beispiel *„Nächstenliebe"* oder *„Friedfertigkeit"*. Eingängig sollen sie sein und haften bleiben. Das gilt auch für die Redewendungen, die er populär macht, so zum Beispiel: *Ein Buch mit sieben Siegeln; seine Hände in Unschuld waschen; ein Dorn im Auge; Hochmut kommt vor dem Fall; wer andern eine Grube gräbt, fällt selbst hinein; ein Herz und eine Seele sein; Perlen vor die Säue werfen; im Dunkeln tappen.*

Gottes Hand im Geschehen der Zeiten ist so klar zu erkennen. Zur selben Zeit wie Luther in Deutschland, mehr als fünfzehnhundert Jahre nach Christus, bekam der Vater der englischen Bibel, William Tyndale (ca. 1494–1536), die Eingebung, eine

zeitgenössische Bibelübersetzung für seine Landsleute heraus-
zubringen. Doch in England galt ab 1408 ein strenges Gesetz,
das jede Bibelübersetzung unter Todesstrafe verbot. So floh
Tyndale 1524 nach Deutschland, lebte im Exil in Hamburg, wo
er das Neue Testament aus dem griechischen Urtext, innerhalb eines Jahres, in ein flüssiges Englisch übersetzte. 1525
ließ er sein Neues Testament in Köln drucken. Über 6000 Kopien wurden von Sympathisanten der Reformation unter den
Dockarbeitern in den großen Häfen Hamburg und Antwerpen
nach England geschmuggelt. Ein paar Jahre später fassten ihn
die Spione des englischen Königs Henry VIII in Belgien, wo er
nach langen Verhören als Ketzer auf dem Scheiterhaufen starb.
Seine letzten Worte waren prophetisch: „Herr! Öffne dem König von England die Augen!" Das tat dann erst ein späterer König, King James. Die „Holy Bible" oder „King James Bible, 1611"
war das Resultat einer Konferenz von Kirchenmännern, die von
James I. zusammengerufen wurde. Schätzungen besagen, dass
über 80 % des Neuen Testaments dieser Übersetzung auf Tyndale zurückgehen.

Und so wurde die Bibel – das Wort leitet sich vom griechischen Wort „biblos" ab und meint Papier, Schrift, Brief, Buch,
„biblia", im Lateinischen „Bücher" – im mehrfachen Wortsinn
zum Buch der Bücher: zunächst als Sammelbegriff der von den
Kirchen anerkannten, fachsprachlich kanonisierten Schriften.
Dann als „norma normans", also als Norm und Maßstab für all
unser Tun und Handeln. Angefangen im Mittelalter bis hin zur
Reformation und unserer heutigen Zeit, wurde die Bibel der
entscheidende Faktor, der unsere westliche Gesellschaft nachhaltig verändert und geprägt hat. Für sechs Milliarden Christen ist sie das ewige Wort Gottes.

War dies ein bisschen viel Geschichte? So will ich mit einem
Zeugnis aus eigenem Erleben enden. Felicity hatte wieder Mis-
sionarsbesuch bei uns in Pretoria, diesmal ein Afghane. Er lebt
in den Vereinigten Staaten und macht von dort täglich christliche Programme, die über starke Sender in seine alte Heimat ge-
strahlt werden. Sein Zeugnis ist so unglaublich, und nun hörten

wir es eines Abends von Mensch zu Mensch bei uns zu Haus. Als Schuljunge spielte Hussein einmal wieder draußen und sah gegenüber auf der Straße einen fremden Mann stehen. Nach Momenten des sich Ansehens winkte der Mann ihm. Er zeigte ihm ein Buch. Es war in seiner Sprache, Pashto. Dann das Unglaubliche. Der Mann riss ein paar Seiten aus dem Buch, gab sie Hussein und verabschiedete sich. Hussein hat ihn nie wiedergesehen. Die Seiten hat er über Jahre in seiner Matratze versteckt gehalten. Er nahm sie als Student mit nach Pakistan. Von dort kam er nach Indien, wo er durch Gottes Fügung Christen kennenlernte. Sie konnten ihm seinen Schatz als ein Teil des Johannes-Evangeliums erklären, und so kam es zu seinem Bekenntnis zu dem Christengott. Und so kommt Gottes Botschaft bis heute in das schwer geprüfte Afghanistan.

Wie steht es mit mir? Ich war auf Dienstreise in China. Eine Bibel sollte mit auf die Reise, musste in das Gepäck passen und sollte auch nicht gerade auffällig sein. So erstand ich einen wunderschönen Dünndruck, der schon beim Anfassen und Aufschlagen Freude machte. Am letzten Tag, es war an der Technischen Universität in Chengdu, sollte ich mich vor der Abfahrt noch von dem Dekan verabschieden. Im Studentenwohnheim lag mein Koffer schon gepackt auf dem Bett und die Bibel noch auf dem Nachttisch. Als ich in mein Zimmer zurückkam, merkte ich, dass etwas fehlt – die Bibel ist weg! Schubladen auf, Koffer auf, im Bett und unter dem Bett – nirgendwo war sie. Und dann dachte ich auf einmal an die junge Studentin, die jeden Tag mein Zimmer in Ordnung brachte. Sie sprach ziemlich gut Englisch, und ich hatte manchmal im Stillen schon gedacht, ob ich ihr die Bibel nicht schenken sollte. Aber ich traute mich nicht. Nun hatte Gott ein bisschen nachgeholfen. So ganz wie Bruder Andrew, der mit einem VW voll Bibeln nach Moskau fuhr, war es nicht, aber trotzdem!

Das Schönste habe ich bis zuletzt aufgehoben. Worte von Heiko Bräuning, aus dem oberschwäbischen Wilhelmsdorf, in einer Adventspredigt am 20. Dezember 2020: „Da heißt es im Propheten Jesaja, und ich glaube, das ist mein persönliches

Lieblingsadvents- und Weihnachtswort:,*Denn uns ist ein Kind geboren, ein Sohn ist uns gegeben, und die Herrschaft ruht auf seiner Schulter; und er heißt Wunder-Rat (...)'*(Jesaja 9, 5). Advent, wir feiern den, der das Wort Gottes ist. Und das Wort ist Fleisch geworden, so dass wir es verstehen. Christus, das Wort Gottes, die Sprache Gottes, ist unser Anwalt, der den Mund für uns aufmacht. Der uns vertritt, wenn wir mundtot gemacht wurden, wenn wir zum Schweigen verdammt wurden, wenn wir sprachlos sind, wenn es uns die Sprache verschlagen hat: dann ist er unser Anwalt und er spricht für uns und er spricht zu uns. So hört IHN doch im 81. Psalm und schöpft wieder Mut.,*Eine Sprache höre ich, die ich bisher nicht kannte: Ich habe ihre Schultern von der Last befreit und ihre Hände vom Tragkorb erlöst'.*" (Psalm 81, 6-7)

Schöpfer und Geschöpf

„Herr, welch unermessliche Vielfalt zeigen deine Werke.
Du hast alles weise geordnet. Die Erde ist voll von dem,
was du geschaffen hast."

Psalm 104, 24

„Das Leben ist Gottes Ziel mit uns."

Dietrich Bonhoeffer

„Was kann der Schöpfer lieber sehen
als ein fröhliches Geschöpf!"

Gotthold Ephraim Lessing

Die Bibelworte „Am Anfang schuf Gott Himmel und Erde" (Genesis 1,1) sollten als Überschrift über das ganze Schöpfungsgeschehen, dem wir den Kosmos, die Biosphäre, das organische Leben und schließlich den Mensch verdanken, gelesen werden. Ich bin Wissenschaftler, und trotzdem gibt es bei mir keine geschriebenen Worte, bei denen ich so überzeugt bin, dass sie wahr sind wie die Schöpfungsgeschichte in Genesis, dem ersten Buch der Bibel. Die Schönheit, die Harmonie, die Ordnung in Gottes Schöpfung und meine eigene Rolle darin überwältigen mich immer wieder.

Nachdem er Licht und Finsternis, Wasser, Erde und Himmel getrennt hatte, schaffte Gott Gras und Kraut und fruchtbare Bäume und dann die Tierwelt im Wasser, die Tierwelt der Luft und endlich die Tiere auf Erden, ein jegliches nach seiner Art.

„Und Gott sprach: Lasst uns Menschen machen, ein
Bild, das uns gleich sei, die da herrschen über die Fische
im Meer und über die Vögel unter dem Himmel und
über das Vieh und über die ganze Erde und über alles
Gewürm, das auf Erden kriecht. Und Gott schuf den
Menschen ihm zum Bilde, zum Bilde Gottes schuf er ihn;
und schuf sie einen Mann und ein Weib."

1. Mose 1,26-27

Und so vollendete Gott am siebenten Tage seine Werke, die er machte, und ruhte am siebenten Tage von allen seinen Werken, die er gemacht hatte. Überall in der Bibel finden wir die Sieben, die Zahl der Vollendung und Perfektion. Jesus' siebente und letzte Wort am Kreuz war: „Es ist vollbracht!" Dieses Schöpfungsbild ist über Generationen mit unserer erhabensten Dichtung und Musik besungen (hier in Ludwig van Beethovens Musik nach Worten von Christian Fürchtegott Gellert).

Die Himmel rühmen des Ewigen Ehre!
... Ich bin dein Schöpfer, bin Weisheit und Güte,
Ein Gott der Ordnung und dein Heil;
Ich bin's! Mich liebe von ganzem Gemüte,
Und nimm an meiner Gnade teil.

Ich, augenscheinlich unbedeutender Mensch, bin Teil dieses wunderbaren Schöpfungsakts, ja, der Schöpfergott hat mich und dich mitgeplant, wir sind in seinem Ebenbild geschaffen, er kennt unsere Namen, wir sind Kinder Gottes. Erst durch diesen Glauben erfahre ich Menschenwürde.

Ist es nicht ironisch, dass der Humanismus, in dem der Mensch anfangs im Zentrum stand, am Ende keine wirkliche Eigenbedeutung mehr hat? Bei dem unglaublichen menschlichen Fortschritt der letzten Jahrhunderte ist das Weltbild des Mittelalters, des göttlichen Willens, der seinen Ordnungsstempel auf jeden Teil unseres Universums gedrückt hat und der von uns

Menschen neu ergründet werden muss, total auf die Seite geschoben und selbst lächerlich gemacht. Die Naturwissenschaften scheinen nahezulegen: Unsere Welt ist ein bloßes Produkt des Zufalls und der Naturgesetze, ohne Schöpfer. Und das heißt: ohne Ziel, ohne Absicht und ohne Sinn.

Aber dann stoßen wir in der neuesten Grundlagenforschung vom Größtem und vom Kleinsten – von unserem riesigen Kosmos und von der Quantumwelt der Elementarteilchen – auf einmal wieder auf Gott. Ein einschlägiges Einstein-Zitat lautet: „Das Wissen um die Existenz des für uns Undurchdringlichen, der Manifestationen tiefster Vernunft und leuchtendster Schönheit, die unserer Vernunft nur in ihren primitivsten Formen zugänglich sind, dies Wissen und Fühlen macht wahre Religiosität aus; in diesem Sinn, und nur in diesem, gehöre ich zu den tief religiösen Menschen." Von Werner Karl Heisenberg, einem der Begründer der Quantenmechanik und einer der größten Physiker des 20. Jahrhunderts, stammt der Ausspruch: „Der erste Trunk aus dem Becher der Naturwissenschaften macht atheistisch, aber auf dem Grund des Bechers wartet Gott."

Das sichtbare Universum ist mindestens 93 Milliarden Lichtjahre im Durchmesser groß. Unvorstellbar! Bis zu einem Rand können wir überhaupt nicht sehen – wenn es denn überhaupt einen gibt. Zum Ursprung konnte man nur annehmen, dass das Universum immer dagewesen war.

Bis 1929, durch Hubble mit seinem Weltraumteleskop, mit der Entdeckung der Expansion des Weltalls, die moderne Kosmologie beginnt. So musste es einen Anfang des Universums gegeben haben, und damit war auf einmal die Gottesfrage wieder da. Es war lange umstritten, gilt aber heute als äußerst plausibel, dass wir tatsächlich in einem Universum leben, das in seiner heutigen Form durch ein Ereignis vor ungefähr 14 Milliarden Jahren entstand, das wir als Urknall bezeichnen. Man kommt aus dem Staunen und selbst einer Andacht nicht heraus. Der deutsche Astrophysiker Gerhard Börner, Jahrgang 1941, drückte es einmal so aus: *Ist es nicht eine fantastische Vorstellung, dass all die Sterne in einer 100 000 Lichtjahre großen Galaxie*

aus einem Bereich stammen, der kurz nach dem Urknall nicht grö-
ßer als ein Atom war?"

Auch die Quantumwelt vom extrem Kleinen ist fantastisch und noch voller Rätsel. Wir wissen, dass im Wesentlichen alles auf der Welt aus Atomen besteht, von denen es knapp hundert verschiedene Arten gibt. „Atom" heißt auf Griechisch „das Unspaltbare". Dann entdeckte man aber, dass Atome aus anderen Teilchen bestehen – Protonen, Neutronen und Elektronen. Bei Protonen und Neutronen hat sich herausgestellt, dass sie ihrerseits wieder aus anderen Teilchen zusammengesetzt sind, den sogenannten „Quarks". Elektronen und Quarks bezeichnet man als „Elementarteilchen", weil man bei ihnen bis heute keinerlei innere Struktur festgestellt hat. Jetzt aber kommen diese Teilchenphysiker, finden in der kosmischen Strahlung und in Beschleunigerexperimenten noch jede Menge anderer Teilchen, und es herrscht wieder ein Riesendurcheinander. Aber mit der Zeit, in den Siebzigerjahren des 20. Jahrhunderts, hat man in diesem sogenannten „Teilchenzoo", in dem es tatsächlich von exotischen Wesen wimmelt, eine Ordnung erkannt und wieder so etwas Ähnliches wie ein Periodensystem entdeckt.

Unsere Erde ist nichts mehr als ein Staubkörnchen im weiten Weltall. Und doch ist diese Erde einmalig – der ‚Blaue Planet', einzigartig zum Leben geschaffen. Die atemberaubenden Bilder der Apollo-Mission brachten uns die Erde, wie sie wirklich ist – nicht in Bildern von Ländern und menschlichen Errungenschaften, sondern unsere Erde so schön und so zerbrechlich, in zarten Mustern und Tönen von Weiß und Blau, Grün und Braun – Wolken, Meer, Land und biologische Vielfalt, wo sie noch vorkommt. „Das Universum scheint extra nur für uns gemacht zu sein", schrieb die „Welt" am 2.04.2018. Dazu gehörte auch Stephen Hawkings Schluss in seinem bereits 1988 erschienenen Buch „Eine kurze Geschichte der Zeit": „Es ist bemerkenswert, dass die physikalischen Bedingungen scheinbar sehr fein aufeinander abgestimmt wurden, damit sich Leben entwickeln kann."

Wenn unsere Erde und ihr menschliches Leben wirklich nur ein Zufall, ein kosmischer Glücksfall wäre, müsste es doch im riesigen Weltall, mit seinen Milliarden von Sternen, weiteres Leben, alle möglichen Arten von Lebensformen geben. Bereits seit Jahrzehnten suchen Forscher nach außerirdischem Leben. SETI heißt das Forschungsprogramm („Search for Extraterrestrial Intelligence"). Man lauscht mit Radioteleskopen hinein ins All, aber bislang konnten keine Funksignale von außerirdischem Leben aus fernen Welten aufgespürt werden. Daher konzentrieren sich die meisten Forscher darauf, zu erkunden, an welchen Orten Leben existieren könnte. „Wasser ist Leben" sagen wir nicht ohne Grund. Und die großen Weltreligionen sprechen alle dem Wasser eine zentrale Bedeutung bei der Schaffung des Menschen und der Natur zu. Aber obwohl unsere Teleskope überall da draußen im weiten Universum Wolken dieses Moleküls erspähen, haben wir bisher erfolglos gesucht nach einer schönen, blauen, lebensgebenden Wasserwelt wie die unserer Erde.

Und neuestens fragen Informatikwissenschaftler wie Werner Gitt, ehemaliger Direktor und Professor der Physikalisch-Technischen Bundesanstalt (PTB) in Braunschweig: „Was haben eine Postkarte, ein Computer-Programm und die fantastische Reise von Zugvögeln gemeinsam?" Alle enthalten Information, die entscheidende Grundgröße aller Lebewesen, die nur von einem „Sender" (einer geistigen Quelle) geschaffen werden kann. Die Informatik stellt klar: Ohne einen geistigen Sender gibt es keine Information. Und als Grundüberlegung heißt das: Ohne eine schöpferische, informationsgebende Instanz ist Leben nicht erklärbar. Wenn ich hierzu den ersten Vers des Johannes-Evangeliums lese, vor zweitausend Jahren geschrieben, dann ist bei mir Gott, der Schöpfer aller Dinge, wunderbar gegenwärtig: *Im Anfang war das Wort, und das Wort war bei Gott, und Gott war das Wort.*"

In einer Predigt aus dem Jahr 2004 schreibt Max Frei: „Diese perfekte Ordnung, die wir in der ganzen Schöpfung erkennen, kann nicht Zufall sein. Die Ordnung, die wir in der Schöpfung erkennen, lässt nur eine Schlussfolgerung zu: Hier war ein genialer Baumeister am Werk, der das alles geschaffen hat und damit eine nicht zu überbietende Spur seines Wesens und seiner Kraft für uns hinterlassen hat. Der Psalmist drückt das so aus in Psalm 19, 2:,*Die Himmel verkünden Gottes Größe und Hoheit und das Firmament bezeugt seine großen Schöpfungstaten.*"

Gott ist nicht bloß Ursache, sondern mehr noch, Grund des Seins. Das geschaffene Sein, die Schöpfung, hat ihr Sein von Gott erhalten, sodass Gott Grund des Seins der Schöpfung ist. Er erschafft die Welt nicht aus irgendeinem schon dagewesenen Stoff, sondern allein durch sein Wort („Gott sprach ..." – „So geschah es."). Darin drückt sich das Vertrauen auf die Souveränität und Macht des Schöpfer-Gottes aus, das die biblische Schöpfungsgeschichte zugleich zu einem Glaubensbekenntnis macht. Nach reformatorischer Auffassung besteht der Kern des Schöpfungsglaubens darin, dass Menschen es lernen, dass sie Gottes Geschöpfe sind und Ja sagen können zur Begründung und zugleich zur Begrenzung ihres Lebens durch Gottes schöpferisches Geheimnis. In dem letzten Buch, der Offenbarung des Johannes, steht es geschrieben.

„Ich bin das A und das O, der Anfang und das Ende, spricht Gott der Herr, der da ist, der da war und der da kommt, der Allmächtige."

Ohne Gotterkenntnis kann es keine wahre Selbsterkenntnis geben, denn Gott hat uns zu seinem Ebenbild erschaffen. Durch den Glauben an Jesus bin ich ein Kind Gottes. Was für ein Geschenk! Das Einzige, was ich selbst noch tun kann, ist, dieses Geschenk anzunehmen. Schon im Alten Testament war er unser Hirte, der keines seiner Schafe allein lässt.

„Ich danke dir dafür, dass ich wunderbar gemacht bin; wunderbar sind deine Werke, und das erkennt meine Seele wohl... Deine Augen sahen mich, da ich noch nicht bereitet war, und alle Tage waren auf dein Buch geschrieben, die noch werden sollten, als derselben keiner da war."

Psalm 139,13-16

Wer bist du? Weißt du das? Du kennst deinen Namen und du weißt, dass du hier auf der Erde zu einer Familie gehörst. Deine Eltern und Geschwister lieben dich. Für sie bist du etwas Besonderes. Umso mehr bist du es für deinen himmlischen Vater. Er hat dich geschaffen und ist der Vater deines Geistes. Du „bist immer schon geliebt", sagte der dänische Musiker Peter Bastian. „Das ist die Gnade Gottes. Das ist seine Liebe zur Welt, zu dir und mir. Von Anfang bis Ende. Das ist die tiefste Wahrheit.

Die Wahrheit ist in dir eingeblasen, als du himmlisch geschaffen wurdest.

Die Wahrheit trägt Jesus Christus in die Welt von Ewigkeit zu Ewigkeit.

Die Wahrheit manifestiert sich in einem sich immer erneuernden Geist von Pfingsten.

Die Liebe Gottes ist der goldene Faden, der die Welt aufrechterhält und dich und mich zusammenhält."

Der menschliche Geist wurde beim Sündenfall beschädigt. Als Adam sündigte, wurde seine Beziehung zu Gott zerstört, er ist zwar nicht körperlich an diesem Tag gestorben, aber er starb spirituell. Seit jeher weist der menschliche Geist die Auswirkungen des Sündenfalls auf. Niemand muss einem Kind beibringen, wie man sündigt. Es folgt ganz natürlich seinem eigenen falschen Verlangen. Das führt zu solchen Sünden wie Lügen, Diebstahl und Hass. Statt ein Kind Gottes zu sein, ist es ein Kind des Ungehorsams und des Zornes geworden (Epheser 2,1-3). Als Kinder des Zorns verdienen wir es, von Gott getrennt in der Hölle zu sein. Gott sei Dank folgt hierauf das große „Aber" im Text: „Aber Gott, der reich ist an Barmherzigkeit, hat in seiner großen Liebe, mit der er uns geliebt hat, auch uns, die wir tot waren in den Sünden, mit Christus lebendig gemacht – aus Gnade seid ihr gerettet" (Epheser 2,4-5).

Das hatte Gott im Visier, vor allem Anfang: Der Mensch – sein geliebtes Geschöpf, das in den Genuss seiner Liebe kommen soll. Und für diesen geliebten Menschen, den er von Anfang an vor Augen hatte, für diesen seinen geliebten Menschen schafft er die Welt als Lebensraum. Als Raum zur Entfaltung, zur Selbstverwirklichung. Gott setzt den Menschen in die Welt hinein, die er geschaffen hat. Gott übergibt ihm seine Welt. Gott legt seine Welt in die Verantwortung des Menschen. *„Füllet die Erde und machet sie euch untertan!"* heißt es im Schöpfungsbericht.

Müssen da nicht jedem Menschen Zweifel kommen? Ich, ein Mensch, in all meiner Schwäche, die „Krone der Schöpfung"? *„Diese Erkenntnis ist mir zu wunderbar und zu hoch"*, sagte selbst der Psalmendichter. Es stimmt, unsere Erde ist ein Staubkörnchen im Universum. Die Erde ist nicht die Mitte, aber wir leben auf einem höchst bewundernswerten, unfassbar privilegierten Planet. Es stimmt, wir sind ein Teil der Natur, eingefügt in den großen Werdeprozess der Welt. Doch ist uns ein Geist gegeben, dies zu wissen, es weiter zu erforschen, darüber zu reflektieren und Konsequenzen daraus zu ziehen – verantwortliche oder schädliche – in einzigartiger Freiheit. So ist die unausweichliche Frage, wenn ich Gottes Angebot annehme: „Wie kann das Geschöpf Mensch, wie kann ich, Eberhard, so leben, dass ich mit dem Schöpfer im Einklang bin?"

Muss ich besser werden?

Kann ich besser werden?

Und wenn ja, wie?

Wir haben jeder nur ein Leben. Wie sollen wir nach dieser Erkenntnis leben?

Wie sollen wir also leben?

*„Keiner von uns lebt sich selber und
keiner stirbt sich selber"*
Römer 14,7

*„Gehört also jemand zu Christus,
dann ist er ein neuer Mensch. Was vorher war,
ist vergangen, etwas völlig Neues hat begonnen."*
2. Korinther 5,17

Dieses Kapitel schaffte ich erst im Alter – im Gedanken an Gottes Herrlichkeit und seine Versprechen, im Gedanken an eigene Schwächen und Verfehlungen, in ersten Gedanken an die Endlichkeit eines jeden Lebens, aber auch im Gedanken an eine jüngere Generation, die Hoffnung braucht. In Hesekiel 33,10 fragen die Israeliten angesichts ihrer sündigen Vergangenheit: Wie können wir denn leben? Um zu erkennen, wie wir heute leben können, müssen wir verstehen, welche kulturellen und intellektuellen Kräfte uns im Laufe der Geschichte dahin gebracht haben, wo wir heute sind. Die Auflösung aller absoluten Werte und Wahrheiten durch Kultur und Wissenschaften schlägt sich massiv in allen Lebensbereichen nieder und lässt uns in einem Vakuum der Unsicherheit, ja, selbst der Hoffnungslosigkeit.

Unser menschliches Problem ist selten so klar erkannt worden wie von Billy Graham. „Die Welt hat sich radikal verändert. Wir können immer höhere Gebäude bauen, immer schnellere Flugzeuge, immer längere Brücken, aber noch haben wir es nicht geschafft, in Gleichheit und Frieden zusammenzuleben. Unsere Schwierigkeiten sind dieselben wie zu ältesten Zeiten, ja, zu biblischen Zeiten. Seit dem tragischen Moment im Garten von Eden, wo wir Gottes Willen für unseren eigenen aufgaben, sind die Probleme die Gleichen geblieben. Es ist unsere schwache und sündige Natur, die Hass, Neid und Habsucht wie ein Schwamm aufzieht. Des Menschen Erfindungsgabe hat es ihm ermöglicht, alles um ihn herum zu ändern, außer sich selbst."

Aber es braucht nicht mehr so zu sein. Gott hat die Weichen neu gestellt, und das ist die Frohe Botschaft. Gott selber hat die Schuld der Welt auf sich genommen, ein für alle Mal, durch das Sühneopfer Jesu. Dieses Christusgeschehen ist für die ganze Welt, für alle Zeit. Im tiefsten Afrika singen Menschen „Haleluya, Yesu yu hai".

> „Sünd ist vergeben, Jesus bringt Leben, Halleluja!"
> Suahili-Lied aus Tansania

Verhältnis mit Gott

Wie und wo kann ich anfangen? Gott hat es schon längst getan. Er hat uns für ein Verhältnis geschaffen – mit ihm, unserem Schöpfer, unter einander und mit seiner Schöpfung. Da fängt es an. Ein sinnvolles, tiefes Verhältnis erfordert Kenntnis der anderen Person. Je mehr wir Gott kennenlernen, je mehr kann unsere Liebe zu ihm wachsen und reifen. Aus diesem Wissen und dieser Liebe wird sich auch unser Gehorsam und Dienst an Gott frei entfalten. Gott lernen wir kennen, indem wir Jesus kennen. Sein Kreuztod und seine Auferstehung haben uns den direkten Zugang zu Gott verschafft. So hat es Abraham Kuyper, holländischer Calvinist, schon vor 300 Jahren erfahren und für uns niedergeschrieben, von mir frei übersetzt.

„Es tut uns gut, in Gottes Nähe zu sein. Ihn in unserem täglichen Leben intim zu kennen, bringt Ewigkeit … Das ist das Kennzeichen der Gläubigen. Sie wissen um die Freude, in Gottes Nähe zu sein, und sie wollen nichts weiter."

Entscheidend ist das „Ich bin von Gott gerufen". Das macht den Glauben aus: wie ich mich selbst verstehe – und wie ich mein

Leben führe. Meine Lebensgründung ist die Basis dafür, wie sich der Glaube auf mein Leben auswirkt. Dieses Gerufensein durch Gott gibt meinem Dasein ein Fundament und ein bestimmtes Selbstverständnis. Im Glauben ruft mich Gott heraus aus meinem Besetztsein von Selbstzweifeln, Selbstverachtung und Unzufriedenheit – so, wie im Gleichnis vom verlorenen Sohn der Vater auf den geliebten Sohn wartet. Das ist die Frohe Botschaft, das Evangelium: Ich habe die Würde, Kind Gottes zu sein. Diese Lebensgrundlegung durch Gottes Liebe ist sein großes Geschenk. Das Annehmen und Ernstnehmen dieser Würde ist die Voraussetzung dafür, dass mein Leben im Glauben Auswirkungen hat auf meine Lebensführung.

Gottes Erwartungen

Natürlich hat unser Gott auch Erwartungen – und so erklärt Mose den Israeliten: *„Was verlangt der Herr, euer Gott, von euch? Nichts anderes, als dass ihr Ihn achtet und immer Seinen Wegen folgt, dass ihr Ihn liebt und Ihm von ganzem Herzen und mit aller Hingabe dient"* (5. Mose 10,12). Und im Neuen Testament erklärt Jesus:
„… du sollst Gott, deinen HERRN, lieben von ganzem Herzen, von ganzer Seele, von ganzem Gemüte und von allen deinen Kräften. Das ist das vornehmste Gebot. Und das andere ist ihm gleich: Du sollst deinen Nächsten lieben wie dich selbst. Es ist kein anderes Gebot größer denn diese." (Markus 12, 30-31). Gott hat seine vollkommene Liebe ausgegossen in die Herzen seiner erlösten Kinder und möchte, dass sie durch diese Menschen weiter fließt, zurück zu ihm und hinaus zu den Lieben und Verlorenen rings um uns. So wird sein Reich, seine Herrlichkeit sichtbar in der Welt.

Und bald werden wir feststellen, dass die Möglichkeit „ein Christ nach eigener Art" als Möglichkeit völlig ausgeschlossen ist. Unser Leben ist nicht unterteilt in Bereiche „mit Gott" und Bereiche „ohne Gott". Er durchdringt jeden Aspekt unseres Lebens, ja, selbst wie hier im 1. Weltkrieg: amerikanische junge Männer werden in den Krieg geschickt, in eine Zukunft, in der

der Tod fast gewisser ist als das Leben. Der Präsident bestimmt, dass jeder Soldat ein Neues Testament mit in seine Ausrüstung bekommt. Die Widmung ist von ihm persönlich verfasst – ein paar Worte zu dem Bibeltext aus dem Buch Micha. „Ihr Männer vertretet unser Land und Volk an den Brennpunkten der Welt. Seid würdige Vertreter!" *„Es ist dir gesagt, Mensch, was gut ist und was der HERR von dir fordert, nämlich Gottes Wort halten und Liebe üben und demütig sein vor deinem Gott."*(Micha 6,8).

Ehrfurcht

Es ist wichtig, dass wir Gott durch unsere eigenen Schwächen, aber auch im regelmäßigen Umgang mit ihm nicht unbewusst verkleinern. Seine Kraft und seine Herrlichkeit, ja, selbst seine unglaubliche Liebe und Güte sollten uns immer wieder Ehrfurcht einflößen. Wenn der heilige Gott mit Menschen in Beziehung tritt, dann kann dies nur auf dem Boden seiner Heiligkeit geschehen, der unreine, unheilige Mensch muss dazu geheiligt werden bzw. sich heiligen. Das Volk Israel hatte damals so viel Ehrfurcht vor Gott, dass sie seinen Namen nicht aussprechen durften. Der Name lautet JHWH, den Gott sich in der Bibel selbst gibt. Die angemessene Haltung des Menschen, der Gott in seiner Heiligkeit erkannt hat, ist die Furcht Gottes. Diese Gottesfurcht, die Ehrfurcht vor dem lebendigen Gott, ist in gewissem Sinn die Grundlage unseres Glaubenslebens und unserer Beziehung zu Gott. Heiligung ist der Wille Gottes für jedes wahre Gotteskind, und wer seine Berufung zur Heiligung missachtet, der missachtet den lebendigen Gott!

Demut

An Demut fehlt es in der modernen Welt am meisten. Mit dem Materialismus haben wir unsere eigenen Königreiche an Werten, Wissen und Wohlstand aufgebaut, von denen es so schwer ist, sich zu trennen. Es gibt eine deutsche Übersetzung des kleinen Büchleins von dem südafrikanischen Erwecker Andrew Murray (1828-1917) zum Thema Demut, in dem er sagt: „Brüder, der Weg zum höheren Leben – niedriger, noch niedriger!" Das ist schwer. Es gibt nur eine Antwort auf die Neigung des menschlichen Herzens zu Stolz und Überheblichkeit – die Demut Christi. Gott möchte in uns eine christusähnliche Gesinnung bewirken, die geprägt ist von Liebe, Sanftmut, Demut, Selbstverleugnung, Hingabe, Gerechtigkeit, Güte, Barmherzigkeit. Wir haben jeder nur ein Leben. Alle verfehlen irgendwie Gottes perfektes Ziel und können sich nicht selber retten. Gott hat sich einen Ausweg ausgedacht: Jesus. Der ist selbst Gott, ist selbst perfekt und kann die unendliche Trennung von Gott auf sich nehmen und aufheben. Er ist für uns gestorben und hat so die Konsequenz aller Zielverfehlungen auf sich genommen. Die Welt wird nur gesund durch die Begegnung mit dem Wesen Christi.

Gebet

Gebet ist unser Zugang zu Gott. *Gebet bewegt den Arm Gottes. Gebet bewegt unsere Herzen. Gebet bewegt die Welt.* Wahres Gebet gründet sich immer auf dem Wesen Gottes. Wenn nur unser Verlangen, unsere Wünsche oder Bedürfnisse ausschlaggebend sind, dann fehlt uns das Wichtigste: echte Gottesbeziehung. Folglich ist jedes Gebet in enger Verbundenheit mit Gott durchdrungen von der übergeordneten Aussage: „ *...nicht mein, sondern dein Wille geschehe!"* Und gerade Beter, die schwach und hilflos sind, zählen zu den größten Kämpfern! Je schwächer wir sind und uns dabei von ganzem Herzen nach Gottes Hilfe ausstrecken, desto mehr hat er dann in seiner Allmacht Raum in uns. Dann kann er uns als seine Werkzeuge gebrauchen und in seiner Stärke durch uns wirken!

Gemeinschaft

Wichtig ist zu wissen, dass niemand den Weg mit Gott allein gehen kann. Auf einer praktischen Ebene geht es in Gottes Königreich um Beziehungen – mit Gott und mit meinen Mitmenschen. Wir gehören demselben Herrn, und darum haben wir Gemeinschaft. Dietrich Bonhoeffer schreibt in „Gemeinsames Leben": „Christliche Gemeinschaft heißt Gemeinschaft durch Jesus Christus und in Jesus Christus ... Unsere Gemeinschaft besteht allein in dem, was Christus an uns beiden (mir und meinem Bruder/Schwester) getan hat." Man höre die Jünger auf dem Weg nach Emmaus hierzu: „Brannte nicht *unser* Herz in *uns*, da er mit *uns* redete auf dem Wege, als er *uns* die Schrift öffnete?" Wir brauchen für unseren Glauben das geschwisterliche Zusammensein mit anderen, die auch auf dem Weg des Glaubens sind.

Ein unterscheidendes Merkmal der frühen Christen war der kindliche, wörtliche Gehorsam gegen die Lehren Jesu und der Apostel. Sie haben einfach vertraut, dass Gottes Weg immer der beste Weg ist. Im Gegensatz zu den Sitten der Zeit hatte ihr Glaube ihre Ansichten über die Heiligkeit des menschlichen Lebens radikal verändert. Es kam zu einem Gemeinschaftsleben, wie es die Welt noch nie zuvor gesehen hatte. Menschen einer Gruppe wurden Brüder und Schwestern, sorgten füreinander, arbeiteten miteinander und taten alles mit Frohsinn und Lachen. Dabei blieb die größte Freude stets, den Herrn mit Lied und Gebet zu verehren. Das war die Ekklesia, der Leib Christi, die frühe Christengemeinde. Wenn ich mich der Nachfolge Jesu Christi verschrieben habe, bin ich ein „neuer Mensch" und gehöre in diese wunderbare Gemeinschaft.

Ein Alltag wird Sonntag

Es braucht ja auch nicht alles im ersten Moment zu passieren. Geduld ist eine der schönsten Eigenschaften unseres himmlischen

Vaters. Die Bibel lehrt, dass ein christliches Leben ein ständiges Wachsen bedeutet. Gott hat im Sinn, dass du in voller Größe heranwachsen und ein reifer Christ werden sollst. Es wäre gegen Gottes Gesetz und Natur, dass du ein Säugling bleibst und nichts mehr als ein geistiger Zwerg wirst. So bedeutet es stetige Entwicklung, ständige Erweiterung, zunehmende Weisheit – wenn du offen dafür bist.

Lasst uns nicht „verkrümmen in uns selbst hinein" – wie Martin Luther es ausgedrückt hat. Lasst uns frei werden von unseren Sorgen und Ängsten, unserem Getriebensein von Stress und unerfüllten Wünschen und gescheiterten Anstrengungen, unser Kranksein und Altwerden – ja, von unserer menschlichen Begrenztheit, die uns beherrscht, von dieser lebensraubenden Knechtschaft.

Das Freiwerden von diesem sorgenvollen Kreisen um sich selbst ist der Ansatzpunkt dafür, dass sich der Glaube segensreich in unserem Leben entfaltet: *„Sorgt nicht um euer Leben, was ihr essen und trinken werdet; auch nicht um euren Leib, was ihr anziehen werdet ... Wer ist unter euch, der seines Lebens Länge eine Spanne zusetzen könnte, wie sehr er sich auch darum sorgt? Trachtet zuerst nach dem Reich Gottes und nach seiner Gerechtigkeit, so wird euch das andere alles zufallen."* Lass den Hunger nach Gottes Wort dein größter Hunger werden. Bald wirst du bereit sein, dieser neuen Erkenntnis in Gehorsam zu folgen, ja, selbst sein Wort auch vor anderen Menschen zu ehren. *„Dein Wort ist Leuchte meinem Fuss und Licht auf meinem Pfad"* (Psalm 119,105).

Dann passiert das Unerwartete. Gott zeigt sich auf einmal auch in deinem Alltag, in einer besonderen Begegnung, in einem plötzlichen Moment gelungener Nähe, in einer Schönheit des Lebens, in einer besonderen Aufgabe. Es ist der Mut, sich auf dies Leben einzulassen, es zu wagen, zu suchen und auszuprobieren – und gerade aus dem Vertrauen des Glaubens heraus darauf gespannt zu sein, ob da nicht inmitten der Unscheinbarkeit des Alltags plötzlich Zeichen Gottes aufglänzen.

Still werden

Wenn wir einmal still werden, sollte die Einsicht, dass alles, was wir haben, von Gott ist, bald erreicht sein. Schon der Psalmendichter schrieb und sang: *„Die Erde ist des Herrn und was darinnen ist, der Erdkreis und die darauf wohnen"* (Psalm 24,1). Und dies wiederum ist der erste Schritt zu einer radikalen Umkehr unseres Denkens und Handelns. Alles, was wir zur Verfügung haben an Raum und Zeit, ist uns von Gott anvertraut worden. Unsere Verantwortung vor Gott ist ganz schlicht: Wir brauchen nur weiterzugeben, was uns zuteilgeworden ist – und zwar jeder von uns –, egal, wie alt, wie reich oder wie klug wir sind. Sich zu geben wird unser Maßstab des wahren Glaubens. Und zu diesem Vergeben und Geben – „Wohlzutun und Mitzuteilen" des Hebräerbriefs (Hebräer 13,16) – steht Gottes Verheißung: „Vergebt, und euch wird vergeben werden! Gebt, und euch wird gegeben werden." Wie unglaublich schön war es für mich, zu entdecken, dass diese Worte schon meinem Vater und seinem Vater als Konfirmand auf den Weg mitgegeben waren.

In unserer Zeit hat Friedrich Karl Barth etwas von dieser selbstlosen Liebe, die Jesus uns in seinem kurzen Erdenleben vorgelebt hat, in ergreifende Worte gefasst (Evangelisches Gesangbuch 420).

> *Brich mit den Hungrigen dein Brot*
> *Sprich mit den Sprachlosen ein Wort*
> *sing mit den Traurigen ein Lied*
> *teil mit den Einsamen dein Haus*
> *such mit den Fertigen ein Ziel.*

Simone Pfitzner, Seelsorgerin, Kirchenkreis Soest-Arnsberg, schrieb zu diesem Lied:

„... Nur fünf Zeilen, fünf Aufforderungen ... eingefügt in eine viergliedrige Melodie. ... Ein Rundgesang, der nie zu Ende geht – in dem nur für den kurzen flüchtigen Augenblick die Vollendung da, das Ziel klar ist. ... Diese fünf knappe Sätze können uns ein ganzes (Christen)-Leben lang begleiten. ... So können wir miteinander leben, füreinander leben, ein Leben wie Jesus es vorgemacht hat. Ganz klar und einfach. Keine großen Theorien, kein Wenn, kein Aber."

Veredelnde Macht

Echter Gottesglaube war in allen Zeiten, bis heute, eine veredelnde Macht. So trieb die Geschwister Scholl, die Protagonisten der NS-Widerstandsbewegung „Weiße Rose", der unerschütterliche Glaube an ein Leben nach dem Tod und an christliche Werte wie Nächstenliebe und das Einstehen dafür an. Durch die ganze Geschichte, bis heute, setzen Menschen alles aufs Spiel, um die Frohe Botschaft mit anderen zu teilen. Als der einstmals schwerkranke südafrikanische Missionar Andrew Louw in ein fremdes Land, zu den Wilden nach Maschonaland, zog, kannte er nicht mal ihre Sprache. Als er 1956, fünfzig Jahre später, neben seiner tapferen Frau beerdigt wurde, brachte der Höchste des Landes, der Premierminister von Rhodesien, Dankesworte. Über zwanzigtausend waren zum Glauben gekommen, und das Neue Testament war in ihre Sprache übersetzt, einem ganzen Volk zugänglich.

Dietrich Bonhoeffers Hinterlassenschaft wird uns eine immerwährende Quelle der Zuversicht und Hoffnung bleiben, selbst in schwersten Zeiten.

> *„Von guten Mächten wunderbar geborgen*
> *erwarten wir getrost, was kommen mag.*
> *Gott ist bei uns am Abend und am Morgen,*
> *und ganz gewiss an jedem neuen Tag."*

Diese Worte schrieb er am Silvesterabend 1944 im Gefängnis in Berlin an seine junge Verlobte, Maria von Wedemeyer. Es wird sein letzter Jahreswechsel sein, und er erlebt ihn im Bewusstsein seines nahen Todes. Noch kurz vor Kriegsende, im April 1945, ließ das Dritte Reich diesen verhassten Gläubigen hinrichten. „Das ist das Ende – für mich der Beginn des Lebens." So lauten die letzten Worte, die von Bonhoeffer überliefert sind.

Seine Verlobte trägt ein lebenslanges Vermächtnis. Sie fängt ein neues, bestimmt nicht leichtes Leben als Wissenschaftlerin in den USA an, ist bekannt als lebensfroh und jedem ein Vorbild, der sie kennt. Sie wird schwer krebskrank. Die Schwestern im Krankenhaus lieben sie, pflegen sie mit ungeahnter Zärtlichkeit. „Ihr Zimmer, auch wenn sie schlief, strahlte Leben aus." Ihr Chirurg schrieb: „Ich wollte, dass sie es schafft, mehr als bei irgend jemand anders wollte ich, dass sie lebt." Sie starb, aber ihr Pfarrer wusste, dass ihr neues Leben schon lange begonnen hatte!

Gottes Geist

Wer bin ich? Wer bist du, Gott? In Momenten der Nüchternheit wird mir mein Gottesbild plötzlich zu groß, schier unfassbar, ja, unglaublich. Der Gott der Ewigkeit, der Schöpfer und Lenker unseres gewaltigen Universums, dieser Gott lebt, ist allgegenwärtig, dieser Gott kennt dich und mich und wartet auf meinen Anruf, auf mein Bekenntnis? Das kann doch niemals wirklich sein. Aber dann bekomme ich wieder die Gewissheit – mit dem Verstand wird kein Mensch Gott je erfassen. Deswegen beten Konfirmanden: *„Schaffe in mir, Gott, ein reines Herz und gib mir einen neuen, beständigen Geist"* (Psalm 51,12). Deswegen wurde dies auch mein inniges Gebet zum Anlass meiner Erwachsenentaufe als Fünfzigjähriger.

Was wir auch durchgemacht haben, wohin das Leben uns auch verschlagen hat, wie weit unsere Schritte sich auch vom ursprünglich vorgesehenen Weg entfernt haben – es ändert nichts an der Tatsache, dass Gott immer unser liebender Vater sein wird und nie aufhört, uns zurückzurufen und uns wieder auf unser Lebensziel zuzuführen. Wie schön hat Christa von Viebahn, Gründer des Diakonissenmutterhauses in Aidlingen, es einmal gesagt:

„Es ist die gleiche Sonne, die alle Menschen bescheint. Aber jedem bricht sich der Strahl in anderer Weise. Das ist der Reichtum der Gemeinde Jesu. Sein Licht trifft die Herzen all der Seinen. Jeden seiner Erlösten trifft sein Liebesstrahl persönlich. Er erwartet von uns nicht das Nachsprechen frommer Worte anderer, sondern eine originale Nachfolge und originales Zeugnis."

Kreise schließen sich

„Der Kreis schließt sich –
Vergangenheit und Zukunft werden eins."
Unbekannt

Angefangen habe ich dieses Buch eigentlich mit dem, was meine Mutter uns in Hunderten losen Seiten über Vergangenes aufgeschrieben hatte. Bei meinem Deutschland-Besuch, 2010, merkte ich, dass mich das Leben meiner Eltern immer mehr interessierte, wobei vor allem zu ihrem Verhältnis mit Gott manches offenblieb. Im Schreiben meiner eigenen Seiten kam es dann wunderbar zum Schließen dieser Kreise.

Der Höhepunkt dieser zweiten Deutschlandreise kam ungeplant. Auf der Fahrt nach Schwerin sah ich auf einmal einen Wegweiser nach Neukloster. Ich bog ein und erfuhr, warum meine Mutter die Neuklosterjahre, 1938-1939, als die Schönsten ihres Lebens bezeichnete. 1938 zog Eberhard, frisch verheiratet, nach Neukloster – „ein entzückend gelegener kleiner Ort zwischen Wiesen, Seen und Wäldern." Dies war Eberhards erste Assessor-Stellung nach dem Forststudium in Eberswalde und München. Er hatte die Liebe zur Natur von seinem Vater Alfred geerbt. Und nun empfand ich, sein Sohn, das Idyll. Das Kloster, der Glockenturm, der kleine Friedhof, der schimmernde See gleich hinter den Kiefern. Heute ist das Forstamt im Klostergebäude. Ob es das schon damals war? Ob mein Vater wohl den Herrn Pastor gekannt hat?

Aber es war auch im Jahre 1938, in dem im Wehrpass meines Vaters „evangelisch" durchgestrichen und in der Handschrift des Regimentsadjutanten mit „gottgläubig" ersetzt worden war. Auch in einem Ahnenpass meiner Mutter hatte ich bei Bekenntnis „gottgläubig", mit dem Datum 1938, gefunden. Hatten sie sich damals, vielleicht zum Anlass ihrer Hochzeit, zusammen entschieden, die

Evangelische Kirche zu verlassen und sich nicht in der Kirche trauen zu lassen? Das kann mir heute leider keiner mehr sagen. Und doch habe ich mir im Laufe der Zeit aus meines Vaters Dokumenten und dem Aufgeschriebenem meiner Mutter ein Bild ihres Glaubens zusammengebastelt. Ist dieses Bild nur ein Wunschtraum?

Bei einem absolut überraschenden Besuch aus Deutschland, 2013, bei uns in Afrika – es war Sophie, 19-jähriger Braune-Nachkomme aus Schwerin – kramte ich einmal wieder tief in meines Vaters Dokumentenschachtel. Sophies Großvater war Karl-Heinz Braune, Bruder meines Vaters, einer der vier Braune-Brüder. Das Erste, was ich ihr bei uns an der Esszimmerwand zeigen konnte, war ein Bild von den vier Jungs in Matrosenuniform, einer davon ihr Großvater. Und beim Suchen unter den Dokumenten kam mir etwas Neues, Schönes, in die Hände – die schreibmaschinengeschriebene Ansprache eines Onkels, Fritz Braune, 1926, zur Konfirmation meines Vaters. Bis dahin hatte ich noch nicht einmal gewusst, dass mein Vater eingesegnet war.

Zu Eberhard Braunes Konfirmation (28.3.1926)
„Mein lieber Junge! Du bist mit dem heutigen Tag in den Kreis der Erwachsenen aufgenommen, und Deine Paten, zu denen auch ich zähle, sind dadurch – nach unseren allgemeinen Begriffen über Patenschaft – der Sorge Deiner christlichen Miterziehung enthoben. Sie haben es aber gar nicht nötig gehabt helfend einzugreifen, denn Deine liebe Mutter und Dein leider so früh verstorbener Vater haben Dich ja im christlichen Sinne erzogen. Aber da ich nun einmal die große Freude habe, heute zu Deinem Ehrentage zu erscheinen, so möchte ich Dir wenigstens einige Mahnungen und Ratschläge mit auf Deinen Lebensweg geben, und ich weiß, dass ich damit mit allen Deinen Paten eines Sinns bin. Vor allem, sei dankbar, dankbar gegen den, zu dem Du Dich heute bekannt hast: Wenn Dir auch Dein lieber Vater genommen wurde, so hat Gott in seiner Gnade wenigstens Deine gute Mutter in Gesundheit erhalten, damit sie mit Mutterliebe über Dein ferneres Wohl wachen kann, und viele liebe Verwandte,

welche Dir gern Begleiter auf Deinem ferneren Lebenswege sind, damit Du nicht strauchelst oder zu Schaden kommst. Dankbar darfst Du auch sein, dass Du in Verhältnisse gesetzt bist, welche Dir manche Freude gestatten, welche heutzutage ach so vielen von Deinen Mitkonfirmanden versagt ist, bei deren Eltern – sofern sie überhaupt noch solche haben – es nicht einmal langt zu einem Feiertagskleide für ihr Kind an seinem Konfirmationstage.

Und dann das andere: Fass Dein Lebensziel fest ins Auge! Zunächst wird es Dir wohl noch unklar vor Augen schweben – hast Du es aber erst mal erkannt, dann ruhe und raste nicht, bis Du es erreicht hast: ein festes Ziel gibt dem Auge Sicherheit und der Seele einen gewissen Gleichmut.

Dies Ziel musst Du erfassen fest und tapfer – und zur Erreichung des ewigen Ziels?! Dazu ‚Halte was Du hast, dass Niemand Deine Krone nehme.‘

Und schließlich: Erhalte Dir Deine Fröhlichkeit des Herzens und denke dabei an Deinen seligen Großvater, der auch in den trübsten Tagen nicht verzagte und der den Wahlspruch hatte: ‚Nur Mut, hinten wird's helle!‘ – und neben der Fröhlichkeit des Herzens vergiss nicht, was den Christen am meisten auszeichnen soll, das wohlzutun und mitzuteilen. Christliche Nächstenliebe und die daraus wohl entspringende Fröhlichkeit des Herzens aber, das waren die beiden vornehmsten Eigenschaften, welche Deinem guten Vater in Sonderheit innewohnten – und wir hoffen, wo Du ihm äußerlich schon so gleichst, dass Du auch diese beiden inneren Eigenschaften von ihm geerbt haben wirst. Nun bilde und pflege den Keim zu diesen Eigenschaften, dann wirst Du bei allen Menschen auch so beliebt sein, wie Dein seliger Vater es gewesen ist, der heute mit seinem Segen dir nahe sein wird. ‚Dies ist der Tag, den der Herr gemacht hat, lasset uns freuen und fröhlich darinnen sein!‘

So sagte heute Dein Pastor bei der Einleitung zur Konfirmationsfeier. Darum die Gläser zur Hand, und lassen wir sie erklingen auf eine glückliche und frohe Lebensfahrt unseres Konfirmanden Eberhard Braune!"

Wie wunderschön, meinen Vater und seine Familie durch dieses Dokument ein ganz klein bisschen näher kennenzulernen. Das war wichtig, denn in meiner Jugend hatte ich meinen Vater nur mit Krieg und Soldatentum verbunden und jedes Buch zu diesem Thema versucht zu lesen. Als ich älter wurde und meine bipolare Störung sich bemerkbar machte, war ein unterschwelliger Gedanke, dass ich mit diesen Gemütsschwankungen niemals ein Soldatenführer im Krieg sein könnte wie mein Vater. Aber dann der Gedanke, dass mein Vater vielleicht auch unter dieser Krankheit hatte leiden müssen, vielleicht, dass der schreckliche Druck des Russlandfeldzugs etwas Latentes ausgelöst haben könnte? Ich selber hatte Gottvertrauen erst spät im Leben gelernt. Was hatte mein Vater wohl aufgegeben, als er, 1938, ein Jahr vor seinen vier Kriegsjahren, das „Evangelisch" in seinem Wehrpass hat durchstreichen lassen?

Zum Glück gab es in der Dokumentenschachtel noch mehr, unter anderem Tagebücher aus meines Vaters Zeit des Erwachsenwerdens. Weil sein Vater fehlte, fühlte er sich für die Brüder, vor allem die Jüngsten, mitverantwortlich. Alle mussten mit ihm in die Großdeutschen Jugend. Aus den Tagebüchern habe ich hier nur ein paar Zeilen aus den ersten Gotteserlebnissen dieser Jugend rausgeschrieben.

• Z. B., wie die Sippen zu Weihnachten in die Schweriner Schlosskirche einzogen – das Orgelspiel, der Chor, das Bild des Gekreuzigten, der Jubel – Christ ist geboren!
• Oder das Ostertreffen am Peutscher Waldsee und die Worte, die die Jungen vom Ostersonntagmorgen mitnahmen: „Christus soll für uns der auferstandene Christus, der lebendige Christus sein, nicht nur der Gekreuzigte! Christ ist erstanden, er ist wahrhaftig auferstanden."
• Und auch die Weihestunde am Scheidingwald: „Wie ein Jubel erklingt es, schwurhaft, siegkündend: ‚Ein feste Burg ist unser Gott, ein gute Wehr und Waffen' – und aus Licht, Worten, Seelensehnsucht erklingt ein gewaltiges Lied in uns, Dir Gott, Erhabener zum Preis, Dir Gott, Allmächtiger, Allvater."

Das sind Tagebuchworte meines Vaters, eines Sechzehnjährigen, aus der Zeit zwischen den beiden Weltkriegen. Es brachte natürlich die Frage bei mir: Können Erinnerungen an diese Zeit und an diesen Gott noch den Dreißigjährigen mitgetragen haben in den schwersten Jahren an der russischen Front? Ich fand noch etwas, nie bewusst Gelesenes. Ein Büchlein von meinem Vater, das er, laut Inschrift, 1928 als Siebzehnjähriger, von seiner Patentante bekommen hatte. Es ist „Der Wanderer zwischen beiden Welten" von Walter Flex. Walter Flex, Dichter und einer der Gründer der Wandervögel, war als Freiwilliger und Offizier im 1. Weltkrieg gefallen. Mein Vater war begeisterter Wandervogel, selbst noch in der Studentenzeit in München. Gelesen habe ich irgendwo, dass die Jugend, die in der Wandervogelbewegung gewesen war, dieses Buch mit im Tornister in den Zweiten Weltkrieg getragen hat.

Der „Wanderer" im Buch ist Walter Flex' Freund, der kriegsfreiwillige Student der Theologie, Leutnant Ernst Wurche. Sie hatten beide, unbewusst voneinander, in einer stürmischen Nacht auf Horchposten im Eisenhagel des Weltkriegs in Frankreich ein einmaliges Erlebnis. Ein wanderndes Heer wilder Gänse strich mit messerscharfem Schrei gespensterhaft über die Stellungen dahin. Walter Flex schreibt: „Ohne im Dunkel die ineinanderlaufenden Zeilen zu lesen, schrieb ich auf einen Fetzen Papier ein paar Verse:

Wildgänse rauschen durch die Nacht
Mit schrillem Schrei nach Norden.
Unstete Fahrt! Habt acht, habt acht!
Die Welt ist voller Morden.

...

Wir sind wie ihr ein graues Heer
Und fahr'n in Kaisers Namen,
Und fahr'n wir ohne Wiederkehr,
Rauscht uns im Herbst ein Amen!"

Ich, Eberhards Sohn, habe diese Verse hunderte Male mit deutschen Studenten und im Männerchor gesungen, und sie haben mich immer wieder bewegt – junge Männer im Einsatz für ihre Heimat, aufrecht, im steten Angesicht des Todes.

Im weiteren Buch wird der junge Theologiestudent draußen im Felde allen ein Vorbild mit seiner Freude am Leben und an seinem Gott, selbst unter den schwersten Umständen. „Der Wanderer" sieht die Not um sich, aber weiß auch um die Welt Gottes und freut sich jeden Augenblick an der Schöpfung. Seine beiden Welten sind nicht Leben und Tod, sondern das Leben hier und das ewige Leben. Mit dem Psalmisten singt er:

> *„Ich will dem Herren singen mein Leben lang*
> *Und meinen Gotte loben, solange ich bin …*
> *Ich freue mich des Herren!"*

Schon 1915 fiel der Freund, Ernst Wurche, an der Ostfront. Zwei Jahre später fiel der Dichter, Walter Flex. Nach seinem Tode erschien noch ein letztes Buch von ihm – sein Kriegstagebuch. Es erschien unter dem Titel „*Sonne und Schild*"! 1937 erschien es schon in der zweiten Auflage.

DER WANDERER
ZWISCHEN
BEIDEN WELTEN

EIN KRIEGSERLEBNIS
VON
WALTER FLEX

C.H.BECK · MÜNCHEN

EX LIBRIS Eberhard Braune

Gab es für Vater Eberhard auch ein „Sonne und Schild"?

Als ich dies auf dem Internet entdeckte, empfand ich es, als ob Gott mir etwas sagen wollte. Ein Kreis zu meinem Vater hat sich geschlossen. Ich glaube fest, dass der Gott, der mir immer mehr Sonne und Schild geworden war, auch meinem Vater in den schwersten Russlandstunden zur Seite gestanden hat und ihn geleitet hat. Schon in seinem Vater war eine Grundlage gelegt von christlicher Nächstenliebe und der daraus entspringenden Fröhlichkeit des Herzens. Sein Kommandeur, Major Prinz zu Waldeck, schrieb 1942 in einem Beileidsbrief an meine Mutter: *„Eberhards Einfluss auf den netten Ton im Offizierskorps lag nicht in seinen Worten, sondern darin, dass er durch sein Beispiel wirkte."*

Bei meiner Mutter war Glauben kein Thema, und zur Kirche ging sie nicht. Ich wusste wohl, dass sie konfirmiert worden war, aber ich konnte mich auch erinnern, dass sie mal gesagt hatte, dass Konfirmation damals in Berlin einfach zum guten Ton gehörte. Ihre Familie war sehr standesbewusst – ihre Mutter wurde in der Nachbarschaft als „Frau Major" angesprochen, und meine Mutter kannte man zu der Zeit als „die stolze Tilla". Schmunzeln muss ich heute noch über einen Versuch meinerseits, sie in einer Kirchgemeinschaft unterzubringen. Es war bei einem meiner seltenen Besuche in Windhoek, als meine Mutter, nach dem Tode meines Stiefvaters, sehr allein war. Sie freute sich, dass ich am Sonntag zum Gottesdienst der evangelischen Stadtmission ging, ganz in der Nähe des Elternhauses. Ich sprach den Pfarrer an und bat ihn, doch mal meine Mutter zu besuchen und auch zur Kirche einzuladen. Sie schrieb mir dann, dass der Herr Pfarrer sie zu einer Tasse Kaffee besucht hätte und sie sich sehr nett über vieles unterhalten hätten. Aber mehr kam nicht dabei heraus.

Was sie von ihrer Zeit 1934 als Neunzehnjährige bei dem Freiwilligen Deutschen Frauenarbeitsdienst aufgeschrieben hat, gibt einige Aufschlüsse: Berglase auf Rügen: „Arbeitsfrei waren die Sonntage, Zeit zum Waschen unserer Wäsche, zum

296

Nähen und Stopfen und zum Schreiben der einen Postkarte. Hin und wieder durften wir uns aus dem Lager entfernen für ein paar Stunden. Wer es sich leisten konnte, suchte das kleine Landhotel auf zu einer Tasse Kaffee und einem Butterbrötchen." Und später am Rhein bei Mönchengladbach: „Etwas für mich ganz Erstaunliches war in diesem Lager etwas Selbstverständliches: Jeden Sonntag war Kirchgang. Mit der geschlossenen Gruppe von 20 Arbeitsdienstmaiden, alle blau-weiß tadellos gekleidet, fuhr die Führerin in die Stadt zur Kirche. Aus meinen Papieren ging ja hervor, dass ich keine Katholikin war. So durfte ich im Lager bleiben und schrieb meist einen langen Brief nach Hause."

Aber dann erinnerte ich mich eines Tages, dass die Mutter uns doch etwas über Gott aufgeschrieben hatte – sie hat die drei schreibmaschinengeschriebenen Seiten *Das Vaterunser auf Englisch*" genannt. Es spielte sich ab, als wir von der Farm weg mussten und sie sich dringend um eine Anstellung an der Deutschen Privatschule in Windhoek bemühte, wo Runhild und ich in Schülerheimen der Regierungsschule „zu Hause" waren. Es klappte nicht, aber statt-dessen wurde ihr der Posten des zweiten Lehrers in der deutschen Abteilung an der Regierungsschule des kleinen Ortes Omaruru, in der Nähe der Farm, angeboten. Sie bekam die ersten vier Klassen, alle in einem Klassenraum.

Jeden Montag gab es eine Morgenandacht mit der ganzen Schule. Nach ein paar Wochen kam der Schulleiter nach der Andacht zu ihr und forderte, dass ihre Kinder am nächsten Montag das Vaterunser auf Englisch mitsprechen müssten. „Das traf mich wie ein Schock. Die Kinder konnten doch kaum Englisch, und vom pädagogischen Standpunkt aus war es auch unmöglich, so jungen Kindern das große Gebet des Herrn zu lehren." Deutsche Freunde konnten nicht weiterhelfen, bis eine ältere Tochter meinte: „Frau Sydow, ich schreibe Ihnen den englischen Text einfach mal auf." „Am Abend lernte ich das große Gebet und machte mir Gedanken, wie ich es den Kindern nahebringen könnte. Ich hatte mich wieder im Griff …

Mit dieser Gewissheit begann ich am Dienstag den Unterricht. Die erste Reaktion der Kinder war nicht etwa Entsetzen oder Angst, sondern eher Spannung und ein bisschen Neugier. Ich ließ sie aufstehen, weil ich das Gebet in deutscher Sprache sprechen wollte und sie dadurch erfühlen sollten, dass dieses Gebet etwas Außergewöhnliches, etwas ganz Besonderes ist. Danach durften sie sich wieder setzen, und ich begann mit meinen Erklärungen. Das war so furchtbar schwer. Diese kleinen Kinder zwischen 8 und 10 Jahren wussten nichts von Schuld und Übel und von Schuldigern ... Dann übte ich erst einmal mit ihnen die englische Sprache, vor allem das ‚th‘ und ‚w‘.“

„Mittwoch begannen wir mit dem Lernen des Gebets. Und nun erlebte ich ein Wunder, ja, ich muss es wirklich ‚Wunder‘ nennen. Ich konnte es gar nicht fassen! Meine Kleinen zeigten nicht nur Lernwilligkeit, sie überschlugen sich in Lernbegeisterung. Am Donnerstag konnten sie schon das ganze Gebet auswendig hersagen, sodass ich es sie am Freitag nur ein paarmal wiederholen ließ. Ich musste immer wieder sagen, nicht so laut, der liebe Gott hört euch, auch, wenn ihr leise sprecht.

Dann kam der Montagmorgen. Nach der auf Englisch gehaltenen Andacht erfolgte endlich das gemeinsam gebetete Vaterunser. Ich glaubte, ein kleines Lächeln auf dem Gesicht des Schulleiters zu sehen. Wir hatten es geschafft, die Kinder und ich und in kürzester Zeit ... Trotz Zweifel über dieses Bringen von Beweisen blieb mir die Hoffnung, dass die Kinder, die nur die äußere Hülle des Vaterunsers, nur die Worte und nur in englischer Sprache erlernt hatten, in einigen Jahren, wenn sie eine gewisse Reife erlangt hatten, von sich aus den Sinn des Gebetes erkennen mögen und Gott in Demut anrufen und ihn um Hilfe und um seinen Segen bitten.“

Selbst die Daten des Aufgeschriebenen haben für mich einen besonderen Sinn. Das Handgeschriebene hat „Omaruru im Februar 1954“ als Aufschrift. Zwei Jahre später wurde ich, der Eberhard, im weit entfernten Schülerheim in Windhoek eingesegnet. Die Schreibmaschinenseiten enden mit „TG Sydow, im Januar 2001“ – fast fünfzig Jahre später und drei Jahre vor dem Tode meiner Mutter. Gott ist einen Weg mit uns gegangen.

Einige Jahre nach dem Tode meiner Mutter, angeregt durch meinen letzten Deutschlandbesuch, öffnete ich mal wieder ein Erbstück, das kleine, in schwarzes Leder gebundene Gesangbuch meiner Mutter, das sie 1930 zur Konfirmation bekommen hatte. Den Text kannte ich aus neueren Gesangbüchern. Aber dann entdeckte ich etwas, das ich bisher übersehen hatte. Auf der Innentitelseite des Büchleins, für mich schwer zu lesen, stand handgeschrieben in Sütterlin-Schrift:

Gott der Herr ist Sonne und Schild! Psalm 84, V. 12.
Berlin Steglitz Sonntag Oculi, 23. März 1930
Pfarrer Wißmann

Mein geliebter Konfirmationsspruch, auch der Konfirmationsspruch meiner Mutter! Zufall? Mir war klar, dass meine Mutter mir diesen Spruch zugedacht hatte. Vielleicht hatte unser Pastor auf der Farm angerufen und mit ihr gesprochen. Aber ich sah auch Gottes Hand darin, vor allem wenn ich an Mutters Todesjahr zurückdenke. Es war 2004, die Mutter 90 Jahre alt. Ihr Kreislauf machte ihr schwer zu schaffen. Ich lebte in Pretoria, und meine Schwester, noch in Windhoek, hielt mich auf dem Laufenden. Dann kam eines Tags der Anruf. Mutter geht es sehr schlecht, ich möchte bitte dringend kommen. Es gehört aber eine Vorgeschichte dazu. Jeden Mittwochabend nahm ich an einem Bibelgesprächskreis teil. Drei Wochen vorher war der Leiter unserer Gruppe mit einem etwas außergewöhnlichen Anliegen gekommen. Ob uns sein Jüngster das praktische Evangelisieren beibringen könnte. Er hatte gerade einen Kursus mitgemacht und wollte uns auch dazu begeistern. Wir alle, schon zum Teil grau, waren ein bisschen skeptisch, aber sagten natürlich Ja. Große Erleichterung, als es hieß, dass wir nicht mit der Bibel von Haus zu Haus zu gehen brauchten. Nur sollte jeder sich gleich am Anfang eine Person auswählen und sie ständig, während der fünf Wochen Ausbildung, im Geiste behalten. Weswegen ich meine 90-jährige Mutter wählte, wusste ich zu dem Zeitpunkt noch nicht.

Dann kam die Nachricht aus Windhoek. In aller Eile fand ich ein hübsches Büchlein, wie Teenager es gerne haben, und nutzte jede freie Minute, um meiner Mutter das Schönste und Erbaulichste von dem Menschen und seinem Gott hineinzuschreiben – von dem Gott im 84. Psalm, von „Gott mit uns" der Preußen und von Dietrich Bonhoeffers Gott, mit dem er sich selbst im Gefängnis „wunderbar geborgen" empfinden konnte.

Es sollte der Mutter klarmachen, wo ihr Sohn seine Freude gefunden hatte und ihr auch etwas von dieser Freude mitgeben. Ich fand die Mutter schwach, aber noch geistig voll da. Sie freute sich natürlich über das Büchlein, wurde aber schnell müde, und ich musste vorlesen. Ein solches intimes Verhältnis hatte ich bestimmt noch nie zuvor mit meiner Mutter gehabt. Nach einer Stunde hieß es dann wieder: „Lies!", und am nächsten Morgen wieder. Irgendwann war das Geschriebene zu Ende, und nun hieß es: „Schreib noch, bitte!" Meine Tagebuchquellen waren erschöpft, und so saß ich abends bei meiner Schwester mit nur einer Quelle, der schönen Lutherbibel.

Eberhard zu einem Besuch bei der Mutter in Windhoek

Ich musste zurück nach Pretoria, und mein nächster Besuch in Windhoek war zu ihrer Beerdigung. Sie war schwächer geworden, war auch gefallen und musste sofort ins Krankenhaus. Dort war sie dann zwei Tage später in Frieden eingeschlafen. Meine Schwester erzählte mir, dass sie eine Handtasche meiner Mutter vom Krankenhaus zurückbekommen hätte, in der nicht viel außer einem Notizbuch mit Herzumschlag war. Ob das von mir sei? Der Gott von „Sonne und Schild", den sie mir einmal, unbemerkt, auf den Weg gegeben hatte, konnte der Mutter noch zum Lebensende seinen Frieden bringen!

Aber noch eine letzter Kreis musste sich schließen, der zentrale Kreis zu Gott. Ich musste anerkennen, dass ich durch meine, erst sehr späte, persönliche Gotterkenntnis, und bestimmt durch meine Erziehung, lange von einem Deutschland geschwärmt hatte, das schon, spätestens seit Friedrich dem Großen, Gott an die Seite gestellt, und Pflichterfüllung gegenüber dem Staat zum höchsten Gebot gemacht hatte. Welche schreckliche Folgen sollte das einmal unter Hitler haben. Ja, ich war geblendet gewesen und konnte mich lange Jahre auch nicht gegen das gleiche Böse in meiner neuen Heimat wehren. So soll mein Buch

301

mit mit dieser Einsicht enden. Mögen die verlorenen Worte, die in goldenen Lettern auf der Vorderseite des Gesangbuchs meiner Mutter stehen, meine Leitschnur sein, an der alles andere gemessen wird.

Dein Wort ist ewig.

Brücke – Deutschland/Afrika

„LIEBE = Liebe Ist Eine Brücke Erbauen"
Unbekannter Autor

„Meinen Bogen habe ich gesetzt in die Wolken,
der soll das Zeichen sein des Bundes
zwischen mir und der Erde."
1 Mose 9:13

Ich dachte 2018, dass meine deutsch-afrikanische Geschichte zu Ende ist und ihren Umschlag bekommen kann. Aber seitdem empfinde ich noch einen tieferen Sinn, der weit über das Persönliche geht und nun dazugehören soll.

Es hatte schon früher mit einem Wunder angefangen! Pretoria, Oktober 2015. Ich wurde plötzlich zur Deutschen Botschaft gebeten, um ein Dokument abzuholen. Fast wollte ich es nicht mehr glauben, aber das war es dann doch: das Dokument – mit großem Siegel der Bundesrepublik: „Eberhard Braune, geboren am ... in ... heute wohnhaft ... *ist deutscher Staatsangehöriger."* Ich hatte die deutsche Staatsangehörigkeit also nie verloren, war mein ganzes Leben deutscher Staatsbürger gewesen! Seitdem haben alle drei Kinder mit sechs Enkelkindern ihre deutsche Staatsangehörigkeit und deutsche Reisepässe erhalten. Es ist ein Gottesgeschenk. Ich habe einen ungemein wichtigen Teil meines Lebens zurückgewonnen, den ich glaubte verloren zu haben und kann ihn den nächsten Generationen weitergeben. Wie war es dazu gekommen?

Südafrikaner war ich nach meiner ersten Deutschlandreise geworden, nach der Erkenntnis der verlorenen Heimat in der DDR. Ein Antrag, die deutsche Staatsangehörigkeit zurückzugewinnen, lag viele Jahre in meinem Schrank, aber zu dem letzten

Schritt war ich nie gekommen. Bis alle drei Kinder den schon Siebzigjährigen bedrängten: „Tue es für uns." Als ich dann endlich mit den vielen Urkunden zum Interview in der Botschaft in Pretoria saß, war der Traum bald aus. Die nette Studienrätin machte mir klar: Das Einzige von Bedeutung für meine Kinder wäre meine Staatsangehörigkeit zur Zeit ihrer Geburt – und die war eindeutig die südafrikanische. Aber, meinte sie dann: „Können Sie es glauben, ich war mal Dozentin an der Diplomatenschule in Köln und hörte gerade gestern Abend von meinen Kollegen per E-Mail von einer neuen Rechtsmeinung zur Frage der deutschen Staatsangehörigkeit, nämlich: Wenn man aus der DDR geflohen war und irgendwo in der Welt eine neue Staatsangehörigkeit angenommen hatte, hatte man vielleicht nur seine DDR-Staatsangehörigkeit verloren und nicht die deutsche. Wollen Sie vielleicht diese Meinung in Ihrem Fall testen lassen und dazu einen neuen Antrag stellen? Es kann aber sehr lange dauern."

Ich tat es sofort. Nach anderthalb Jahren fragte ich mal ganz vorsichtig nach. Bei aller deutschen Gründlichkeit müsste es doch schon wenigsten ein Zwischenergebnis geben. Die Antwort, die ich erhielt, machte mir wenig Hoffnung. Neben ein paar Rechtsphrasen, die ich nicht verstand, war von einer Akte in Hannover die Rede, die nicht mehr existierte, und dann am Schluss: „Die Bearbeitung Ihres Antrages ist also noch nicht abgeschlossen." Noch weitere anderthalb Jahre mahlten die Rechtsmühlen, bis es zu dem unglaublichen Anruf der Botschaft kam.

Wie froh bin ich im Rückblick, dass Felicity dies noch erleben konnte. Wir hatten beide versucht, das Beste aus unserem englischen und deutschen Erbe in einem gemeinschaftlichen Leben zu teilen und weiterzugeben. Für unsere Enkel ist es bestimmt eine Brücke nach Deutschland und in die weite Welt. Aber ich hoffe, dass es noch so viel mehr sein kann. So habe ich auch während Felicitys langer Krankheit zum ersten Mal wieder intensiv an meiner deutsch-afrikanischen Liebesgeschichte gearbeitet. Nie war ich Gott in meinem Leben so nah gewesen, und so wurde aus einer Familiengeschichte langsam ein Zeugnis aus einem Leben mit Gott.

Aber dann starb die Ehegattin. Wie sollte es ohne Felicity weitergehen? Eines Tages setzte ich mich mit einem leeren Stück Papier hin. Was nun, Gott? Das erbetene Resultat wurden vier Kreise: ein großer mit „GOTT" in der Mitte und drei kleine, dem Großen angeschlossen, mit dem Weg voraus. 1. Gebet für Deutschland, das mit der 2019-Reise angefangen hatte. 2. Wieder aktiv werden im Gebet für unsere Stadt, wie es Felicity und ich es in den letzten vier Jahren zusammen getan hatten. 3. Fertig bringen der deutsch-afrikanischen Liebesgeschichte, die ich von Anfang an als von Gott empfunden hatte.

Der 2. Kreis brachte den frischen neuen Lebenswillen. Ich meldete mich bei „Unlimited Prayer Frontiers" als freiwilliger Helfer an – erklärte, dass ich einen Tag pro Woche in ihr Büro kommen könnte. Ich musste gleich da bleiben! Durch die Covid-Krise war das „Redeem–Our- City"-Gebetsprojekt ein Jahr ausgefallen, und nun fehlte einfach ein Anstoß, es wieder in Gang zu bekommen. Das Jahresthema war „Der Baum des Lebens" in unserer Stadt. Als dann bald über dreihundert Bibelverse über den Baumstamm, über seine Wurzeln, seine Blätter, seine Früchte und über das Wasser, das er zum Leben braucht, vorlagen, war es nicht mehr weit bis zu einer Gebetsanleitung. Sechzehn Gruppen, über die ganze Stadt verteilt, nahmen diesmal das Gebet mit diesem belebenden Thema auf. Es wurde für jeden Einzelnen und ganz bestimmt für die Stadt in ihren vielen Facetten ein neuer Aufbruch. Auch im nächsten Jahr, 2022, war ich wieder dabei zum Thema „Straßen aus Gold". Wieder eine wunderbare Erfahrung – erst Gott macht das Leben lebenswert!

Wunderbarerweise war es auch die Covid-Krise, die meinen 1. kleinen Kreis, das Deutschland-Gebet, ganz neu anregte. Siegfried, in Berlin, hatte uns 2019 angedeutet, dass er mit einem Gegenbesuch für Südafrika beten wollte, als Dank für Gebet für Deutschland, das schon über viele Jahre aus dem Süden kam. Der Besuch wurde fast zwei Jahre durch die Flugverkehrssperre verzögert. Aber so kam es zu einem regelmäßigen Gedankenaustausch, in dem uns bald klar wurde, dass Gott die Welt anders sieht als wir und über Generationen und Kontinente hinweg an seinem Königreich arbeitet. Als Siegfried und Anja endlich im April 2021 reisen durften, war alles soweit für Gebetsseminare in Kapstadt und Pretoria mit dem Thema „Nations Redeemed – Europe/Africa" – Völker über Kontinente hinweg freigekauft/erlöst durch das gemeinsame Verstehen ihrer Gottesgeschichte und dem tiefen Wunsch, sich untereinander zu versöhnen. Dieses neue Verständnis sollte nun noch in den 3. Kreis, in meine deutsch-afrikanische Geschichte, gehören.

Ein unglaublicher Missionswille des reformierten Europas für den „Dunklen Kontinent" Afrika hat diese Gottesbrücke über Jahrhunderte gebaut. Persönlich kennengelernt habe ich zwei Pfeiler dieser Brücke, zwei kleine, ja, unscheinbare, Orte, über 12 000 Kilometer entfernt voneinander, aber im Geist verbunden. Sie haben Unmögliches möglich gemacht und sind dabei in die Weltgeschichte eingegangen – Herrnhut am 3-Länder-Eck Deutschland-Polen-Tschechien, bei Zittau, im südöstlichsten Zipfel Deutschlands und Genadendal, an der Südspitze Afrikas, in einem steilen Tal, der Pavianskluft, in der Kapprovinz Südafrikas. 1995, ein Jahr nach seiner Wahl zum ersten schwarzen Staatspräsidenten von Südafrika, machte Nelson Mandela einen Amtsbesuch in der Missionsstation Genadendal. Was er dort sah, beeindruckte ihn so, dass er seine Kapstädter Residenz umbenennen ließ – von Westbrooke auf Genadendal. Wie war es dazu gekommen?

Durch ihre Grenznähe konnten sich, durch Gottes Fügung, zwei Pietismusströme in der Herrnhuter Gegend treffen. Pietismus – diese Bewegung kann als Fortführung der Reformation des 16. Jahrhunderts verstanden werden: Nicht nur der Kopf, sondern auch das Herz und der ganze Leib sollten, nach ihrem Willen, vom Evangelium durchdrungen werden. Eine kleine Gruppe mährischer Glaubensflüchtlinge unter der Führung des Zimmermanns Christian David traf 1722 auf einen lutherischen Strom des Pietismus in der Person des Grafen Nikolaus von Zinzendorf (1700-1760). Die böhmische bzw. auch mährische Brüderkirche, in der Mitte des 15. Jahrhunderts in Prag aus den Hussiten um den Frühreformator Jan Hus (1369-1415) hervorgegangen, war nach ständiger Verfolgung durch die katholischen Habsburger in die Emigration gezwungen worden.

Zinzendorf gewährte ihnen Asyl auf seinem Gut Berthelsdorf in der Oberlausitz. Er war im Hallischen Waisenhaus unter August Hermann Francke erzogen und durch den Pietismus geprägt. Am Hutberg gründeten sie die Kolonie Herrnhut. Die eigentliche Geburtsstunde der Herrnhuter als konfessionsübergreifende Gemeinschaft wurde eine Abendmahlsfeier am 13. August 1727. Es geschah plötzlich von einem Tag zum anderen eine Aussöhnung verschiedener biblischer Meinungen – „wir lernten einander lieben". Ein Geist des Gebets wurde sofort erkennbar, und die erste geistliche Folge war, dass unter der Jugend Erweckung ausbrach. Eine Gebetskette wurde eingerichtet unter dem Leitsatz: Keiner arbeitet, wenn keiner betet. Zwei Männer und zwei Frauen beteten jeweils gemeinsam eine Stunde, bis die nächste Gruppe sie ablöste. Dieses Muster wurde rund um die Uhr beibehalten, jeden Tag, jede Woche und jedes Jahr, und hielt ganze 120 Jahre an. So etwas hat es seitdem noch nicht wieder gegeben.

Die Kraft ihrer Gebete brachte eine göttliche Leidenschaft und einen missionarischen Eifer für die verlorene Welt hervor. Sechs Monate nach Beginn der Gebetswache stellte der Graf seine Mitbrüder vor die Herausforderung, sich Gottes Missionsauftrag zur Lebensaufgabe zu machen. 1732 konnten die ersten Missionare zu den Sklaven auf den Westindischen Inseln ausgesandt werden. 1733 ging es zu den Eskimos in Grönland, dann folgte 1735 Suriname, 1736 Russland, 1737 Georgia in den Vereinigten Staaten und in Afrika Ghana und Südafrika. In den 20 Jahren nach ihrem „Pfingsten" sandten die Herrnhuter mehr Missionare aus als die gesamte Reformationsbewegung in den 200 Jahren zuvor. Innerhalb einer Generation erreichten sie alle Kontinente, und das von einem Ort mit weniger als 1000 Einwohnern.

Von Beginn an wurde ein ganzheitliches Missionsverständnis verfolgt und danach gestrebt, neben der Verkündigung dieser frohen Botschaft auch die konkreten Lebensumstände der

Menschen zu verbessern, zum Beispiel durch die Errichtung von Schulen und medizinischer Hilfe. Ein weiteres Prinzip der Herrnhuter Mission war es, Menschen, die zum Glauben gekommen waren, möglichst schnell selbst dafür einzusetzen, die frohe Botschaft unter ihren Mitmenschen weiterzusagen. Auf diese Weise wurden sie von Anfang an in die Verantwortung mit einbezogen.

Genadendal (Tal der Gnade) wurde die erste Missionsstation im südlichen Afrika. Der deutsche Handwerker und Missionar Georg Schmidt wurde 1737 von der Herrnhuter Brüdergemeine nach Südafrika geschickt, um den Khoikhoi das Evangelium zu verkünden. Es war wohl die unmöglichste Aufgabe, diese vom Aussterben bedrohten und total verarmten Ureinwohner des südlichen Afrikas zu erreichen und ihr Los zu verändern. Aber innerhalb kurzer Zeit brachte es Missionar Schmidt zu einer kleinen Christen-Gemeinde und bald danach zu einer Schule, in der den Einheimischen und geflohenen Sklaven Lesen und Schreiben beigebracht wurde. Als Schmidt die ersten dieser „Wilden" sogar taufen ließ, erzwang die herrschende Niederländisch-Reformierten Kirche, dass er das Land schon 1744 wieder verlassen musste.

Erst 1792 bekamen die Herrnhuter die Erlaubnis, Schmidts Arbeit in der Baviaanskloof fortzusetzen. Durch die vielseitige Anleitung der Herrnhuter wurde Genadendal eine total sich selbst versorgende Gemeinschaft. 1838 kam es zu der ersten Schule für Lehrer und Nationalgehilfen. 1883 wurden zum ersten Mal drei frühere Schüler der Gehilfenschule zu Missionaren ordiniert. 1891 wurden die ersten nicht weißen Lehrer an der Gehilfenschule selbst angestellt, ein einmaliges Ereignis für das Land. Genadendal wuchs so schnell, dass es zeitweilig mehr Einwohner als Kapstadt hatte.

Leider brachte die Landespolitik immer mehr Rückwärtsschritte – durch Gesetzgebung wurde den Farbigen auf Missionsstationen das Eigentumsrecht entnommen. Dann wurde 1926 die Lehrerausbildungsstätte vom Erziehungsministerium geschlossen, die Apartheid, erst 1948 offiziell begonnen, warf ihre Schatten voraus. Farbige hatten demnach kein Anrecht auf eine höhere Bildung und wurden nur als Hilfskräfte auf den umliegenden Farmen eingesetzt. Welch schwerwiegender Rückschritt! Er setzte die schulische Erziehung der einheimischen Bevölkerung eines ganzen Landes, die hier im kleinen Genadendal so positiv trotz Widerstand und der wenigen Mittel begonnen hatte, um ein Jahrhundert und mehr zurück. Das heutige Südafrika krankt noch immer schwer hieran.

Aber zurück zum Positiven – einfache Menschen, aus einem kleinen Dorf in Deutschland, schafften es mit Gottes Hilfe, Tausende Kilometer entfernt eine Lehrerausbildungsstätte, vielleicht die erste in Afrika, aufzubauen unter Menschen mit einer Schnalzlautsprache, die kein anderer verstehen konnte. Der Einfluss aus Herrnhut reicht bis in unsere heutige Zeit! Auf einer Facebook-Seite fand ich Kinder, die mit Stolz von ihren Großeltern erzählen, die in Genadendal aufgewachsen waren. Ein lieber Großvater hatte das Orgelspiel dort gelernt und hat sein ganzes Leben lang eine andere Missionsgemeinde in Elim damit erfreut. Ein anderer hatte die schönsten Möbel für viele der ärmsten Häuser in den townships am Kap angefertigt. Die Herrnhuter Nachfolgeorganisation in Südafrika, die Moravian Church of South Africa, hat heute neunzig Gemeinden, und ihr Einfluss auf Erziehung, Diakonisse und Musik reicht tief in die Landesentwicklung und Kultur.

Und das durfte ich dann persönlich erleben. Es war Reformationssonntag, der 31. Oktober 2021. Mein Freund Yorke, der mit auf der Gebetsreise in Deutschland gewesen war, hatte gleichzeitig mit mir von einem Posaunenchor-Fest im Kap gehört und uns Karten für die Internetsendung besorgt. Wie schön war es, vor allem so viele junge Menschen mit einer Liebe zu Gott und zur Musik zu erleben – aus den verschiedenen, oft unscheinbaren Orten der Kapprovinz – ein lebendiges, deutsches, christliches Erbe, und das unter unserer farbigen Bevölkerung, der es noch immer schwerfällt, ihren Platz in unserer Rasse-geprägten Gesellschaft zu finden. Das wollten wir einfach auch vor Ort erleben, und so kam es schon ein paar Wochen später zu einer 14-tägigen Reise zu den Moravischen Missionsstationen im Kap.

Christien schloss sich uns an und brachte die nötige Harmonie in die Reise, in der wir an keinem Tag wussten, wen wir treffen würden oder wo wir ein Bett bekommen sollten. Aber überall wurden wir sofort als Brüder und Schwester empfangen. Die Liebe Jesu strahlte aus jedem Menschen – dem Farmverwalter, der Gebetsschwester, der neuen jungen Pastorin, dem Gemeinschaftsältesten und dem Bischof, den jeder im Dorf kannte. Das Zentrum war überall die Kirche, jede mit den weißen Bänken und ohne jegliche Ornamente, ganz nach dem Herrnhuter Vorbild. Oft gab es Tafeln, auf denen jeder Missionar aufgeführt war. „Wir sind die Kinder von Herrnhut", hieß es immer wieder, und überall erinnerte man sich noch an die gute Zeit mit den Deutschen, die leider durch die Apartheidspolitik in Südafrika abgebrochen wurde. Die Geschichte der Brüderkirche in Südafrika von 1737-1980 ist aufgeschrieben in zwei Büchern – „The Peartree Blossoms" und „The Pear Tree Bears Fruit". Der Birnenbaum, den die ersten Missionare aus Deutschland hier pflanzten, blühte auf und trägt Früchte, die unserem Land noch immer mehr zugutekommen werden. Wir schrieben dazu am Ende unserer Reise, dass wir meinten, die Seele unserer Nation entdeckt zu haben, die hier im Stillen aus einer guten Saat gewachsen war.

Das also war Gottes Plan und die eine Seite der deutsch-afrikanischen Verbindung. In der Vorbereitung der Gebetsseminare mit Siegfried stießen wir aber auch immer tiefer auf den weltlichen Teil der Geschichte Europa/Afrika – auf das unsägliche Unheil, das die europäische Kolonialpolitik und, schon vorher, die Sklaverei in Afrika angerichtet hatte, ein Unheil, das heute noch nach Versöhnung schreit! Auf einer Konferenz in Berlin 1884/85 trafen sich, unter Vorsitz des deutschen Reichskanzlers Graf Otto von Bismarck, die Vertreter von zwölf europäischen Staaten. Am grünen Tisch wurde Afrika aufgeteilt, ohne die einheimische Bevölkerung und dessen gewachsene Strukturen im Mindesten zu berücksichtigen. Unvorstellbares Leid, tiefe Zerrüttung der sozialen Strukturen und die Vernichtung von Lebensgrundlagen waren die Folge, mit Auswirkung bis heute auf die afrikanische Seele. Gleichzeitig liegt der europäische Kontinent durch seine unvergebene Habsucht und seinen Stolz tief im geistlichen Dunkel und nicht mehr ansprechbar für das Evangelium, das einmal von hier ausging.

Siegfrieds Besuch im April 2022 brachte achtzig Beter in der Lighthouse (Leuchtturm) Kirche in Kapstadt zusammen, noch immer unter Covid-Begrenzungen. Alle Volksgruppen in Südafrika waren vertreten, vieles Symbolische passierte, und immer wieder flossen Versöhnungstränen. In den Ohren klingt mir noch immer der ursprüngliche Chorus (1897) „Steig herab Heil'ger Geist" aus unserer Nationalhymne „Nkosi, sikelel' iAfrika" „Gott segne Afrika", gesungen in der eindrucksvollen Xhosa-Sprache von einem Pastor aus Khayelitsha, eine der Kapstädter townships. Viele bestätigten, dass sie noch nie Gottes Nähe so stark empfunden und und so intensiv gebetet hatten. In Pretoria wiederholte sich das Ganze noch einmal mit neuen Teilnehmern und einer Hauptschlussfolgerung – Südafrika und ganz Afrika ist Deutschland und ganz Europa einen tiefen Dank schuldig für das christliche Erbe, das hierher gebracht wurde.

Ein Afrikaner hatte es schon einmal ganz wunderbar getan. Am 21.10.99 sprach John Mulinde aus Uganda ein prophetisches Wort in Berlin in der „Kirche am Südstern". Er sprach von einer schwarzen Wolke über Europa. Während er zusah, wie die Wolke sich immer tiefer niederließ, sah er auf einmal einen Lichtstrahl durch die Wolke brechen, in der Mitte des Kontinents. Dazu kamen ihm die Bibelworte aus Jesaja 60 in den Sinn: *„Mache dich auf, werde Licht; denn dein Licht kommt, und die Herrlichkeit des Herrn geht auf über dir!"* Sein Aufruf zur Erweckung deutscher Menschen traf damals viele Christen ins Herz und wurde zu einem Ruf Gottes zur Fürbitte für das Land. Als Antwort entstand schon Anfang 2000 das landesweite Gebetsnetz, der „Wächterruf".

Zurück, 2022 in Südafrika. Wie gut, dass bei uns das Gebet gleich weitergehen konnte. Der kleine Ort Herrnhut, in

Deutschland, hatte die ganze Welt zum gemeinsamen Gebet eingeladen zur Feier des 300-jährigen Jubiläums der Gründung der Brüdergemeine dort in 1722. Es sollten sechs Monate zusammen im Gebet sein – vom April bis Oktober 2022. Das passte zeitlich und thematisch so in unsere Gebetsaktion in Südafrika, dass wir es als einen Aufruf von Gott selbst empfanden. Die Afrika–Woche, die wir uns für Ende August ausgesucht hatten, sollte ein sichtbarer Dankesausdruck aus Afrika werden. Wir konnten es selber kaum glauben, aber am Schluss waren es mehr als hundert Gruppen in dreißig Ländern in Afrika und dazu in fünf europäischen Ländern, die eine Woche lang, 24 Stunden am Tag, in dieser neuen Aktion mit uns beteten. Es muss wohl das Gebetserlebnis meines Lebens gewesen sein, denn nachts betete ich in einer südafrikanischen Gruppe und am Tag in einer deutschen, die sich uns noch im letzten Moment angeschlossen hatte. Kein Wunder, dass in dieser Woche auch meine deutsch-afrikanische Liebesgeschichte wieder große Fortschritte machte.

Und dann die schönste Antwort auf unser Gebet! Ganz unabhängig von unserer Aktion kam es schon drei Wochen darauf in Genadendal zu einem ganz einmaligen Ereignis. Seit 23 Jahren hatte eine Südafrikanerin, Anneke Rabe, an Versöhnung in unserem Land gearbeitet, oft war es nicht mehr als eine kleine Gruppe von schwarzen und weißen Frauen, die regelmäßig in ihrem Ort, Mkhondo, zusammen gebetet hatten. Ich kannte Rabes nur dem Namen nach als Nachkommen von Hermannsburger Missionaren unter den Zulus Südafrikas. Durch ihr anhaltendes Gebet im kleinen Kreis wurden ihnen immer neue und größere Türen geöffnet. Größere christliche Organisationen wurden durch ihre Ausstrahlung angesteckt. Und so kam es am 24. September 2022 durch ihr Gebet und ihre Vermittlung während eines Gottesdienstes in Genadendal zu der Versöhnung der zwei ältesten Kirchen in Südafrika.

Auf der einen Seite die „Nederduits Gereformeerde Kerk", die Kirche der holländischen Siedler ab 1652, heute die Afrikaans sprechende ehemalige Apartheidkirche in Südafrika, auf der anderen Seite die „Moravian Church of South Africa", die Kirche, die ab 1737 durch Herrnhuter Missionare unter Khoi-Gemeinschaften, den Ureinwohnern des südlichen Afrikas, entstand. Für die Holländer und später die Buren waren dies die „Hottentotten", die man nicht taufen sollte. Nun sprach der Oberste dieser Kirche unter Tränen im Gottesdienst vor einer farbigen Gemeinde, stellvertretend für Menschen, die sie als „Nicht-Weiß" über Jahrhunderte verworfen hatten: „Meine Kirche stand im Wege der Mission Gottes zu der einheimischen Bevölkerung Afrikas. Wir haben gegen Gott und die Menschen gesündigt. Bitte vergebt uns." Ein geladener Gast aus Deutschland schrieb hinterher: „Selten wohl habe ich so ein gotterfülltes Ereignis wie in dieser alten Kirche erlebt, in jedem Wort, in jedem Gesang und in jedem Gebet." Das südafrikanische Fernsehen sprach von einem historischen Augenblick.

Musik in meinen Ohren! Da, wo Christen selber vorangehen, schaffen wir die Versöhnung und Völkerverständigung, an der es heute überall fehlt. Die Zeit ist reif dafür, selbst über Kontinente hinweg. Gern würde ich noch immer weitererzählen. Als Schuljunge in Südwestafrika durfte ich noch mit am jährlichen Lagerfeuer des Missionars Heinrich Vedder sitzen, wenn er aus alten Zeiten mit den Namas und Hereros erzählte. Dort ist sich jeder noch der Pioniertätigkeit der Rheinischen Mission bewusst, lange bevor Deutschland daran dachte, sich Kolonien zu erwerben. Durch die Deutsche Schule in Pretoria und auch durch die lutherische Johannesgemeinde waren wir befreundet mit Ernst und Annemarie Lüdemann, damalige Leiter der Hermannsburger Mission im südlichen Afrika. Und im Wasserbauamt war Klaus Merensky, Enkel des bekannten Missionars der Berliner Mission, Alexander Merensky, mein Arbeitskollege. Ihr aller Einfluss auf die Entwicklung im südlichen Afrika ist nicht wegzudenken.

In Gottes Welt hängen unsere Kontinente ganz dicht zusammen. Jede Brücke, ob groß oder klein, bringt unser näher zusammen und macht uns stärker. Das gehört noch in meine Liebesgeschichte. Nun bete ich für den symbolischen Augenblick, in dem eines Tages einem stolzen Zulu-Krieger, irgendwo in Deutschland, die Tür geöffnet wird und er Worte herausbringt, die ihm der Heilige Geist zugeflüstert hat.

Ihr kennt mich nicht
Doch bin ich im Geist euer Sohn und euer Bruder
Durch euch ist Gott, der Herr, mein Sonne und Schild geworden
Durch Ihn scheint auch seine geistliche Sonne auf Afrika
Mit Ihm kann auch Deutschland neu beginnen
Lasst uns zusammen singen und sagen
Nkosi, sikelel' iDeutschland – Nkosi, sikelel iAfrika'
Gott segne Deutschland – Gott segne Afrika
„Sünd ist vergeben, Jesus bringt Leben, Halleluja!"

Ausklang

„Ich bin mir immer bewusst, dass wir das große
Geheimnis unseres Daseins aus der schmalen Sicht
unserer Diesseitigkeit heraus nicht enträtseln können."

Esther Gräfin von Schwerin

Unweigerlich muss ich am Schluss an den Anfang denken – die erste Weihnacht in Südwestafrika. Gefundene Freiheit unter dem Sternenhimmel Afrikas. Gott so nah und doch noch so fern. Heute empfinde ich Gottes Liebe und seinen Segen so tief, dass ich das Aufgeschriebene eine Liebesgeschichte nennen kann, eine deutsch-afrikanische Liebesgeschichte.

Meine Reise in die Vergangenheit ist viel weiter, viel tiefer und viel persönlicher geworden, als ich es mir jemals vorgestellt hatte. Unter anderem wurde es eine Reise in die deutsche Vergangenheit. Ich empfinde mich als Teil einer Volksgemeinschaft aller Deutschen, die über Länder und Meere hinausgeht. Und ich habe immer das Bedürfnis gehabt, Fühlung mit den geistigen Quellen zu halten, ob es nun Sprache, Kultur oder Religion ist. Afrika wurde für mich eine neue Heimat und ein Erlebnisschatz, den ich gern teilen wollte, auch als Gegensatz zum deutschen Erlebnis.

Unterwegs war ich auf der Suche nach Gott im Leben meiner Vorfahren, dem Gott, der auch in meinem Leben „Sonne und Schild" geworden war. Die deutschen Worte dieser Psalmenverse sind von Martin Luther, der Gott mit seiner Bibelübersetzung vor 500 Jahren den deutschen Menschen überhaupt erst zugänglich gemacht hatte. Auf der Reise durch die Geschichte durfte ich entdecken, dass die deutschen Gotteswurzeln noch viel tiefer als Luther gehen. Im ‚Heiligen Römischen Reich Deutscher Nation' wuchs die werdende deutsche Nation über Jahrhunderte hinweg zum Träger des Christentums in Europa und dieser Welt.

Ich glaube, Gottes Wirken in der deutschen Geschichte und im deutschen Menschen zu erkennen. Seine besonderen Eigenschaften, z. B. Zuverlässigkeit, Fleiß, Heiterkeit und Sinn für Ehre, Ordnung und Schönes, all das ist von Gott. Das 19. und 20. Jahrhundert brachte erstaunliche Fortschritte in Deutschland, aber gleichzeitig ein Fortbewegen von Gott. Wie leicht besteht da die Gefahr, dass gute Eigenschaften entarten in Selbstbezogenheit, Überheblichkeit, Vergnügungssucht und selbst Habsucht.

Die Zeiten ohne Gott unter dem Nationalsozialismus und dem Kommunismus schienen dem Menschen seinen letzten Glauben genommen haben. Das Ende des letzten Deutschen Reiches, der Verlust der über Jahrhunderte geschaffenen deutschen Ostgebiete, das schreckliche menschliche Leiden in den letzten Kriegsjahren und während der Vertreibung aus dem Osten ist überhaupt nur im Wahnsinn und der Gottlosigkeit des Dritten Reiches zu verstehen. Auch von dem russischen Reich während seiner hoffnungslosesten Zeit im 20. Jahrhundert schreibt Alexander Solzhenitsyn: „Die Menschen haben Gott vergessen; deswegen ist es alles passiert."

Aber wir wissen, dass Gott immer wieder vergibt, „siebzig mal sieben mal" – und dass er dies auch den Menschen zum höchsten Gebot macht. Immer wieder hat mich das Versöhnungsgebet von Coventry überwältigt, und jahrelang habe ich es auf einem Zettel in meinem Portemonnaie getragen. Dass der ehemalige Feind den deutschen Menschen vergeben konnte, das war mir ein Wunder, das ich immer wieder neu wissen wollte. Dass dieses Versöhnungsgebet heute in vielen deutschen Kirchen aufgenommen ist, ist mir ein unglaublicher Grund zum Dank. Dazu gehören auch die Kreise, die sich im Glauben und Gebet wunderbar zu meinen beiden Eltern geschlossen haben. Und Gott half noch, den wichtigsten Kreis zu schließen – im eigenen Wachsen mit Gott endlich auch ein starkes geistliches Zusammenwachsen mit meiner Lebensgefährtin.

In Afrika wurde ich Teil der Geschichte – das Ende der Kolonialzeit und die Emanzipation der afrikanischen Völker. Die friedliche Neuordnung der südafrikanischen Gesellschaft war ein Wunder. Ich weiß, wie Schwarz und Weiß um diese Veränderung gebetet haben. Aber die richtige Versöhnung fehlt noch immer, sie fehlte auch bei mir. Ich musste Gott erst viel tiefer kennenlernen, vor allem seine unendliche Gnade. Und die erwartet er auch in unseren menschlichen Beziehungen. Ich durfte von meinem Ehepartner lernen, mich mehr zu geben und weniger von anderen zu verlangen. Das größte Geben wurde das öffentliche Erkennen der eigenen Schwächen und Verfehlungen vor anderen Menschen und gleichzeitig das Erkennen des Göttlichen in ihnen.

So wurde mein spontanes Entschuldigungsschreiben an die Hereros in Namibia, an denen Deutsche so viel verschuldet haben, ein wichtiges persönliches Wachsen, noch im Alter. Ein Jahr später durfte ich erleben, wie eine ganze Volksgruppe, das Buren-Volk, sich durch ihre Kirche bei der Kirche der Farbigen Südafrikas entschuldigte für ihren Stolz, für ihre Rolle in der Trennung der Rassen über Jahrhunderte und für das unendliche Leid, das dadurch entstanden war und heute noch tiefe Wunden zeigt. Der Mut des Bekenntnisses und seines Annehmens wird eine Erlösung auf beiden Seiten bringen und ganz neue, aufbauende Kräfte freisetzen. Das ist mein Gebet.

So vieles kann noch an Versöhnung zwischen Weiß und Schwarz, zwischen Europa und Afrika, passieren. Traurig war ich, als der Deutsche Reiter, Wahrzeichen der Landeshauptstadt von Namibia, nach zwanzig Jahren der Unabhängigkeit von den neuen Landesvätern entfernt wurde. Natürlich kann ich es verstehen. Wenn wir doch zusammen eine Friedenskirche an seine Stelle setzen könnten. Die Entwicklungsprobleme Afrikas sind gewaltig, und man sucht oft Schuldige statt Lösungen. Europa und der weiße Mann haben Afrika so viel zu bieten, und mein größter Wunsch ist eine menschliche und internationale Zusammenarbeit, um die wirklichen Probleme der Dritten Welt anzupacken – Menschen der schleppenden Armut, dem Hunger und der Unwissenheit zu entreißen, ihr menschliches Potenzial zu fördern und ihnen damit neue Horizonte zu öffnen.

Die Probleme unserer globalisierten Welt fordern diese internationale Zusammenarbeit. Erschreckend ist, wie viel in einer Generation verloren gegangen ist an lebenswichtigen Umweltsystemen und biologischer Vielfalt. Auf der einen Seite haben wir das unglaublich schöne und einmalige Bild unserer Erde aus dem Raum gesehen, in zarten Mustern und Tönen von Weiß und Blau, Grün und Braun – Wolken, Meer, Land und biologische Vielfalt. Auf der anderen Seite sehen wir immer mehr das Unvermögen des Menschen, mit all seinem Tun in diese Vernetzung hineinzupassen. Wir müssen als Mensch zurück zu unseren Ursprüngen, wieder verstehen, wer wir sind und welchen Platz wir in der Schöpfung haben. Die Gottesworte „Mache dich auf, werde licht; denn dein Licht kommt", die ein Mensch aus Afrika nach Deutschland zurückgebracht hat, sind mir immer wieder ein Lichtschimmer. Ich träume von einer wachsenden afrikanisch-deutschen Liebesgeschichte.

Da, wo Menschen mit Gott zusammenarbeiten, wird auch das Unmögliche möglich. Das größte Wunder unserer Zeit wird für mich immer der Mauerfall und die Wiedervereinigung sein, als Deutsche in Ost und West wieder Brüder wurden. Nur Gott hatte gewusst, wohin es führen würde – dass ein Unrechtsregime kapitulieren würde, als ein paar Menschen sich zum Montagsgebet in der Leipziger Nikolaikirche zusammenfanden, als sie eines Tages das Friedensgebet auf der Straße fortsetzten, mit Kerzen in der Hand, bis dies binnen Wochen zu Großdemonstrationen anwuchs. Hierzu kann ich nur die ergreifenden, bescheidenen Worte von Esther Gräfin von Schwerin anfügen: „Ich bin mir immer bewusst, dass wir das große Geheimnis unseres Daseins aus der schmalen Sicht unserer Diesseitigkeit heraus nicht enträtseln können."

Und so steht am Ende meines Ausklangs eine tiefe Dankbarkeit und eine feste Hoffnung – dass alte Erweckungsquellen in Deutschland wieder aufbrechen und dass Menschen ganz neu von dem Wasser des Lebens berührt werden. Mögen Menschen in meiner deutschen Heimat wieder zu Gott finden, Gott, der uns so viel mehr als Kathedralen und Choräle geschenkt hat, der Gott, der befreit, der zentral in jedem Leben sein sollte, ja, der es erst lebenswert macht, mögen sie ihn neu erfahren als ihr Friede und Freude, ihr Sonne und Schild. *„Gott mag es schenken, Gott mag es lenken, er hat die Gnad."* Er soll das letzte Wort haben mit seiner unglaublichen Einladung in den letzten Zeilen der Bibel – das Versprechen für alle Menschen, für alle Zeit dieser Erde:

„Komm! Und wen dürstet, der komme; und wer da will, der nehme das Wasser des Lebens UMSONST"

Der Autor

Eberhard Braune wurde 1941 in Schwerin (Mecklenburg)
geboren und flüchtete 1951 mit den Eltern aus der
DDR. Kurz darauf wanderten sie nach Südwestafrika
aus. Der Autor war fortan in Afrika als Hydrologe in der
Wasserentwicklung und -forschung tätig, in den letzten
Jahren an einem UNESCO-Lehrstuhl der University of
Western Cape in Kapstadt. „Mein Sonn und Schild"
ist sein erstes in unserem Haus vorliegendes Buch. Der
glückliche Vater von drei Kindern verbringt seine Freizeit
in der Natur mit Zelten und Wandern.

Der Verlag

*Wer aufhört
besser zu werden,
hat aufgehört
gut zu sein!*

Basierend auf diesem Motto ist es dem novum Verlag
ein Anliegen, neue Manuskripte aufzuspüren, zu ver-
öffentlichen und deren Autoren langfristig zu fördern.
Mittlerweile gilt der 1997 gegründete und mehrfach
prämierte Verlag als Spezialist für Neuautoren in
Deutschland, Österreich und der Schweiz.

**Für jedes neue Manuskript wird innerhalb we-
niger Wochen eine kostenfreie, unverbindliche
Lektorats-Prüfung erstellt.**

Weitere Informationen zum Verlag und
seinen Büchern finden Sie im Internet unter:

w w w . n o v u m v e r l a g . c o m